应用型人才培养精品示范教材

U0891018

保险原理与实务

主　编：张微娜　魏　玮　钟　苹
副主编：刘　颖

江苏大学出版社
JIANGSU UNIVERSITY PRESS
镇　江

图书在版编目（CIP）数据

保险原理与实务 / 张微娜，魏玮，钟苹主编. — 镇江 ：江苏大学出版社，2020.5
ISBN 978-7-5684-1361-9

Ⅰ. ①保… Ⅱ. ①张… ②魏… ③钟… Ⅲ. ①保险学－高等职业教育－教材 Ⅳ. ①F840

中国版本图书馆 CIP 数据核字（2020）第 051605 号

保险原理与实务
Baoxian Yuanli Yu Shiwu

主　　编 / 张微娜　魏　玮　钟　苹
责任编辑 / 吴昌兴
出版发行 / 江苏大学出版社
地　　址 / 江苏省镇江市梦溪园巷 30 号（邮编：212003）
电　　话 / 0511-84446464（传真）
网　　址 / http：//press.ujs.edu.cn
排　　版 / 长沙长大成彩印有限公司
印　　刷 / 长沙长大成彩印有限公司
开　　本 / 787 mm×1 092 mm　1/16
印　　张 / 13.75
字　　数 / 336 千字
版　　次 / 2020 年 5 月第 1 版　2020 年 5 月第 1 次印刷
书　　号 / ISBN 978-7-5684-1361-9
定　　价 / 48.00 元

前言

随着经济的发展、科技的进步，人民的收入不断增加，对生活质量的要求不断提高，使得保险业在这样的环境下得到了蓬勃发展。学习保险知识，不仅能够得到专业上的提高，也能够应用在日常生活中。

本书根据国家教育部对高等教育人才的培养目标，也基于工学结合及“教、学、做一体化”的教学改革要求进行编写，是一本注重理论与实务相结合的教材。本书包含风险认知、保险概述、保险合同的订立及几种常见的商业保险险种理论与实务等内容，且在每个教学项目下面又细分为2~6个教学任务，以期引导学生在学与练中对保险学的原理和实务全面掌握。

本书案例丰富，可操作性强，兼具实用性与趣味性，既可作为普通本科院校、高等职业院校的教学用书，也可为广大企事业单位的相关从业人员及对保险学感兴趣的读者学习使用。

本书由张微娜、魏玮和钟苹担任主编，刘颖担任副主编。在编写过程中，参考了众多同行、学者的教材与著作，以及相关网络资料，由于本书篇幅有限，不能在书中详尽注明，在此谨致以衷心的感谢。

由于编者水平有限，本书中难免存在不足之处，欢迎广大读者批评指正。

张微娜

2019年5月1日

目录

项目一 风险、风险管理理论与保险学概述

知识目标

» 了解风险的定义、特点，度量及构成要素、分类。

» 了解风险管理的程序、技术。

» 熟悉保险的概念、职能、基本原则、特点。

» 理解保险的种类。

» 掌握风险和保险的构成要素、相互之间的联系。

能力目标

» 理解和掌握风险和保险的理论体系，并能结合案例对风险因素进行分析判断。

» 理解和掌握保险的职能、作用、特点及基本原则。

情景导入

2018年6月6日，张某与李某、刘某等七人前往某地自助游，并为参加此次自助游的所有人投保了保期为30天的“旅游人身意外伤害保险”。保险单中约定主保险额为50万元，附加意外医疗保险额2万元，丧葬补偿2万元。

2018年6月9日，被保险人李某在一酒店内因意外情况导致颅脑严重损伤，随即被送往医院抢救，在6月11日因伤势过重不治身亡。此后，李某母亲作为受益人向保险公司提出旅游人身意外伤害保险理赔申请，要求赔付意外身故保险金52万元。

经保险公司理赔人员调查，在被保险人住院病史中发现，现病史一栏记录有“患者约10小时前酒后摔伤头部”，供述人为刘某，并注明“较可靠”。另外，在该院出具的出院小结中也再次记录“患者因酒后摔倒导致颅脑严重损伤死亡”。保险公司遂以被保险人属酒后摔倒所致事故，属保单中的责任免除范围，作拒赔处理，受益人对此不服，诉诸法院。

在生活中常听到有人抱怨“投保容易理赔难”，却也有人在出险后感叹“幸亏当时买了保险”。

可见虽然都买了保险却不一定都能得到预期的结果，原因又是什么呢？

任务一　认识风险

学习重点

- 风险的概念、分类
- 风险的构成要素

学习难点

- 风险的特征
- 风险的构成要素

一、风险（Risk）

风险是指偶然事件的发生引起损失的不确定性。风险的概念包括三层含义：一是风险是偶然发生的事件，即可能发生但又不一定发生的事件；二是风险发生的结果会造成损失，即经济价值是非故意的、非计划的、非预期的减少；三是事件发生所引起的损失是不确定的，即风险在发生之前，其发生的具体时间、空间、地点和损失的程度是不确定的，人们难以准确预期。最后需要强调的是，风险伴随着人类活动的开展而存在，没有人类的活动，也就不存在风险。

二、风险的构成要素

风险是由多种要素构成的，这些要素共同决定了风险的存在、发生和发展。一般认为，风险的构成要素包括风险因素、风险事故和损失。

（一）风险因素

风险因素是指引起或增加风险发生的机会或扩大其损失程度的原因和条件，是导致风险发生的潜在原因。例如，对于建筑物而言，风险因素包括使用的建筑材料的质量、建筑结构的稳定性等；对于人的死亡来说，风险因素包括健康状况和年龄等。

根据风险因素的性质不同，分为有形风险因素和无形风险因素两种类型。

1. 有形风险因素

有形风险因素，也称实质风险因素，是指某一标的本身所具有的足以引起风险事故发生或增加损失机会或加重损失程度的因素。例如某一建筑物所处的地理位置、所使用的建筑材料的性质等。

2. 无形风险因素

无形风险因素是指与人的心理或行为有关的风险因素，包括道德风险因素和心理风险因素。其中，道德风险因素是指与人的品德修养有关的无形因素，即由于人们不诚实或有不轨企图，故意促使风险事故发生，以致财产损失和人身伤亡的因素。心理风险因素是与人的心理状态有关的无形因素，虽然没有主观上的故意而为，但由于疏忽、过失或是漠视等原因，增加风险事故发生的机会或加大损失的严重性的因素。道德风险因素和心理风险因素均与人密切相关，也可称为人为风险因素。

（二）风险事故

风险事故指造成人身伤害或财产损失的偶发事件，是造成损害的直接原因。只有通过风险事故的发生，才能导致损失。在事故发生之前，风险只是一种不确定的状态，风险事故的发生最终导致损失。例如，汽车刹车失灵酿成车祸而导致车毁人亡，其中刹车失灵是风险因素，车祸是风险事故。但是，如果仅有刹车失灵而无车祸，就不会造成人员伤亡。

（三）损失

在风险管理范畴，损失的含义是指非故意的、非预期的、非计划的经济价值的减少，即经济损失，一般以丧失所有权、预期利益、支出费用和承担责任等形式表现，精神打击、政治迫害、折旧等行为的结果一般不能视为损失。

在保险实务中，常将损失分为直接损失和间接损失。由风险事故导致的人身伤害和财产损失称为直接损失；由直接损失引起的其他损失称为间接损失，包括额外费用损失、收入损失和责任损失等，有时间接损失的严重程度可能超过直接损失。

因此，风险因素的存在可能引发风险事故，最终导致损失。对于某一特定事件而言，造成损失的直接原因是风险事故。例如，下冰雹使路滑导致车祸最终造成人员伤亡，冰雹是风险因素，车祸是风险事故；如果冰雹直接击伤行人，冰雹则是风险事故。

拓展阅读

风险因素、风险事故、损失和风险四者的关系（见图 1-1）：

以上各个方面的变化，究竟会对我国的国民经济产生怎样的影响？

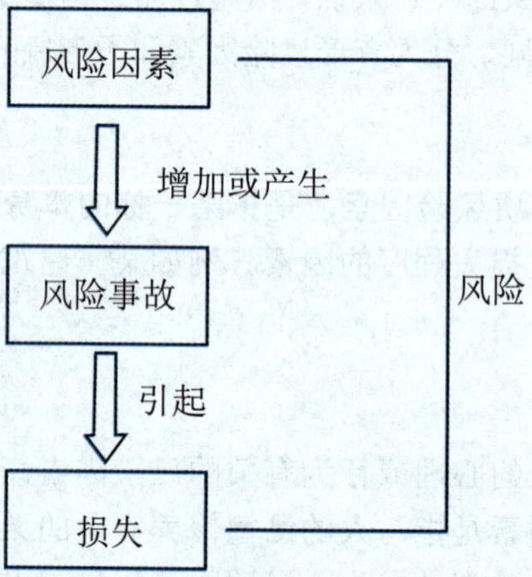

图 1-1 风险因素、风险事故、损失和风险的关系

风险是由风险因素、风险事故和损失三者构成的统一体，它们之间存在着一种因果关系：

（1）风险因素的存在决定了风险事故和损失发生的可能性，从而决定了风险事故发生的频率和损失程度的大小。

（2）风险由风险因素决定，通过风险事故来表现，以损失来度量。

（3）风险因素的多样性及其作用时间、方向、强度、顺序等的不确定性决定了风险事故发生的不确定性和损失的不确定性。因此，对风险损失是很难准确估测的。

课堂讨论 1

被保险人购买了意外伤害保险。外出打猎时不慎从树上掉下来，受伤后的被保险人爬到公路边等待救援，因夜间天冷又染上肺炎死亡。保险公司认为肺炎是被保险人死亡的原因，是意外伤害保险单中的除外责任，保险公司以此拒绝给付保险金。法院认为被保险死亡的原因是意外事故——从树上掉下来。因此保险公司应给付赔偿金。

问题：找出哪些是风险因素、风险事故、损失？

三、风险的种类

根据不同的标准，风险有不同的分类。

（一）依据风险产生的原因划分

1. 自然风险

自然风险指由于自然现象、物理现象和其他物质现象所形成的风险。例如地震、水灾、火灾、风灾、雹灾、冻灾、旱灾、虫灾以及各种瘟疫等风险。在各类风险中，自然风险是保险人承保最多的风险。自然风险的成因不可控，但有一定的规律和周期，发生后的影响范围较广。

2. 社会风险

社会风险是指由于个人或团体的行为（包括过失行为、不当行为及故意行为）或不行为致使社会生产及人们生活遭受损失，例如盗窃、抢劫、玩忽职守及故意破坏等。

3. 政治风险

政治风险（又称为“国家风险”）是指在对外投资和贸易过程中，因政治原因或订约双方所不能控制的原因，使债权人可能遭受损失的风险。例如因进口国发生战争、内乱而中止货物进口的风险；因进口国实施进口或外汇管制，对输入货物加以限制或禁止输入的分析；因本国变更外贸法令，使出口货物无法送达进口国，造成合同无法履行的风险。

4. 经济风险

经济风险是指在生产和销售等经营活动中由于受市场供求关系、经济贸易条件等因素变化或经营者决策失误的影响，出现对前景预期偏差等导致经营失败的风险。例如企业生产规模的增减、价格的涨落和经营的盈亏等风险。

5. 技术风险

技术风险是指伴随着科学技术的发展、生产方式的改变而产生的威胁人们生产与生活的风险。例如核辐射、空气污染和噪音等风险。

（二）根据风险标的的不同划分

1. 财产风险

财产风险是指一切导致有形财产的损毁、灭失或贬值的风险及经济或金钱上损失的风险。例如厂房、机器设备、原材料、成品、家具等可能会遭受火灾、地震、爆炸等风险；船舶在航行中，可能会遭受沉没、碰撞、搁浅等风险。财产损失通常包括财产的直接损失和间接损失两个部分。

2. 人身风险

人身风险是指导致人的伤残、死亡、丧失劳动能力及增加医疗费用支出的风险。例如人会因生、老、病、死等生理规律和自然、政治、军事、社会等原因而发生早逝、伤残、工作能力丧失、年老无依靠等风险。人身风险所致的损失一般有两种：一种是收入能力损失；一种是额外费用损失。

3. 责任风险

责任风险是指由于个人或团体的疏忽或过失行为，造成他人财产损失或人身伤亡，依照法律、契约或道义应承担的民事法律责任的风险。日常生活中所说的“责任”包括刑事责任、民事责任和行政责任，但保险人所承保的责任风险仅限于民事损害赔偿责任。例如，对由于产品设计或制造上的缺陷所致消费者（或用户）的财产损失或人身伤害，产品的设计者、制造者、销售者依法要承担经济赔偿责任的风险；合同一方违约使另一方遭受损失，违约一方依合同要承担经济赔偿责任的风险。

4. 信用风险

信用风险是指在经济交往中，权利人与义务人之间，由于一方违约或违法致使对方遭受经济损失的风险。例如进出口贸易中，出口方（或进口方）会因进口方（或出口方）不履约而遭受经济损失的风险。

（三）按照风险的性质不同划分

1. 纯粹风险

纯粹风险是指只有损失机会而无获利可能的风险。例如房屋所有者面临的火灾风险、汽车主人面临的碰撞风险等，当火灾或碰撞事故发生时，他们便会遭受经济利益上的损失。

2. 投机风险

投机风险是相对于纯粹风险而言的，是指既有损失机会又有获利可能的风险。投机风险的后果一般有三种：一是“没有损失”；二是“有损失”；三是“盈利”。例如在股票市场上买卖股票，就存在赚钱、赔钱和不赔不赚三种后果，因而属于投机风险。

通常可保风险都是纯粹风险，投机风险是不可保的。

（四）根据产生风险的起源划分

1. 基本风险

基本风险是指非个人行为引起的风险。它对整个团体乃至整个社会产生影响，而且是个人无法预防的风险。例如地震、洪水、海啸、经济衰退等风险。

2. 特定风险

特定风险是指个人行为引起的风险。它只与特定的个人或部门相关，而不影响整个团体和社会。例如火灾、爆炸、盗窃及对他人财产损失或人身伤害所负的法律责任等均属此类风险。特定风险一般较易为人们所控制和防范。

小资料

美国一著名大学通过一项统计研究发现，人的一生中可能死于心脏病的概率为1/3，死于癌症的概率为1/5，死于中风的概率为1/14，死于车祸的概率为1/45，自杀的概率为1/72，被谋杀的概率为1/93，死于飞机失事的概率为1/4000。因此，人的一生面临很多风险，但对风险损失是很难准确估测的。

四、风险的特征

（一）风险的不确定性

（1）不能确定是否会发生。就个体风险而言，其是否发生是偶然的，是一种随机现象，具有不确定性。

（2）不能确定发生时间。虽然某些风险必然会发生，但何时发生却是不确定的。例如，生命风险中，死亡是必然发生的，这是人生的必然现象，但是具体到某一个人何时死亡，在其健康时却是不可能确定的。

（3）不能确定事故的后果。虽然风险会导致事故发生，但是事故导致的损失程度是不确定性的。例如，沿海地区每年都会遭受台风袭击，但每一次的后果不同，因而人们对未来年份发生的台风是否会造成财产损失或人身伤亡，以及造成的损失程度也是无法准确预测的。

正是风险的这种总体上的必然性与个体上的偶然性的统一，构成了风险的不确定性。

（二）风险的客观性

风险的客观性主要是指风险不以人的意志为转移，它是独立于人的意志之外的客观存在。例如，自然界的地震、台风、洪水，社会领域的战争、瘟疫、冲突、意外事故等，都是不以人的意志为转移的客观存在。因此，人们只能在一定的时间和空间内改变风险存在和发生的条件，降低风险发生的频率和损失程度，但是不可能彻底消除风险。正是风险的客观存在，决定了保险活动或保险制度存在的必要性。

（三）风险的普遍性

人类的历史就是与各种风险相伴的历史，例如，自然灾害、意外事故、疾病、伤害等。在当今社会，风险渗入社会、企业、个人生活的方方面面，例如，个人面临着生、老、病、死、意外伤害等风险；企业面临着自然风险、市场风险、技术风险、政治风险等；甚至国家和政府机关也面临着各种风险。可以说，风险无处不在，无时不有。正是由于这些普遍存在的对人类社会生产和生活构成威胁的风险，就有了保险存在的必要和发展的可能。

（四）风险的可测定性

个别风险的发生是偶然的，不可预知的。但通过对大量风险事故的观察发现，风险往往呈现出明显的规律性。运用统计方法去处理大量相互独立的偶发风险事故，其结果可以比较准确地反映风险的规律性。根据以往大量资料，利用概率论和数理统计的方法可测算风险事故发生的概率及其损失程度，并且可构造出损失分布的模型，使其成为衡量风险的基础。例如，在人寿保险中，根据精算原理，利用对各年龄段人群的长期观察得到的大量死亡记录，就可以测算各个年龄段的人的死亡率，进而根据死亡率计算人寿保险的保险费率。

拓展阅读

我国保险业防范风险有哪“五道防线”？

保险业越是加快发展，就越要防范风险。只有处理好加快发展和防范风险的关系，切实防范和化解风险，才能促进保险业持续快速协调健康发展。因此，对保险业经营面临的各种风险保持高度警惕，建立防范和化解风险的长效机制，一直是中国保险监管部门的工作重点之一。防范风险的“五道防线”，正是监管部门在多年实践经验积累和借鉴国际先进经验的基础上，概括出来的保险业风险防范长效机制的核心内容。

中国保险业风险防范的“五道防线”可以简明地概括为：以公司内控为基础，以偿付能力监管为核心，以资金运用监管为关键环节，以现场检查为重要手段，以保险保障基金为屏障。在这“五道防线”中，公司内控对应保险监管体系的“公司治理”支柱，资金运用监管为偿付能力监管的重要内容，现场检查则是市场行为监管的重要手段。“五道防线”不是针对某一项具体风险或某一家公司的风险，而是根据保险业风险产生的一般规律，探索防范和化解风险的制度和机制，避免“头痛医头、脚痛医脚”，从根本上提高防范和化解风险的效率和水平。这五道防线与“三支柱”的现代保险监管框架构成了我国的现代保险监管体系。

课堂讨论 2

请把“产品设计缺陷、买卖股票、贸易中出口方违约（诚信原因）、天然的森林大火、盗窃、外汇管制、洪水、雨天滑倒、大规模骚乱事件、汽车撞倒行人”填入对应的风险种类的表格（见表 1-1）中。

表 1-1 风险种类

风险种类	风险名称标号
纯粹风险	

续表

风险种类	风险名称标号
投机风险	
财产风险	
人身风险	
责任风险	
信用风险	
自然风险	
社会风险	
政治风险	
静态风险	
动态风险	

任务二 如何进行风险管理

学习重点

» 风险管理的概念

» 风险管理的目标

学习难点

» 风险管理的方法

» 风险管理的程序

风险管理是社会组织或者个人用以降低风险的消极结果的决策过程。通过风险识别、风险估测、风险评价之后，在这些基础上选择与优化组合各种风险管理技术，对风险实施有效控制和妥善处理风险所致的损失后果，从而以最小的成本获得最大的安全保障。风险管理的对象是风险，过程包括风险识别、风险估测、风险评价、选择风险管理技术和评估风险管理效果五个环节。风险管理的目标是以最小的成本获得最大的安全保障。

一、风险管理的目标

风险管理的基本目标是以最小成本获得最大安全保障，可以分为损失前目标和损失后目标。前者是指通过风险管理降低和消除风险发生的可能性，为人们提供较安全的生产、生活环境；后者是指通过风险管理在损失出现后及时采取措施以使灾害产生的损失程度降到最低，使受损企业的生产得以迅速恢复，或使受损家园得以迅速重建。

（一）损失前目标

（1）减少风险事故的发生机会。风险事故是造成损失发生的直接原因，因此，要减少风险事故的发生机会。

（2）以经济、合理的方法预防潜在损失的发生。这需要对风险管理各项技术的运用进行成本和效益分析，力求以最少费用支出获得最大安全保障效果。

（3）减轻企业、家庭和个人对风险及潜在损失的烦恼和忧虑，为企业或家庭提供良好的生产、生活环境。

（4）遵守和履行社会赋予家庭和企业的行为规范和社会责任。例如，环境污染控制、公共安全等。

（二）损失后目标

（1）减轻损失的危害程度。损失一旦出现，风险管理者及时采取有效措施予以抢救和补救，防止损失的扩大和蔓延，尽可能将已出现的损失降到最低限度。

（2）及时提供经济补偿，使企业和家庭恢复正常的生产和生活秩序，实现良性循环。主要措施包括：及时向受灾企业提供经济补偿，保持企业经营的连续性，稳定企业收入，为企业的成长与发展奠定基础；及时向受灾家庭提供经济补偿，使其能尽早获得资金，重建家园，从而保证社会生活的稳定。

二、风险管理的程序

风险管理的基本程序分为风险识别、风险估测、风险评价、选择风险管理技术和评估风险管理效果五个环节。

（一）风险识别

风险识别是指在风险事故发生之前，人们运用各种方法系统地、连续地认识所面临的各种风险，以及分析风险事故发生的潜在原因。它是风险管理过程中最基础的一步。

风险识别的目的是便于衡量风险的大小，选择最佳的风险处理方案。

例如：

财产险风险问卷

请如实告知以下情况：

1. 投保人姓名及地址

____

2. 被保险人姓名及地址

____

3. 经营内容

____

4. 保险财产项目和地址

____

5. 保险财产价值

财产类别	财产项目	申报金额
建筑物		
机器设备		
仓储物品		

注：仓储物品的申报金额栏请填写最近五年的任一时点的最大存量（金额）。

____

6. 建筑物状况

名称	建筑结构	高度/米	建筑物年龄	用途	建筑面积

建筑结构：（1）钢筋混凝土；（2）钢结构；（3）钢混，砖混或钢结构；（4）砖混；（5）木结构或其他不明结构

____

7. 机器设备

名称	类型及型号	生产厂商	制造国家	生产年份	其他

8. 原材料 / 在产品 / 成品状况

名称	原材料 / 在产品 / 成品	存放地	盗窃风险程度	是否为危险品	是否为主要原材料

9. 周围环境

描述周围建筑物、社区情况（方位 / 距离）

____

最近的江、湖、海的名称、距离

____

距最近消防队距离及所需时间

____

是否处于低洼地带 □是 □否

洪水警戒线 □以上 □以下

____

10. 主要自然灾害及通常发生季节

□地震 □洪水 □台风 □暴雨 □其他

____

11. 企业安全 / 防范情况

(1) 有无制作安全操作规程? □有 □无

(2) 有无自己的消防队? □有 □无

(3) 有无报警系统? □有 □无

(4) 有无设置便携式灭火器? □有 □无

(5) 有无充分水源? □有 □无

(6) 有无禁烟区? □有 □无

(7) 有无自动喷淋装置? □有 □无

如有，请列明数量及安装方位。

____

(8) 其他消防设施情况（请列明种类 / 数量及安放地点）。

____

(9) 以下时间内是否有值班? □日常工作时间 □ 节假日 □夜间

(10) 其他保安措施（防盗等）

____

12. 仓储物品

(1) 是否有专人看管? □是 □否

(2) 易燃易爆物品是否存放在独立的危险仓库内? □是 □否

(3) 请说明上述危险品仓库与其他建筑物的最小间距。

____

(4) 是否有消防设施? □是 □否

如有，请列明。

____

(5) 仓储处是否有紧急报警系统? □是 □否

(6) 仓储处是否定期进行清理? □是 □否

如是，请说明清理频率。

____

(7) 仓储处是否有紧急出口及安全通道? □是 □否

(8) 仓储物品是否有完整出入库登记? □是 □否

____

13. 生产经营中风险

(1) 生产工艺采取的是 □常温 □常压 □高温 □高压 □其他

(2) 生产过程中有无使用易燃易爆材料? □有 □无

如有，请列明。

____

(3)生产过程中有无可燃性气体或粉尘产生? □有 □无

如有,请列明。

---

(4) 所列能源中经常出现突然中断现象的是

□汽 □水 □电 □汽 □无中断现象

14. 以往五年有无损失发生? □有 □无

如有,请说明每次损失的原因、受损财产、损失金额。

(二)风险估测

风险估测是在风险识别的基础上,通过对所收集的大量资料进行分析,利用概率统计理论,估计和预测风险发生的概率和损失程度。风险估测不仅使风险管理建立在科学的基础上,而且使风险分析定量化,为风险管理者进行风险决策、选择风险管理技术提供了科学依据。

(三)风险评价

风险评价是指在风险识别和风险估测的基础上,把风险发生的概率、损失程度结合其他因素进行全面考虑,得出系统发生风险的可能性及其危害程度,并与公认的安全指标相比较,确定系统的危险等级,然后根据危险等级决定是否需要采取相应的措施。风险管理者通过风险衡量,当估测出系统的损失概率和损失程度大于安全指标时,则说明系统已经处于危险状态,应采取相应的风险管理措施,消除或降低风险的危害程度。如果实际估测结果远大于安全指标,则说明系统必须采取紧急措施控制风险;而当估测结果小于安全指标时,则可以认为系统是安全的。

(四)选择风险管理技术

根据风险评价的结果,为实现风险管理的目标,选择最佳的风险管理技术是风险管理中最为重要的环节。风险管理技术分为控制型和财务型两大类。前者的目的是降低损失频率和缩小损失范围,重点在于改变引起意外事故和扩大损失的各种条件;后者的目的是以提供基金的方式,对无法控制的风险做财务上的安排。

(五)评估风险管理效果

评估风险管理的效果是指对风险管理技术的适用性及收益性情况的分析、检查、评估和修正。风险管理效益的大小,取决于是否能以最小风险成本取得最大安全保障。同时,在实务中还要考虑风险管理与整体管理目标是否一致,是否具有具体实施的可行性、可操作性和有效性。风险处理对策是否最佳,可通过评估风险管理的效益来判断。

三、风险管理的方法

风险管理的方法即风险管理的技术，可分为控制型和财务型两大类。

（一）控制型风险管理技术

控制型风险管理技术的实质是在风险分析的基础上，针对企业所存在的风险因素采取控制技术，以降低风险事故发生的频率和减轻损失程度，重点在于改变引起自然灾害、意外事故和扩大损失的各种条件。主要表现为：在事故发生前，降低事故发生的概率；在事故发生时，将损失减少到最低限度。控制型风险管理技术主要包括下列方法。

1. 风险回避

风险回避是指设法回避损失发生的可能性，从根本上消除特定的风险单位和中途放弃某些既存的风险单位，采取主动放弃或改变该项活动的方式。风险单位是指发生一次风险事故可能造成的损失的范围。避免风险的方法一般是在某特定风险所致损失频率和损失程度相当高或处理风险的成本大于其产生的效益时采用，它是一种最彻底、最简单的方法，但也是一种消极的方法。避免方法虽然简单易行，但有时意味着丧失利润，且避免方法的采用通常会受到限制。此外，采取避免方法有时在经济上是不适当的，或者避免了某一种风险，却产生新的风险。

2. 损失预防

损失预防是指在风险事故发生前，为了消除或减少可能引起损失的各种因素而采取的处理风险的具体措施，其目的在于通过消除或减少风险因素而降低损失发生的概率。这是事前的措施，即所谓“防患于未然”。例如，定期体检，虽不能消除癌症的风险，但可得到医生的劝告或及早防治，因而可以减少癌症发病的机会或减轻其严重程度。

3. 损失抑制

损失抑制是指在损失发生时或损失发生之后为降低损失程度而采取的各项措施，它是处理风险的有效技术。例如，安装自动喷淋设备以抑制火灾事故。

（二）财务型风险管理技术

由于受种种因素的制约，人们对风险的预测是不可能绝对准确的，而防范风险的各项措施都具有一定的局限性，因而某些风险事故的损失后果是不可避免的。财务型风险管理技术是以提供基金的方式，通过事故发生前的财务安排来解除事故发生后给人们造成的经济困难和精神忧虑，为恢复企业生产和维持家庭正常生活等提供财务支持。财务型风险管理技术主要包括以下方法。

1. 自留风险

自留风险是指对风险的自我承担，即企业或单位自我承受风险损害后果的方法。自留风险是一种非常重要的财务型风险管理技术。自留风险有主动自留和被动自留之分。

通常在风险所致损失频率和程度低、损失在短期内可以预测及最大损失不影响企业或单位财务稳定时采用自留风险的方法。自留风险的成本低，方便有效，可减少潜在损失，节省费用。但自留风险有时会因风险单位数量的限制或自我承受能力的限制，而无法实现其处理风险的效果，导致财务安排上的困难而失去作用。

2. 转移风险

转移风险是指一些单位或个人为避免承担损失，而有意识地将损失或与损失有关的财务后果转嫁给另一些单位或个人去承担的一种风险管理方式。转移风险又有财务型非保险转移和财务型保险转移两种方法。

（1）财务型非保险转移风险。财务型非保险转移风险是指单位或个人通过经济合同，将损失或与损失有关的财务后果，转移给另一些单位或个人去承担，例如保证互助、基金制度等；或人们可以利用合同的方式，将可能发生的、不定事件的任何损失责任，从合同一方当事人转移给另一方，例如销售、建筑、运输合同和其他类似合同的免责规定和赔偿条款等。

（2）财务型保险转移风险。财务型保险转移风险是指单位或个人通过订立保险合同，将其面临的财产风险、人身风险和责任风险等转嫁给保险人的一种风险管理技术。投保人缴纳保费，将风险转嫁给保险人，保险人则在合同规定的责任范围内承担补偿或给付责任。作为风险转移方式，保险有很多好处，是进行风险管理的有效方法之一。

风险处理方法的选择见表 1-2。

表 1-2　风险处理方法的选择

损失频率	高	低	高	低
损失程度	大	大	小	小
风险处理方法	风险回避	保险	损失控制	风险自留

四、风险管理与保险

（一）风险管理与保险的关系

从风险管理的角度看，保险是个人或组织通过订立保险合同，将其面临的财产、人身、责任或信用风险等转移给保险人的一种风险管理技术。在不同的风险管理中，不同的风险有着不同的处理方法，而保险是转移风险损失的重要手段。所以，风险管理与保险有着密切的关系。

风险管理和保险都是以风险为研究对象。风险管理主要研究风险发生的规律，运用各种风险管理方式实现对风险的有效控制。保险则是以风险存在为前提，通过对风险规律的研究设计险种、开发业务，促进保险业发展。

风险管理和保险都以概率论和大数法则等数学原理作为分析的基础和方法。两者风险估测的科学基础相同。风险管理和保险都要在准确估测预期损失率的基础上达到以最低成本获得最佳安全保障的经济目的。

保险是风险管理的有效措施，被视为一种社会风险损失的经济补偿制度。通过保险可以把企业或个人承担的风险转嫁给保险公司，以较少的经济支出取得较大损失的经济保障。

两者是一种互补关系。保险是风险管理中最普遍的方法；风险管理技术的发展，增强了保险的经济效益，巩固了保险业的发展。

（二）可保风险的条件

可保风险是指保险人可以承保的风险，即投保人可以通过购买保险来转移风险。一般而论，可保风险仅限于纯粹风险，而且还应具备下列条件。

1. 可保风险必须是纯粹的

可保风险必须是纯粹的，而不是投机性的。因为纯粹风险和投机性风险是性质完全不同的风险，它们造成的后果是不同的。就保险行业的承保技术和方法而言，保险公司只承担由纯粹风险发生导致的损失。由于投机性风险的发生可能带来获利的机会，所以投机性风险不具有可保性。

2. 可保风险损失具有确定的概率分布

保险经营风险的前提是可以确定一个合理的保险费率，而保险费率的确定是建立在预期损失的基础上的。如果一种风险是可保的，那么它的预期损失必须是可以计算的。预期损失是根据损失的概率分布计算出来的。如果风险造成的损失的概率分布可以确定在一个合理的精确度以内，那么这项风险就是可保的。

3. 存在大量具有同质风险的保险标的

同质风险是指风险单位在种类、品质、性能、价值等方面大体相近。如果风险单位不同质，那么风险事故发生的概率就不同，集中处理这些风险将十分困难。只有存在大量同质的风险单位且只有其中少数风险单位受损时，才能体现大数法则所揭示的规律，正确计算损失概率。保险不是赌博，也不是投机，它是以大数定律作为保险人建立稳固的保险基金的数理基础。只有一个标的或少量标的所具有的风险，是不具备这种基础的。

4. 损失发生必须是偶然的

保险人承保的风险必须是有发生可能性的，同时又必须是偶然的和不可预知的。所谓偶然和不可预知，是指对每一个具体的保险标的来说，事先无法知道它是否会发生损失及损失的大小。之所以要求损失的发生具有偶然性，原因之一，是为了防止被保险人的道德风险和行为风险的发生；原因之二，是保险经营的基础是大数法则，而大数法则的应用是以随机（偶然）事件为前提的。

5. 损失是可以确定和测量的

损失是可以确定和测量的，是指损失发生的原因、时间、地点都可被确定，损失的金额也可以测定。凡是不能用货币计量其损失的风险是不可保的风险。因为在保险合同中，对保险责任、保险期限等都作了明确规定，只有在保险期限内发生的、保险责任范围内的损失，保险人才负责赔偿，且赔偿额以实际损失金额为限，所以，损失的确定性和可测性尤为重要。

6. 风险应有发生重大损失的可能

风险的发生有导致重大的或比较大的损失的可能性，才会有保险的必要。如果可能的损失程度是轻微的，就不需通过保险来获取经济保障。

课堂讨论 3

试讨论风险管理与保险的关系。

任务三　保险认知

学习重点

- 保险的概念与特点
- 保险的基本原则
- 保险的职能与作用
- 保险的分类

学习难点

- 可保风险和不可保风险

一、保险概述

根据《中华人民共和国保险法》的规定，保险是指投保人根据合同约定，向保险人支付保险费，保险人对于合同约定的可能发生的事故因其发生所造成的财产损失承担赔偿保险金责任，或者当被保险人死亡、伤残、疾病或者达到合同约定的年龄、期限等条件时承担给付保险金责任的商业保险行为。这一保险的定义，实质上是从法律角度来界定的，主要包含三层含义：

从法律角度看，保险是一种合同行为。投保人购买保险、保险人出售保险实际上是双方在法律定位平等的基础上，经过要约与承诺的过程，达成一致意见并签订合同，确立保险人与投保人之间的权利义务关系。

从风险管理角度看，保险是一种风险管理的方法，或是一种风险转移的机制。这种风险转移机制不仅体现在将风险转移给保险公司，而且表现为通过保险，将众多的单位和个人结合起来，将个体应对风险变为大家共同应对风险，能起到分散风险、补偿损失的作用。

从经济角度看，保险是分摊意外事故损失和提供经济保障的一种非常有效的财务安排。投保人通过缴纳保险费购买保险，将不确定的大额损失转变为确定性的小额支出，或者将未来大额的或持续的支出转变成目前固定的或一次性的支出，从而有利于提高投保人的资金效益。人寿保险中，保险作为一种财务安排的特性表现得尤为明显。

知识链接

什么是可保风险和不可保风险？

可保风险（Insurable Risk），是指可以通过保险的方式加以管理和分散的风险。可保风险必须是纯粹风险，但也并非任何纯粹风险均为可保风险，也就是说保险公司可承保的风险要具备以下条件：风险必须是纯粹的；风险必须是偶然的；风险必须是意外的；风

险必须是大量的；风险必须有发生重大损失可能的；风险的损失发生概率必须是可测的。人身风险、财产风险和责任风险虽然保险标的不同，但是都是由偶然性的风险事件引起的，这些损失都是只能带来经济的损失，而没有任何获利的可能性。人类社会发展几千年来，由于自然灾害和意外事故等原因，以上三类风险无处不在，发生的概率较为普遍，而且很多事故一旦发生可能会给家庭和社会带来重大损失。虽然一次事故的发生具有不确定性，但是总体来讲，这些事故的发生频率和程度总体上具有统计规律性，便于保险公司进行测度和确定费率。所以以上三种风险均满足可保风险的条件，由保险公司予以承保。

不可保风险（Non-insurable Risk）往往指市场方面的风险，政治、社会方面的风险，以及生产经营方面的风险，它们的区别主要针对商业保险的立场而言。针对政府而言，可保风险与不可保风险之间并没有绝对的界限。

二、保险的特征

（一）互助性

保险具有“一人为众，众为一人”的互助特性。在一定条件下，保险分担了单位和个人所不能承担的风险，形成了一种经济互助关系。这种经济互助关系通过保险人用多数投保人缴纳的保险费建立的保险基金对少数遭受损失的被保险人提供补偿或给付而得以体现。

（二）法律性

从法律角度看，保险又是一种合同行为，是一方同意补偿另一方损失的一种合同安排。同意提供损失赔偿的一方是保险人，接受损失赔偿的一方是投保人或被保险人。保险的法律性主要通过保险合同的拟定和执行来体现。

（三）经济性

保险体现了一种对价交换的经济关系，也就是商品经济关系。保险是通过经济补偿或给付而实现的一种经济保障活动。保障对象财产和人身都与要素市场有关；实现保障的手段，大多最终都必须采取支付货币的形式进行补偿或给付；保障的目的是与社会经济发展相关的。这些都体现了保险的经济性。

（四）商品性

保险体现了一种等价交换的经济关系，也就是商品经济关系。这种商品经济关系直接表现为个别保险人与个别投保人之间的交换关系，间接表现为在一定时期内全部保险人与全部投保人之间的交换关系，即保险人销售保险产品，投保人购买保险产品的关系：具体表现为保险人通过提供保险的补偿或给付，保障社会生产的正常进行和人们生活的安定。

（五）科学性

保险是处理风险的科学有效措施。现代保险经营以概率论和大数法则等科学的数理理论为基础。保险费率的厘定、保险准备金的提存等都是以科学的数理计算为依据的。

三、保险的基本原则

保险原则是在保险业发展的过程中，逐渐形成并被人们公认的基本原则。这些原则作为保险活动进行的准则，贯穿整个保险业务。坚持这些基本原则有利于维护保险双方的合法权益，最大限度发挥保险的职能和作用。

保险的基本原则主要包括以下几项。

（一）可保利益原则

在订立和履行保险合同的过程中，投保人对保险标的具有保险利益，而且这种利益必须是合法的、确定的经济利益。

可保利益是指投保人或被保险人对保险标的所具有的法律上承认的利益，是保险合同生效的重要条件。可保利益原则强调了投保人或被保险人在保险合同的订立和履行中，必须对保险标的具有可保利益，否则保险合同无效。坚持可保利益原则的意义在于划清保险与赌博之间的界线，防止道德风险和限制保险赔偿的额度。由于财产保险和人身保险的性质不同，因而可保利益的应用及适用时限也不尽相同。

（二）最大诚信原则

最大诚信是指诚实、守信。保险合同就是建立在诚实信用基础上的一种射幸合同。《保险法》第五条规定，保险活动当事人行使权利、履行义务应当遵循诚实信用原则。

它主要通过保险合同双方的诚信义务来体现，具体包括投保人或被保险人如实告知的义务及保证义务，保险人的说明义务及弃权和禁止反言义务。保险法第十六、十七条对此作了详细规定。

最大诚信原则要求保险双方在订立与履行保险合同的过程中，应向对方提供实质性重要事实，同时遵守合同的约定与承诺，否则保险合同无效。坚持最大诚信原则是为了确保保险合同的顺利履行，维护保险双方的利益。最大诚信原则主要内容包括告知、保证、弃权和禁止反言。违反最大诚信原则的当事人，应承担相应的法律后果。

（三）近因原则

近因是指风险和损失之间，导致损失的最直接、最有效起决定作用的原因，用以确定保险赔偿责任。

保险人在处理损失原因较为复杂的索赔时，要遵循近因原则。近因是指引起保险标的损失的直接的、最有效的、起决定作用的因素。近因原则的基本含义是：只有当承保危险是损失发生的近因时，保险人才负赔偿责任。因此，对近因的分析和判断，成为掌握和运用近因原则的关键。运用近因原则时，应根据实际案情，实事求是分析，认真辨别，并遵循国际惯例，特别是注重对重要判例的援用。

（四）损失补偿原则

保险事故发生后，被保险人从保险人处得到的赔偿正好填补被保险人因保险事故造成的保额范围内的损失。实际运用过程中，应当以实际损失为限，以保额为限，以保险利益为限。

损失补偿原则有三个派生原则，即重复保险分摊原则，代为追偿原则，委付原则。在重复保险的条件下，为了避免被保险人因保险事故获得超额赔偿，因此采用顺序、限责和分摊等原则。代位求偿是指因第三者对保险标的的损害造成保险事故时，保险人向被保险人赔偿保险金以后，在赔偿金额范围内取代被保险人的地位行使对第三者请求赔偿的权利。保险法第六十、六十一条就有关情况作了详细规定。委付是被保险人在发生保险事故造成保险标的推定全损时，将保险标的物的一切权利连同义务移转给保险人而请求保险人赔偿全部保险金额的法律行为。

四、保险的职能与作用

（一）保险的职能

分散危险和组织经济补偿是保险最基本的职能，体现了保险制度的本质特征，反映了保险活动的基本内容。分散危险是将处在同类危险中的多数单位和个人，通过直接或间接的方式集合为一个整体，根据危险发生的频率、损失的额度及保险金额，在危险发生之前由各单位及个人分摊一定金额，形成保险基金，当危险事故发生后，以此赔偿少数单位或个人所遭受的损失。组织经济补偿是在集合多数人分散危险，共同建立保险基金的基础上，对因危险事故发生而遭受损失的少数成员予以经济上的补偿。分散危险与组织经济补偿是相辅相成的有机整体，分散危险通过一定的组织形式，把社会上相互独立的个体集合在一起，共同形成保险基金，为补偿损失提供了前提条件；组织经济补偿则通过具体的保险金给付行为，使分散危险填补损失成为现实。分散危险和组织经济补偿两者的关系是：组织经济补偿以分散危险为前提，没有具体的经济补偿，分散危险将成为一句空话。

在保险学中，保险的职能分为基本职能和派生职能。

1. 保险的基本职能

保险的基本职能是保险的原始职能与固有职能，它不因时间的推移和社会形态的不同而改变。保险的基本职能包括以下两个方面。

（1）补偿损失职能。保险是在特定风险损害发生时，在保险的有效期和保险合同约定的责任范围及保险金额内，按其实际损失数额给予赔付。这种赔付原则使已经存在的社会财富因灾害事故所致的实际损失得到补偿，在使用价值上得以恢复，从而使社会再生产过程得以继续。保险的补偿职能，只是对社会已有的财富进行再分配，而不能增加社会财富。因为从社会角度而言，个别遭受风险损害的被保险人所得，正是没有遭受损害的多数被保险人所失，它是由全体投保人给予的补偿。这种补偿既包括财产损失的补偿，又包括了责任损害的赔偿。

（2）经济给付职能。财产保险与人身保险是两种性质完全不同的保险。由于人的价值是很难用货币来计价的，所以，人身保险是经过保险人和投保人双方约定进行给付的保险。因此，人身保险的职能不是损失补偿，而是经济给付。

2. 保险的派生职能

随着保险内容的丰富和保险种类的增多，保险的职能也有新的发展，在保险基本职能的基础下产生出派生职能。保险的派生职能主要有以下两项。

（1）防灾防损职能。防灾防损是风险管理的重要内容。由于保险的经营对象就是风险，保险本身也是风险管理的一项重要措施。保险企业为了稳定经营，要对风险进行分析、预测和评估，看哪些风险可作为承保风险，哪些风险可以进行时空上的分散等。而人为的因素与风险转化为实现损失的发生概率具有相关性，因此，通过人为的事前预防，可以减少损失。由此，保险又派生了防灾防损的职能。而且，防灾防损作为保险业务操作的环节之一，始终贯穿在整个保险工作之中。

第一，保险的经营从承保到理赔，要对风险进行识别、衡量和分析，因此，保险公司积累了大量的损失统计资料，其丰富的专业知识有利于开展防灾防损工作，进而履行其防灾防损的社会职责。

第二，从保险自身的经营稳定和收益角度来讲，保险公司通过积极防灾防损，就可减少保险的风险损失，增强其财务的支付能力，并增加保险经营的收益。

第三，保险公司加强防灾防损工作，就能积极有效地促进投保人的风险管理意识，从而促使其加强防灾防损工作。可见，防灾防损是保险的一个派生职能。

（2）融资职能。保险的融资职能，就是保险融通资金的职能或保险资金运用的职能。保险的补偿与给付的发生具有一定的时差性，这就为保险人进行资金运用提供了可能。同时，保险人为了使保险经营稳定，必须壮大保险基金，这也要求保险人对保险资金进行运用。因此，保险又派生了融资的职能。而且，资金运用业务与承保业务并称为保险企业的两大支柱。保险融资的来源主要包括：资本金、总准备金或公积金、各项保险准备金及未分配的盈余。保险融资的内容主要包括：银行存款、购买有价证券、购买不动产、各种贷款、委托信托公司投资、经管理机构批准的项目投资及公共投资、各种票据贴现等。

（二）保险的作用

保险事业在社会主义现代化建设中具有重要作用，马克思在《哥达纲领批判》中指出：应付不幸事故、自然灾害等的后备基金和保险基金，是在社会总产品中的一项必要扣除。它同补偿消费掉的生产资料和用来扩大再生产的积累基金从社会总产品中扣除，具有同等的意义。而这种特殊的后备基金的建立不仅在资本主义体系中是必需的；鉴于不幸事故、自然灾害在任何国家都是客观存在的，在宏观的社会主义体系中，其也是必要的分支，作为一种特殊的应急机制发挥着重要作用。

1. 调节社会意外损失

由于自然灾害、不幸事故的客观存在，在社会主义制度下，保险业在日常生产、生活、商品流通、消费等环节都有广泛的需要和应用。社会主义经济是有计划的商品经济，保险必将随着商品经济的发展而发展。在我国，保险最重要的宏观职能是对社会意外的补偿，建立经济补偿的制度，为社会主义现代化建设服务。我国的保险制度必须完全服从社会主义基本经济规律的要求，以保障社会主义生产的不断增长和人民物质生活福利的不断提高为宗旨。同时保险基金在用于补偿之前，是国家建设资金的一个组成部分，为社会主义现代化建设发挥积极作用。

2. 集中和分配社会资金

保险在集中和分配社会资金方面，和财政、银行等国家宏观手段与金融机构并行不悖，相辅相成。作为集中和分配社会资金的中介，保险业在经济建设中的融通环节发挥了不可忽视的作用，稳定生产建设的同时，也为人民生活的安定提供了保障和后盾。在社会经济中，保险业为国家集聚了大量资金，并运用信贷手段支持国家建设。

3. 对国民经济有积极作用

为了补偿自然灾害、意外事故造成的人身伤害和经济损失，保险业发挥着集聚社会资金的功能，这样的制度在国民经济中具有以下几种积极作用：

（1）为生产的各个环节提供经济保障，促进生产技术的发展和生产领域的扩大，推动国民经济发展；

（2）由于保险对于经济贸易中可能存在的意外灾害提供了保障，能够促进国际及国内贸易的发展，是贸易范畴内不可缺少的环节；

（3）为商品消费、流通的顺利进行提供担保，推动国民消费稳定增长；

（4）为人民的大病、养老等提供保障，稳定社会环境。

五、保险的分类

（一）按照实施方式分类

按照建立保险关系的实施方式为依据，可将保险可分为强制保险和自愿保险。

1. 强制保险

强制保险（又称“法定保险”）是由国家（政府）通过法律或行政手段强制实施的一种保险。强制保险的保险关系虽然也是产生于投保人与保险人之间的合同行为，但是，合同的订立受制于国家或政府的法律规定。强制保险的实施方式有两种选择：一是保险标的与保险人均由法律限定；二是保险标的由法律限定，但投保人可以自由选择保险人，如机动车交通事故责任强制保险。

2. 自愿保险

自愿保险是在自愿原则下，投保人与保险人双方在平等的基础上，通过订立保险合同而建立的保险关系。自愿保险的保险关系，是当事人之间自由决定、彼此合意后所建立的合同关系。投保人可以自由决定是否投保、向谁投保、中途退保等，也可以自由选择保险金额、保障范围、保障程度和保险期限等；保险人也可以根据情况自愿决定是否承保、怎样承保等。

（二）按照保险标的分类

按照不同的保险标的为依据，可将保险分为财产保险与人身保险。

1. 财产保险

财产保险是以财产及其有关利益为保险标的的保险，包括财产损失保险、责任保险、信用保险等保险业务。

（1）财产损失保险。财产损失保险是以各类有形财产为保险标的的保险，主要业务种类包括企业财产保险、家庭财产保险、运输工具保险、货物运输保险、工程保险、特殊风险保险和农业保险等。

（2）责任保险。责任保险是指以被保险人对第三者的财产损失或人身伤害依照法律应负的赔偿责任为保险标的的保险。主要业务种类包括公众责任保险、产品责任保险、雇主责任保险和职业责任保险等。

（3）信用保险。信用保险是以各种信用行为为保险标的保险，主要业务种类包括一般商业信用保险、出口信用保险、合同保证保险、产品保证保险和忠诚保证保险等。

2. 人身保险

人身保险是以人的寿命和身体为保险标的的保险，包括人寿保险、健康保险、意外伤害保险等保险业务。

（1）人寿保险。人寿保险是以被保险人的寿命作为保险标的，以被保险人的生存或死亡为给付保险金条件的一种保险，主要业务种类包括定期寿险、终身寿险、两全寿险、年金保险、投资连结保险、分红寿险和万能寿险等。

（2）健康保险。健康保险是以被保险人的身体为保险标的，使被保险人在疾病或意外事故所致伤害时发生的费用或损失获得补偿的一种人身保险业务，主要业务种类包括医疗保险、疾病保险和收入补偿保险等。

（3）意外伤害保险。意外伤害保险是指以被保险人的身体为保险标的，以意外伤害而致被保险人身故或残疾为给付保险金条件的一种人身保险，主要业务种类包括普通意外伤害保险、特定意外伤害保险等。

（三）按照承保方式分类

按照承保方式为依据，可将保险分为原保险、再保险、共同保险、重复保险。

1. 原保险

原保险是保险人与投保人之间直接签订保险合同而建立保险关系的一种保险。在原保险关系中，保险需求者将其风险转嫁给保险人，当保险标的遭受保险责任范围内的损失时，保险人直接对被保险人承担赔偿或给付责任。

2. 再保险

再保险（也称“分保”）是保险人将其所承保的风险和责任的一部分或全部转移给其他保险人的一种保险。分出业务的是再保险分出人，接受分保业务的是再保险接受人。这种风险转嫁方式是保险人对原始风险的纵向转嫁，即第二次风险转嫁。

3. 共同保险

共同保险（也称“共保”）是由几个保险人联合直接承保同一保险标的、同一风险、同一保险利益的保险。共同保险的各保险人承保金额的总和不超过保险标的的保险价值。在保险实务中，可能是多个保险人分别与投保人签订保险合同，也可能是多个保险人以某一保险人的名义签发一份保险合同。共同保险与再保险不同，这种风险转嫁方式是保险人对原始风险的横向转嫁，它仍属于风险的第一次转嫁。

4. 重复保险

重复保险是指投保人以同一保险标的、同一保险利益、同一保险事故分别与两个或两个以上保险人订立保险合同，且保险金额总和超过保险价值的保险。重复保险与共同保险相同，也是投保人对原始风险的横向转嫁，属于风险的第一次转嫁。

知识链接

如何衡量一个国家保险业发展程度

保险深度（Insurance Penetration）是一个国家的保费收入占该国家国内生产总值的比例。它反映了保险业对国内生产总值的贡献程度。保险深度越大，反映该国（地区）的保险业越发达。

保险深度 = 保费总收入 / 国民生产总值

保险密度（Insurance Density）是一个国家（地区）的人均保险费支出。它反映了该地（平均意义上）人们在收入中用于保障的部分。保险深度越大，反映了该国居民的风险保障意识越强。

保险密度 = 保费总收入 / 总人口

课堂讨论 4

请简述人寿保险、健康保险和意外保险的区别。

课后练习

一、案例分析

案例 1

"毒苹果"事件

2011 年 2 月 15 日，苹果公司公布了 2010 年供应商责任进展报告，首度公开承认其中国供应商所雇员工中有 137 名工人因污染致健康遭受不利影响。据媒体报道，2008 年 9 月起，苹果公司的供应商苏州联建公司要求使用毒性化学药品"正己烷"代替"酒精"清洗苹果 LOGO 及显示屏，后来作业员工在生产车间出现四肢麻木、身体刺痛、晕倒等正己烷中毒现象，相继被当地职业病防治部门评为九级或十级伤残。

"中毒事件"发生后，相关员工的医疗费用一直由苏州联建承担，直至 2010 年初，苏州联建以"全部康复"为由停止支付所有医疗费用，然而部分中毒员工称，他们并未完全康复，仍有明显的中毒症状。这些员工月收入均不足 3000 元，而且大多是青壮年，是家庭的经济支柱。后据医生反馈，正己烷导致的中毒是可逆的，脱离原来的环境后，症状只会减轻，不会加重。代工企业和中毒员工的索赔进入了拉锯战。

公司给出的解决方案是想拿到公司的赔偿金，必须要先签离职协议。很多员工不敢签，他们认为一旦签了，公司就不管了。但是，还是有 58 名中毒员工急于治病，个人又付不起医疗费，所以只好先签了。苏州联建员工中毒事件发生后，许多人将质疑的目光聚焦在苹果公司，但对这一事件，苹果公司一直保持沉默。在此期间，几名中毒员工联名给苹果公司 CEO 乔布斯写了一封信，在信中，他们痛斥苹果公司代工厂对其健康造成的伤害，希望苹果公司严格监管代工厂，为中毒工人争取应有的赔偿，但没有得到任何回复。后来，在苹果公司发布的《2011 年供应商责任进展报告》中，首度承认其在华供应商联建（中国）科技有限公司 137 名工人"因暴露于正己烷环境，健康遭受不利影响"。

请思考：企业能否对生产过程中出现的风险进行合理规避？

案例 2

8·12 天津滨海新区爆炸事故

2015 年 8 月 12 日 23 时 30 分左右，位于天津市滨海新区天津港的瑞海公司危险品仓库发生火灾爆炸事故，造成 165 人遇难（其中参与救援处置的公安现役消防人员 24 人、天津港消防人员 75 人、公安民警 11 人，事故企业、周边企业员工和居民 55 人）、8 人失踪（其中天津消防人员 5 人，周边企业员工、天津港消防人员家属 3 人），798 人受伤（伤情重及较重的伤员 58 人、轻伤员 740 人），304 幢建筑物、12428 辆商品汽车、7533 个集装箱受损。截至 2015 年 12 月 10 日，依据《企业职工伤亡事故经济损失统计标准》等标准和规定统计，已核定的直接经济损失 68.66 亿元。经国务院调查组认定，天津港“8·12”瑞海公司危险品仓库火灾爆炸事故是一起特别重大的生产安全责任事故。

从事件本身来看，在事故索赔中天津爆炸涉及车险、企财险、家财险、意外健康险、责任险、货运险六大险种，直接造成经济损失近 700 亿人民币，保险赔付 100 亿元人民币。天津瑞海公司危险品仓库爆炸主要涉及财产险与责任险的赔偿问题。事故属于生产过程中的突发事故，而且对爆炸现场的土壤、水、空气等环境因素造成较大影响，因此这次发生在天津市滨海新区的爆炸事故还涉及安全生产责任险和环境污染责任险两种责任险。事故后，新区很多房屋和附近的轻轨被毁严重，民众请求政府回收炸毁房屋。如果瑞海公司对此次危险品爆炸负有责任，导致他人受到人身伤害或财产损失，保险公司可向其追责。但目前情况来看，瑞海公司未在天津本地投保企财险，而异地投保可能性也很小。

请思考：在此案件中产生的损失应由哪一方来赔偿?

二、单项选择

1. 按风险损害的性质分类，风险可以分为（　　）。
   A. 人身风险与财产风险　　B. 纯粹风险与投机性风险
   C. 经济风险与技术风险　　D. 自然风险与社会风险
2. （　　）指由自然现象、物理现象和其他物质现象所形成的风险。
   A. 自然风险　　B. 社会风险
   C. 财产风险　　D. 人寿风险
3. 风险的特征不包括（　　）。
   A. 不确定性　　B. 客观性　　C. 可测量性　　D. 责任性
4. 从（　　）看，保险是一种合同行为。
   A. 法律角度　　B. 风险管理角度
   C. 经济角度　　D. 投资角度
5. （　　）是以被保险人的寿命作为保险标的，以被保险人的生存或死亡为给付保险金条件的一种保险。

A. 人寿保险　　B. 健康保险

C. 责任保险　　D. 意外伤害保险

三、论述

1. 风险管理的方式有哪些？

2. 请简述保险与风险之间的联系。

项目二 保险合同及相关业务

知识目标

- 了解保险合同主体的构成情况。
- 熟悉保险人及其条件。
- 熟悉保险合同的分类。
- 掌握保险合同的特性。
- 掌握受益人及其相关内容。

能力目标

- 能区分保险合同和其他民事合同。
- 能结合案例对投保人进行判别。
- 能进行有关受益人的案例分析。

任务一　保险合同的特征及内容

学习重点

» 保险合同的概念

» 保险合同的特征

学习难点

» 保险合同的特征

保险合同又称保险契约，是保险关系双方之间约定权利义务关系的协议。根据当事人双方约定，一方支付保险费给对方，另一方在保险标的发生约定的事故时，承担经济补偿责任，或者在约定的事件发生时，履行给付保险金义务。

《中华人民共和国保险法》第十条规定："保险合同是投保人与保险人约定保险权利义务关系的协议。"根据保险合同的约定，收取保险费是保险人的基本权利，赔偿或给付保险金是保险人的基本义务。与此相对应，交付保险费是投保人的基本义务，请求赔偿或给付保险金是被保险人的基本权利。

一、保险合同的特征

保险合同作为一种特殊的民事合同，除具有一般合同的法律特征外，还具有一些特有的法律特征。

（一）保险合同是有偿合同

根据合同当事人双方的受益状况，合同被区分为有偿合同与无偿合同。前者是指当事人为享有合同的权利而必须偿付相应的代价；后者是指当事人享有合同的权利而不必偿付相应的代价。保险合同的有偿性，主要体现在投保人要取得保险的风险保障，必须支付相应的代价，即保险费。保险人要收取保险费，必须承诺承担保险保障责任。

（二）保险合同是保障合同

保险合同的保障性主要表现在：保险合同双方当事人，一经达成协议，保险合同从约定生效时起到终止时的整个期间，投保人的经济利益受到保险人的保障。这种保障包括有形和无形两种形式。有形保障体现在物质方面，即保险标的一旦发生保险事故，保险人按照保险合同规定的责任范围给予一定金额的经济赔偿或给付；无形保障则体现在精神方面，即保险人对所有被保险人提供的心理上的安全感，使他们能够解除后顾之忧。

（三）保险合同是双务合同

双务合同是指当事人双方均享有权利，同时承担义务的合同。在保险合同中，被保险人要得到保险人对其保险标的给予保障的权利，就必须向保险人交付保险费；而保险人收取保险费，就必须承担保险事故发生或合同届满时的赔付义务，双方的权利和义务是彼此关联的。但是，保险合同的双务性与一般双务合同并不完全相同，即保险人的赔付义务只有在约定的事故发生时才履行，因而是附有条件的双务合同。

（四）保险合同是附合合同

附合合同是指合同内容一般不是由当事人双方共同协商拟定，而是由一方当事人事先拟定，印就好格式条款供另一方当事人选择，另一方当事人只能作取与舍、接受与否的决定，无权拟定合同的条文。保险合同是典型的附合合同，因为保险合同的基本条款由保险人事先拟定并经监管部门审批。投保人往往缺乏保险知识，不熟悉保险业务，很难对保险条款提出异议。所以，投保人购买保险就表示同意保险合同条款，即使需要变更合同的某项内容，也必须经保险人同意才能办理变更手续，有时还需要增缴保费，合同方才有效。

（五）保险合同是射幸合同

射幸是侥幸、碰运气的意思。射幸合同是指合同订立时当事人的给付义务尚未确定的合同，即保险合同履行的结果是建立在事件的可能发生或不发生的基础上的。如果合同有效期内发生合同中规定的特定事故，则被保险人从保险人那里得到的赔偿金可能远超过其所支付的保险费；反之，若特定事故没有发生，则被保险人只支付保险费而得不到任何补偿。而保险人的情况则相反，当发生保险事故时，他所赔付的金额可能大于其所收入的保险费；如不发生保险事故，则只收取保险费，而不须赔付。

（六）保险合同是诚信合同

任何合同的订立，都应以合同当事人的诚信为基础，但是，由于保险当事人双方信息的不对称性，保险合同对诚信的要求远远高于其他合同。在投保时，对投保人的要求为：在订立合同时，对保险人的询问及有关标的的情况应如实告知保险人，在保险标的风险增加时通知保险人，并履行与保险人约定的保证。对保险人的要求为：在订立保险合同时，向投保人说明保险合同的内容，在约定的保险事故发生时，履行赔偿或给付保险金的义务。

课堂讨论 1

为什么保险合同通常不具有协商性？

二、保险合同的种类

（一）按保险合同的性质划分

1. 补偿性保险合同

补偿性保险合同是指保险人的责任，以补偿被保险人的经济损失为限，并不得超过保险金额的合同。各类财产保险合同和人身保险合同的疾病津贴和医疗费用保险合同都属于补偿性保险合同。

2. 给付性保险合同

给付性保险合同是指保险金额由双方事先约定，在保险事件发生或约定的期限届满时，保险人按合同规定的标准金额给付的合同。各类寿险合同属于给付性保险合同。

案 例 分 析

企业为厂房投保了火灾保险，保险期间内发生大火，厂房烧为灰烬。保险公司对企业遭受的财产损失进行赔偿。

小贺为自己投保了意外伤害保险，2018 年 7 月 23 日出差途中遭遇温州动车事故，当场遇难。保险公司将小贺的意外身故保险金给付贺妻。

请区分上面两个案例中对应的保险，哪一个是补偿性合同，哪一个是给付性合同？

（二）按投保标的价值在投保时是否预先确定划分

1. 定值保险合同

定值保险合同是指在订立保险合同时，投保人和保险人事先约定保险标的的保险价值（即保险价值）作为保险金额，并将其载明于的保险合同中，在保险事故发生时，不管实际价值发生变化与否，保险人均以保险金额作为赔偿的依据。在保险实务中，定值保险合同多适用于某些不易确定价值的财产保险，例如，艺术品、股东、海上保险等。

2. 不定值保险合同

不定值保险合同是指订立保险合同时不预先约定保险标的的保险价值（即保险价值），仅载明保险金额作为保险事故发生后赔偿最高限额的保险合同。一旦发生保险事故，由保险人核定实际损失价值，在实际损失范围内按照保障程度计赔。如果实际损失大于保险金额，保险人的赔偿责任仅以保险金额为限；如果实际损失小于保险金额，则保险人的赔偿不会超过实际损失。大多数财产保险业务均采用不定值保险合同的形式。

（三）按保险合同保障的风险责任的方式划分

1. 单一风险合同

单一风险合同是指只承保一种风险责任的保险合同。例如，农作物雹灾保险合同，只对于冰雹造成的农作物损失负责赔偿。

2. 综合风险合同

综合风险合同是指承保两种以上的多种特定风险责任的保险合同。这种保险合同必须一一列明承保的各项风险责任，只要损失是由于所保风险造成的，保险人就负责赔偿。

3. 一切险合同

一切险合同是指除合同中列举的不保的风险外，保险人承担其他一切风险责任的保险合同。所谓一切险合同并非意味着保险人承保一切风险，即保险人承保的风险仍然是有限制的，但这种限制通过列明除外不保风险的方式来设立。在一切险合同中，保险人并不列举规定承保的具体风险，而是以“责任免除”条款确定其不承保的风险。也就是说，凡未列入责任免除条款中的风险均属于保险人承保的范围。

（四）按保险金额与保险价值的关系划分

1. 足额保险合同

指保险金额等于保险事故发生时的保险价值的保险合同。

2. 不足额保险合同

指保险金额低于保险事故发生时的保险价值的保险合同。

3. 超额保险合同

指保险金额高于保险事故发生时的保险价值的保险合同。

对于上述三种不同类型的保险合同，若一旦发生保险事故而需要进行保险理赔时，保险人通常采取的处理方式可简单归纳为三种：一是足额保险，十足赔偿；二是不足额保险，按照保险金额与保险价值的比例承担赔偿责任；三是超额保险，按实际损失赔偿，超过部分则无效。

（五）按保险标的的不同分类划分

1. 财产保险合同

财产保险合同是以财产及其有关的经济利益为保险标的的保险合同。财产保险合同通常又可分为财产损失保险合同、责任保险合同、信用保险合同等。

2. 人身保险合同

人身保险合同是以人的寿命和身体为保险标的的保险合同。人身保险合同又可分为人寿保险合同、人身意外伤害保险合同、健康保险合同等。

（六）按保险当事人的不同划分

1. 原保险合同

原保险合同是指保险人与投保人直接订立的保险合同，合同保障的对象是被保险人。

2. 再保险合同

再保险合同是指保险人为了将其所承担的保险责任转移给其他的保险人而订立的保险合同，合同直接保障的对象是原保险合同的保险人。

（七）按保险标的的数量划分

1. 单个保险合同

单个保险合同是指以一人或一物为保险标的保险合同。单个保险合同可以根据客户个人的经济条件和需求搭配各种不同的险种，以满足客户需求。个险中的年金险（养老理财类型的）基本上是团险不具备的。

2. 团体保险合同

团体保险合同（简称团险）是指集合多数性质相似的保险标的，而每一保险标的分别订有各自的保险金额的保险合同。团险一般都是定期消费型的，主要保障的以意外伤害和意外医疗为主，也有重疾等项目。团险分很多种，有的以家庭为主，有的以工程建筑为主，有的以公司员工为主。

三、保险合同的当事人

保险合同的主体是保险合同的参加者，是在保险合同中享有权利并承担相应义务的人。按照主体在保险合同中的地位和作用不同，可将其分为当事人和关系人，其中保险合同的当事人包括保险人和投保人。

（一）保险人

保险人又称承保人，是指按照保险合同的约定，向投保人收取保险费，并于保险事故发生或约定的期限届满时，承担赔偿或者给付保险金责任的人。

知识链接

《中华人民共和国保险法》对保险人的规定

保险人是指与投保人订立保险合同，并按照合同约定承担赔偿或者给付保险金责任的保险公司。

设立保险公司应当具备下列条件：

（1）主要股东具有持续盈利能力，信誉良好，最近三年内无重大违法违规记录，净资产不低于人民币两亿元。

（2）有符合本法和《中华人民共和国公司法》规定的章程。

（3）有符合本法规定的注册资本（最低限额两亿元）。

（4）有具备任职专业知识和业务工作经验的董事、监事和高级管理人员。

（5）有健全的组织机构和管理制度。

（6）有符合要求的营业场所和与经营业务有关的其他设施。

（7）具备法律、行政法规和国务院保险监督管理机构规定的其他条件。

（二）投保人

投保人又称要保人，是指与保险人签订保险合同，并按照合同约定负有支付保险费义务的人。

《中华人民共和国保险法》第十条规定：“投保人是指与保险人订立保险合同，并按照合同约定负有支付保险费义务的人。”就法律规定而言，投保人可以是法人，也可以是自然人，但必须具有民事行为能力；就经济条件而言，投保人必须具有交付保险费的能力；就特殊条件而言，投保人应当对保险标的具有保险利益。

根据《中华人民共和国民法通则》的有关规定，不同投保人的民事行为能力有不同的具体规定。就自然人而言，必须年满 18 岁或年满 16 岁但以自己的劳动收入为主要生活来源，并且无精神性疾病；就法人而言，必须依法成立，有必要的财产或经费、名称、组织机构和场所，并能独立承担民事责任。

课堂讨论 2

小学二年级的张圆圆在春节时收到了 2000 元的压岁钱，他想用 100 元为自己买一份意外伤害保险。请问他可以为自己投保吗？

四、保险合同的关系人、辅助人、客体

（一）关系人

保险合同的关系人是指与保险合同发生间接的权利义务关系的人，他们对保险合同利益享有独立的请求权，包括被保险人、受益人和保单所有人。

1. 被保险人

被保险人指其财产或者人身受保险合同保障，且有权按照保险合同规定向保险人请

求赔偿或给付保险金的人。《中华人民共和国保险法》第十二条规定："被保险人是指其财产或者人身受保险合同保障，享有保险金请求权的人。"被保险人应具备的条件包括以下几个方面。

（1）被保险人的资格。一般来说，在财产保险合同中，被保险人的资格没有严格的限制，自然人和法人都可以作为被保险人。而在人身保险合同中，法人不能作为被保险人，只有自然人，而且只能是有生命的自然人才能成为人身保险合同的被保险人。在以死亡为给付保险金条件的保险合同中，无民事行为能力的人不得成为被保险人，但父母为其未成年的子女投保时除外，最高保险金额通常有限定。

（2）被保险人与投保人的关系。在保险合同中，被保险人与投保人的关系，通常有两种情况：一是当投保人为自己的利益投保时，投保人和被保险人同为一人，此时的被保险人可以视同保险合同的当事人；二是当投保人为他人的利益投保时，投保人与被保险人分属两人，此时的被保险人即为这里所说的保险合同的关系人。

（3）被保险人的数量。同一保险合同中，被保险人可以是一人，也可以是数人。无论是一人还是数人，被保险人都应载明于保险合同中。如果被保险人已经确定，应将其姓名或单位在合同中载明；如果被保险人是可变的，则需要在合同中增加一项变更被保险人的条款。当约定的条件满足时，补充的对象自动取得被保险人的地位。

（4）各类保险的被保险人

在财产保险中，被保险人是保险财产的权利主体；在人身保险中，被保险人既是受保险合同保障的人，也是保险事故发生的本体；在责任保险中，被保险人是对他人财产毁损或人身伤害依照法律、契约或道义负有经济赔偿责任的人；在信用（保证）保险中，被保险人是因他人失信而有可能遭受经济损失的人，或者是因自身失信可能导致他人损失的人。

2. 受益人

受益人，又称保险金受领人，即人身保险合同中由被保险人或投保人指定，当保险合同规定的条件实现时有权领取保险金的人。2015 年修订的《中华人民共和国保险法》第十八条规定："受益人是指人身保险合同中由被保险人或者投保人指定的享有保险金请求权的人。投保人、被保险人可以为受益人。"第三十九条又规定："投保人指定受益人时须经被保险人同意。"受益人应具备两个条件：一是受益人享有保险请求权；二是受益人由投保人或被保险人所指定或约定在合同中注明的人。

在保险实务中，就财产保险合同而言，若被保险人是财产损失的主体，被保险人可自己领取保险赔偿金，一般不规定受益人。人寿保险合同中一般有受益人规定，受益人是寿险合同的特有主体，其地位特殊。受益人具有以下一些特征。

（1）受益人的资格并无特别限制。自然人、法人及其他任何合法的经济组织都可作为受益人；自然人中无民事行为能力、限制民事行为能力的人，甚至活体胎儿等均可被指定为受益人；投保人、被保险人本人也可以作为受益人。

（2）受益人是人身保险合同中的重要主体之一。在人身保险合同中，受益人有着独特的法律地位，除保险合同约定的事件发生后，受益人需及时通知保险人之外，不承担其他任何义务。

（3）受益人的受益权是通过指定产生的。受益人取得受益权的唯一方式是被保险人或投保人通过保险合同指定。受益人中途也可以变更。但若是投保人指定或变更受益人，必须征得被保险人的同意。

案例分析

6年前，还是单身的李某投保了某保险公司10万元的终身寿险，并每年投保20万元的意外险，但在保险合同中，受益人一栏填写了“法定”。不久前，李某死于交通事故，保险公司认定属于保险责任，准备给付30万元的保险金，但在保险金的分配上，李某刚结婚的妻子与李某的母亲产生了分歧。李母认为李某投保时为单身，填写法定，本意是以母亲作为受益人，而李某妻子则认为自己才应该是李某死亡后的法定继承人。请问，谁说得对？

在保险实务中，受益人在保险合同中有已确定和未确定两种情况。已确定受益人是指被保险人或投保人已经指定受益人，这时受益人领取保险金的权利受到法律保护，保险金不能视为已死去的被保险人的遗产，受益人以外的任何人无权分享，也不得用于清偿死者生前的债务。未确定受益人有两种情况：一是被保险人或投保人未指定受益人；二是受益人先于被保险人死亡、受益人依法丧失受益权、受益人放弃受益权，而且没有其他受益人。在受益人未确定的情况下，被保险人的法定继承人就视同受益人，保险金应视为死者的遗产，由保险人向被保险人的法定继承人履行给付保险金的义务。

在财产保险合同中，由于保险赔偿金的受领者多为被保险人本人，所以在合同中一般没有受益人的规定。

3. 保单所有人

保单所有人，又称为保单持有人，指拥有保单各种权利的人。保单所有人的保单权利一般包括变更受益人的权利、保单转让权、保单质押权、保险费返还请求权、责任准备金返还请求权、保单利益分配请求权、保险合同解约权和指定新的所有人的权利等。保单所有人在订立保险合同时产生，其可以是个人，也可以是一个组织机构。

保单所有人是人寿保险中的一个新名词，因此其称谓主要适用于人寿保险合同的场合。

由于财产保险合同大多是一年左右的短期合同，保单没有现金价值。并且，由于绝大多数投保人都是以自己的财产作为保险标的来进行投保（成为被保险人），在发生保险事故时得到保险赔偿（成为受益人），因此，投保人、被保险人、受益人和所有人通常就是同一个人。但在人寿保险中，由于人寿保险所具有的储蓄性，以及在许多场合，所有人与受益人并不是同一个人的事实，所有人的意义就显得十分突出和重要了。

保单所有人是在投保人与保险人订立保险合同时产生的。他既可以是个人，也可以是一个组织机构；既可以与受益人是同一人，也可以是其他的任何人，但一般来说，被保险人与保单的所有人为同一人的情况较普遍。

我国人寿保险合同中没有明确保单所有人的概念。在保险实务中，人寿保单的各种权利大多归投保人所有并行使。为了维护被保险人的利益，我国《保险法》有相应的法律规定。投保人拥有解约权、保险费返还权。以死亡为给付保险金的合同，投保人欲对保单进行转让与质押，应征得被保险人的书面同意，否则不得行使。投保人指定受益人时需经被保险人同意。被保险人拥有分红保单的红利领取权。

（二）保险合同的辅助人

1. 保险代理人

保险代理人，又称保险代理商，是指根据保险人的委托，在其授权的范围内代办保险业务，并向保险人收取代理手续费的机构或者个人。保险代理人包括专业代理人、兼业代理人和个人代理人。

2. 保险经纪人

保险经纪人，俗称“掮客”，是指基于投保方的利益，为投保人与保险人立定保险合同提供中介服务，并依法向保险公司收取佣金的单位。

保险代理人和经纪人具有一定的区别，见表 2-1。

表 2-1 保险代理人和经纪人的区别

	保险代理人	保险经纪人
代表主体	代表保险人的利益	代表投保人的利益
佣金来源	由保险人支付	根据其服务内容而定
服务内容	在授权范围内，为保险人推销保单，代收保险费	提供风险管理咨询，选择保险公司，协商保险条件，代为缴费、理赔等
法律地位	从事授权范围内代理行为的后果由保险人承担	从事中介活动的法律后果由自身承担

3. 保险公估人

保险公估人是指经保险监督管理机构批准设立的，专门从事保险标的的评估、勘验、鉴定、估损、理算等业务，并据此向保险当事人合理收取费用的单位。

（三）保险合同的客体

保险合同的客体是指保险合同权利和义务共同指向的对象，即保险利益。保险利益是指投保人或被保险标的所具有的法律上承认的利益。

客体在一般合同中称为标的，即物、行为、智力成果等。保险合同虽属民事法律关系范畴，但它的客体不是保险标的本身，而是投保人对保险标的所具有的法律上承认的利益，即保险利益。

根据《中华人民共和国保险法》第十二条规定：“人身保险的投保人在保险合同订立时，对被保险人应当具有保险利益。财产保险的被保险人在保险事故发生时，对保险标的应当具有保险利益。人身保险是以人的寿命和身体为保险标的的保险。财产保险是以财产及其有关利益为保险标的的保险。”因此，投保人必须凭借保险利益投保，而保险人必须凭借投保人对保险标的的保险利益才可以接受投保人的投保申请，并以保险利益作为保险金额的确定依据和赔偿依据。保险合同成立后，因某种原因保险利益消失，保险合同也随之失效。所以，保险利益是保险合同的客体，是保险合同成立的要素之一，如果缺少了这一要素，保险合同就不能成立。

保险标的是保险利益的载体，保险标的是投保人申请投保的财产及其有关利益或者人的寿命和身体，是确定保险合同关系和保险责任的依据。在不同的保险合同中，保险人对保险标的的范围都有明确规定，即哪些可以承保，哪些不予承保，哪些一定条件下可以特约承保等。因为不同的保险标的能体现不同的保险利益。而且，保险合同双方当事人订约的目的是实现保险保障，合同双方当事人共同关心的也是基于保险标的的保险利益。所以，在保险合同中，客体是保险利益，而保险标的则是保险利益的载体。

五、保险合同的内容

保险合同的条款是规定保险人与被保险人之间基本权利和义务的条文，它是保险公司对所承保的保险标的履行保险责任的依据。保险合同应具有以下内容。

（一）当事人和关系人的姓名和住所

明确当事人的姓名和住所，是为保险合同履行提供基本前提。保险费的缴纳、损失赔偿、保险标的的坐落地点等都与保险合同当事人及住所有关。如果姓名和住所不详，权利与义务的承担者将无法落实。

（二）保险标的

保险标的是指保险合同双方当事人的权力义务所共同指向的对象。明确了保险标的，有利于判断投保人对保险标的是否具有保险利益。所以，保险合同必须载明保险标的。财产保险合同中的保险标的是指物、责任、信用；人身保险合同中的保险标的是指被保险人的寿命和身体。

（三）保险责任和责任免除

保险责任是指在保险合同中载明的对于保险标的在约定的保险事故发生时，保险人应承担的经济赔偿和给付保险金的责任，一般都在保险条款中予以列举。保险责任明确的是，哪些风险的实际发生造成了被保险人的经济损失或人身伤亡，保险人应承担赔偿或给付责任。保险责任通常包括基本责任和特约责任。

责任免除是指明确保险人不承担的责任，是对保险责任的限制。责任免除明确的是哪些风险事故的发生造成的财产损失或人身伤亡与保险人的赔付责任无关，主要包括法定和约定的责任免除条件。责任免除一般分为四种类型：

（1）不承保的风险，指除外的损失原因，如现行企业财产基本险中，保险人对地震引起的保险财产损失不承担赔偿责任。

（2）不承担赔偿责任的损失，指除外的损失，如正常维修、保养引起的费用及间接损失，保险人不承担赔偿责任。

（3）不承保的标的，指除外的标的，包括价值难以确定的标的，易丢失、风险责任大、无法鉴定的标的，如古玩、字画、珍珠等属于不承保的标的。

（4）投保人或被保险人未履行合同规定义务的责任免除。

（四）保险期间和保险责任开始时间

保险期间是指保险合同的有效期间，即保险人为被保险人提供保险保障的起讫时间。一般可以按自然日期计算，也可按一个运行期、一个工程期或一个生长期计算。保险期间是计算保险费的依据，也是保险人履行保险责任的基本依据之一。

保险责任开始时间是指保险人开始承担保险责任的起点时间，通常以某年、某月、某日、某时表示。保险责任开始的时间由双方在保险合同中约定。在保险实务中，保险责任的开始时间可能与保险期间一致，也可能不一致。如寿险合同中大多规定有观察期，保险人承担保险责任的时间自观察期结束后开始。

（五）保险价值

保险价值是指保险合同双方当事人订立保险合同时作为确定保险金额基础的保险标的的价值，即投保人对保险标的所享有的保险利益用货币估计的价值额。在财产保险中，一般情况下，保险价值就是保险标的的实际价值；在人身保险中，由于人的生命难以用客观的价值标准来衡量，所以不存在保险价值的问题，但发生保险事故时，以双方当事人约定的最高限额核定给付标准。

（六）保险金额

保险金额是指保险人承担赔偿或者给付保险金责任的最高限额。在不同的保险合同中，保险金额的确定方法有所不同。在财产保险中，保险金额要根据保险价值来确定；在责任保险和信用保险中，一般由保险双方当事人在签订保险合同时依据保险标的的具体情况商定一个最高赔偿限额，还有些责任保险在投保时并不确定保险金额；在人身保险中，由于人的生命价值难以用货币来衡量，所以不能依据人的生命价值确定保险金额，而是根据被保险人的经济保障需要与投保人支付保险费的能力，由保险双方当事人协商确定保险金额。需要注意的是，保险金额只是保险人负责赔偿或给付的最高限额，保险人实际赔偿或给付的保险金数额只能小于或等于保险金额，而不能大于保险金额。

（七）保险费及支付办法

保险费是指投保人支付的作为保险人承担保险责任的代价。缴纳保险费是投保人的基本义务。保险合同中必须规定保险费的缴纳办法及缴纳时间。财产保险一般是订约时一次付清保险费，但长期寿险既可以订约时一次趸交保险费，也可以订约时先付第一期保险费，在订约后的双方约定的期间内采用定期交付定额或递增、递减保险费等办法。

投保人支付保险费的多少是由保险金额的大小、保险费率的高低及保险期限等因素决定的。保险费率是指保险人在一定时期按一定保险金额收取保险费的比例，通常用百分率或千分率来表示。保险费率一般由纯费率和附加费率两部分组成。纯费率也称“净费率”，是保险费率的基本部分。在财产保险中，主要依据保险金额损失率（损失赔偿金额与保险金额的比例）来确定；在长期寿险中，则是根据人的预定死亡（生存）率和预定利率等因素来确定。附加费率是指一定时期内保险人业务经营费用和预定利润的总数同保险金额的比率。

（八）保险金赔偿或给付办法

保险金赔偿或给付办法即保险赔付的具体规定，是指保险人在保险标的遭遇保险事故，致使被保险人经济损失或人身伤亡时，依据法定或约定的方式、标准或数额向被保险人或其受益人支付保险金的方法。保险赔偿是实现保险经济补偿和给付职能的最终体现，保险赔偿或给付主要采用货币形式。在财产保险中表现为支付赔款，在人寿保险中表现为给付保险金。

（九）违约责任和争议处理

违约责任是指保险合同当事人未履行合同义务所应承担的法律后果。保险合同作为最大诚信合同，违约责任条款在其中的作用更加重要，因此，在保险合同中必须予以载明。

争议处理条款是指用以解决保险合同纠纷适用的条款。争议处理的方式一般有协商、仲裁、诉讼等。

（十）订立合同的年、月、日

订立合同的年、月、日，通常是指合同的订约时间。订约时间对于何时保险利益的存在与否，对双方当事人的权利、义务、可保利益、保险责任、法律主张、时间、效力等具有重要意义。在特定情况下，订立合同的年、月、日，对核实赔案事实真相可以起到关键作用。

拓展阅读

保险监管部门——中国银行保险监督管理委员会

中国银行保险监督管理委员会（英文名称：China Banking and Insurance Regulatory Commission，简称：中国银保监会或银保监会）成立于2018年，是国务院直属事业单位，其主要职责是依照法律法规统一监督管理银行业和保险业，维护银行业和保险业合法、稳健运行，防范和化解金融风险，保护金融消费者合法权益，维护金融稳定。中国银行保险监督管理委员会是国务院直属事业单位，为正部级。

2018年4月8日，中国银行保险监督管理委员会正式挂牌。在此之前，我国保险业监管单位是中国保险监督管理委员会，直到其与银监会合并。

在保险业监督管理方面，其主要职责包括：

（1）审批保险机构保险公司总公司及其分支机构的设立、变更和终止；

（2）监督检查保险公司的业务经营活动、财务状况和资金运用状况，查处保险公司的违法违规经营行为，监管保险公司的偿付能力，以保护被保险人利益；

（3）制订、修订或备案保险条款和保险费率，对保险公司的保险产品进行监管；

（4）查处和取缔非法保险机构及非法经营或变相经营保险业务的行为。

应当指出的是，中国银保监会履行的是一种对保险业的行政管理职能，是通过对保险公司偿付能力和市场行为的监督管理来保护被保险人的合法权益。对于保险消费者即广大的投保人、被保险人和受益人与保险公司之间的保险纠纷，中国银保监会没有直接裁判的权力。

六、保险合同条款及其分类

保险合同条款是指规定保险人与被保险人之间的基本权利和义务的合同条文，它是保险公司履行保险责任的依据。保险合同条款的内容应具体，文字应准确。保险合同条款形式多样，主要包括以下几种。

（一）按照保险条款的性质不同

按照保险条款的性质不同，可将其分为基本条款和附加条款两大类。

1. 基本条款

基本条款是指保险人事先拟定并印就在保险单上的有关保险合同双方当事人权利和义务的基本事项。基本条款构成保险合同的基本内容，是投保人与保险人签订保险合同的依据，不能随投保人的意愿而变更。

2. 附加条款

附加条款是指保险合同双方当事人在基本条款的基础上，根据需要另行约定或附加的、用以扩大或限制基本条款中所规定的权利和义务的补充条款。附加条款是对基本条款的补充性条款。附加条款通常也由保险人事先印就一定的格式，待保险人与投保人特别约定填好后附贴在保险单上，故又称附贴条款。

在保险实务中，一般把基本条款规定的保险人承担的责任称为基本险，附加条款所规定的保险人所承担的责任称为附加险。投保人不能单独投保附加险，必须在投保基本险的基础上才能投保附加险。

（二）按照保险条款对当事人的约束程度

按照保险条款对当事人的约束程度可将其分为法定条款与任意条款。

1. 法定条款

法定条款是指由法律规定的保险双方权利和义务的保险条款。

2. 任意条款

任意条款是相对于法定条款而言的，它是指由保险合同当事人在法律规定的保险合同事项之外，就与保险有关的其他事项所作的约定。保险双方当事人可以自由选择任意条款，故又称任选条款。

课堂讨论 3

在考虑购买保险时，应注意哪些内容？

任务二 合同的订立

学习重点

» 保险合同订立的程序

» 保险合同的成立与生效

学习难点

» 保险合同成立的标志

一、保险合同订立的程序

保险合同的订立是指保险人与投保人在平等自愿的基础上就保险合同的主要条款经过协商最终达成协议的法律行为。保险合同的成立，须经过投保人提出保险要求和保险人同意承保两个阶段，即合同实践中的要约和承诺阶段。

1. 要约

要约，又称要约提议，是希望和他人订立合同的意思表示。提出要约的人称为要约人，接受要约的人称为受要约人。在实际工作中，保险合同的要约人通常是投保人，且要约一般采用书面形式，即采用保险人事先印制好的要保书，要保书也称“投保单”。

2. 承诺

承诺，又称接受，是指表示受要约人作出同意要约的意思。在实际工作中，表现为核保通过。

3. 合同成立

双方当事人经过要约与承诺，意见达成一致，保险合同即成立。在实际工作中，表现为投保人得到保险公司签发的保险单。

二、保险合同的成立与生效

（一）保险合同的成立

保险合同的成立是指投保人与保险人就合同的条款达成协议。《中华人民共和国保险法》第十三条规定：“投保人提出保险要求，经保险人同意承保，保险合同成立。保险人应当及时向投保人签发保险单或者其他保险凭证。保险单或者其他保险凭证应当载明当事人双方约定的合同内容。当事人也可以约定采用其他书面形式载明合同内容。”在实务操作中，当保险人审核投保人填具的投保单后并在投保单上签章表示同意承保时，即意味着保险合同的成立。但是，保险合同的成立并不一定意味着保险责任的开始。如果保险责任约定在保险合同成立后的某一时间开始，那么，保险人则在约定时间后才承担保险责任。

（二）保险合同的生效

合同生效是指已经成立的合同在当事人之间产生法律约束力，成立不等于生效。成立的保险合同必须符合一定的生效要求才能产生法律约束力。保险合同的生效是指依法成立的保险合同条款对合同当事人产生约束力。一般合同一经成立即生效，双方便开始享有权利，承担义务。但是，保险合同往往是附条件、附期限生效的合同，只有当事人的行为符合所附条件或达到所附期限时，保险合同才生效。如保险合同订立时，约定保险费缴纳后保险合同才开始生效，那么，虽然保险合同已经成立，但要等到投保人缴纳保险费后，才能生效。我国保险实践中普遍推行的“零时起保制”，就是指保险合同的生效时间是在合同成立的次日零时或约定的未来某一日的零时。

案例分析

某企业为其出租的厂房及货物投保财产保险，保险金额为130万元，保险期限从2018年1月1日至2018年12月31日。投保时存放的是设备和器材，投保5个月后，增加存放了一些油漆等化工产品。2018年8月12日，油漆着火导致了火灾，财产损失95万元。

问：该企业的这笔损失能否获得保险公司的赔偿？

（三）无效保险合同

无效保险合同是指，保险合同不具有法律效力，不被国家保护。保险合同无效须由人民法院或仲裁机构进行确认。

导致保险合同无效的主要原因有：

（1）保险合同主体资格不符合法律规定。如投保人没有民事行为能力或对投保标的不具有保险利益，保险人未取得经营保险业务的许可证或超越经营范围经营保险业务等。

（2）保险合同的内容不合法。如投保人为非法据有的保险标的投保；未成年人父母以外的投保人。为无民事行为能力人订立以死亡为保险金给付条件的保险合同；以死亡为给付保险金条件的保险合同，未经被保险人同意并认可保险金额；保险条款内容违反国家法律及行政法规等。

（3）保险合同当事人意思表示不真实，即保险合同不能反映当事人的真实意志。如采取欺诈、胁迫等手段订立的保险合同，重大误解的保险合同，无效代理的保险合同等。

（4）保险合同违反国家利益和社会公共利益。如为非法利益提供保障的保险合同等。

保险合同无效可以分为全部无效和部分无效。保险合同的全部无效是指其约定的全部权利和义务自始不产生法律效力。如投保人对保险标的不具有保险利益，或违反国家利益和社会公益的保险合同，或保险标的不合法的保险合同等均属于全部无效的保险合同。保险合同部分无效是指保险合同某些条款的内容无效，但合同的其他部分仍然有效。

保险合同的无效不同于保险合同的失效。保险合同被确认无效后，即自始无效，是绝对无效；而保险合同失效则是由于某种事由的发生，使保险合同的效力暂时中止，而非绝对无效，待条件具备时合同效力仍可恢复。

对于无效保险合同的处理方式依合同无效的影响程度不同而不同。一般的无效保险合同采取返还财产的方式，即保险人将收取的保险费退还给投保人，被保险人将保险人赔付的保险金退还给保险人。对给当事人造成损失的无效保险合同采取赔偿损失的方式，即按照过错原则由有过错的一方向另一方赔偿，如果双方均有过错，则相互赔偿；对有违反国家利益和社会公共利益的保险合同采取追交财产的方式，即追缴故意违反国家利益和社会公共利益的一方已经通过保险合同取得和约定取得的财产，收归国库。

三、保险合同的履行

保险合同的履行是指双方当事人依法全面履行合同约定的权利义务的过程。一方履行义务，另一方则得以享受权利。保险合同的履行分为两个方面：一是投保方义务的履行；二是保险方义务的履行。两者需要履行的义务如表 2-2 所示。

表 2-2 保险合同双方履行的义务

合同双方	投保时的主要义务	投保后的主要义务
投保方	告知义务	• 缴纳保险费义务 • 危险增加通知义务 • 事故发生时的通知义务 • 维护标的安全义务和施救义务 • 提供单证和协助追偿义务
保险方	说明义务	• 及时签单义务 • 赔偿或给付义务 • 保密义务

（一）投保人义务的履行

1. 如实告知义务

该项义务要求投保人在合同订立之前、订立时及在合同有效内，对已知或应知的与危险和标的有关的实质性重要事实向保险人作真实陈述。如实告知是投保人必须履行的基本义务，也是保险人实现其权利的必要条件。这是因为保险人在作出承保选择及保险定价时通常是根据投保人对保险标的的陈述来决定的，投保人对保险标的重要事实告知与否及告知是否如实会影响保险人对风险的判断。所以，如实告知是投保人必须履行的首要义务，这样可以保证保险合同信息对称，维护保险合同订立的公平公正。如果投保人违反如实告知义务，保险人可以解除合同，甚至可以不承担赔偿或给付保险金责任。

2. 缴纳保险费义务

缴纳保险费是投保人的最基本的义务，通常也是保险合同生效的前提条件之一。投保人如果未按保险合同的约定履行此项义务，将要承担由此造成的法律后果：以交付保险费为保险合同生效条件的，保险合同不生效；对已经成立的财产保险合同不仅要补交保险费，同时还要承担相应的利息损失，否则，保险合同终止；约定分期交付保险费的人身保险合同，未能按时缴纳续期保险费，保险合同将中止，在合同中止期间发生的保险事故，保险人不承担责任，超过中止期未复效者，保险合同终止。

3. 维护保险标的的安全

保险合同订立后，财产保险合同的投保人、被保险人应当遵守国家有关消防、安全、生产操作、劳动保护等方面的规定，维护保险标的的安全，保险人有权对保险标的的安全工作进行检查，经被保险人同意，可以对保险标的采取安全防范措施。投保人、被保险人未按约定维护保险标的安全的，保险人有权要求增加保险费或解除保险合同。

4. 危险增加通知义务

在保险合同订立以后，由于主观或客观的原因会产生保险标的危险增加的现象，投保人或者被保险人应当将危险增加的有关情况及时地通知保险人，使保险人了解危险的真实状况，并根据危险的程度作出加收保险费或者解除保险合同的选择。如果投保人或被保险人不履行危险增加通知义务，对保险人来说是不公平的，不仅使保险人在不知情的情况下承担了过度的风险，而且也破坏了保险的对价平衡，危险程度增加，投保人交付的保险费应该增加。按照《中华人民共和国保险法》第五十二条的规定，保险标的危险程度显著增加的，被保险人应当按照合同约定及时通知保险人。保险人可根据危险增加的程度决定是否增收保险费或解除保险合同。若被保险人未履行危险增加的通知义务，保险人对因危险程度增加而导致的保险标的的损失可以不承担赔偿责任。

5. 保险事故发生时的通知义务

保险的基本职能是对保险事故发生造成被保险人之于保险标的的损失承担赔付责任。为了保证这一基本职能的体现，投保人、被保险人或受益人在知道保险事故发生后，应当及时将保险事故发生的时间、地点、原因及保险标的的情况、保险单证号码等通知保险人。这既是被保险人或受益人的一项义务，也是其获得保险赔付的必要程序之一。保险事故发生后通知义务的履行，可以采取书面形式或口头形式，但法律要求采取书面形式时就必须采取书面形式；“及时”应以合同约定为准，合同没有约定的，应当根据实际情况，确定合理的时限。投保人未履行保险事故发生的通知义务，则可产生两种后果：一是保险人不能解除保险合同，但可以请求投保人（被保险人）赔偿因此而造成的损失；二是保险人免除保险合同上的责任。

6. 出险施救义务

施救义务是指保险事故发生时，投保人或被保险人应积极组织施救，以减少损失。在许多情形下，投保人或者被保险人确实处于较有利的施救地位，如果及时采取有效的措施，就可以防止损失的扩大，这样不仅可以减少保险赔款支出，而且可以减少社会财富损失。

7. 提供单证义务

保险事故发生后，投保人、被保险人或受益人向保险人提出索赔时，应当按照保险合同规定向保险人提供其所能提供的与确认保险事故的性质、原因、损失程度等有关的证明和资料（包括保险单、批单、检验报告、损失证明材料等）。

8. 协助追偿义务

在财产保险中，如果保险事故的发生涉及第三责任方，则保险人向被保险人支付赔偿金后，享有代位求偿权，即保险人有权以被保险人的名义向第三责任方追偿。

（二）保险人义务的履行

1. 承担赔偿或给付保险金义务

赔偿或给付保险金是保险人最基本的义务。这一义务在财产保险中表现为对被保险人因保险事故发生而遭受的损失的赔偿；在人身保险中表现为对被保险人死亡、伤残、疾病者，或达到合同约定的年龄、期限时给付保险金。需要特别指出的是，财产保险中的赔偿包括两个方面的内容：一方面，赔偿被保险人因保险事故造成的经济损失，包括财产保险中保险标的及其相关利益的损失、责任保险中被保险人依法对第三者承担的经济赔偿责任、信用保险中权利人因义务人违约造成的经济损失；另一方面，赔偿被保险人因保险事故发生而引起的各种费用，包括财产保险中被保险人为防止或减少保险标的的损失所支付的必要的合理的费用、责任保险中被保险人支付的仲裁或诉讼费用和其他必要的合理的费用，以及为了确定保险责任范围内的损失被保险人所支付的受损标的的查勘、检验、鉴定、估价等其他费用。

2. 说明合同内容

订立保险合同时，保险人应当向投保人说明保险合同的条款内容，特别是对责任免除条款必须明确说明，否则，责任免除条款不产生效力。

3. 及时签单义务

保险合同成立后，及时签发保险单证是保险人的法定义务。保险单证是保险合同成立的证明，也是履行保险合同的依据。保险单证中应当载明保险当事人双方约定的合同内容。

4. 为投保人或被保险人保密义务

保险人在办理保险业务中对知道的投保人或被保险人的业务情况、财产情况、家庭状况、身体健康状况等，负有保密义务。为投保人或被保险人保密，也是保险人的一项法定义务。

案例分析

2019 年 4 月 21 日，某公司为全体职工投保了团体人身意外伤害保险，保险公司收取了保险费并当即签发了保险单。在保险单上列明的保险期间自 2019 年 5 月 1 日起至次年 4 月 30 日止。

2019 年 4 月 30 日，该公司的职工王某登山，不慎坠崖身亡事故发生后，王某的亲属向保险公司提出了索赔申请。但是保险公司却拒绝予以赔付。

请分析：保险公司的拒赔是否合理？

任务三　保险合同的变更、中止及终止

学习重点

» 保险合同的变更

» 保险合同的中止

学习难点

» 保险合同的变更

一、保险合同的变更

保险合同的变更是指在保险合同有效期间，当事人依法对合同条款所做的修改或补充。

合同的变更有狭义和广义之分，前者是指当事人双方权利、义务的变更；后者不仅包括权利、义务的变更，而且还包括主体和客体的变更。我国《保险法》第二十条中关于保险合同的变更，是指广义上的保险合同变更，即包括主体、客体和内容的变更。

（一）保险合同主体的变更

保险合同主体的变更指保险人及投保人、被保险人、受益人的变更。

1. 保险人的变更

保险人的变更，是指保险企业因破产、解散、合并、分立而发生的变更，经国家保险管理机关批准，将其所承担的部分或全部保险合同责任转移给其他保险公司或政府有关基金承担。

2. 投保人、被保险人、受益人的变更

在保险实践活动中，投保人、被保险人和受益人的变更最为常见，而且在财产保险合同与人身保险合同中情况各不相同。

（1）财产保险合同的投保人、被保险人、受益人的变更。在财产保险中，由于保险财产的买卖、转让、继承等法律行为而引起保险标的所有权转移，从而引起投保人或被保险人的变更。由于保险合同的主要形式是保险单，因此，投保人或被保险人的变更又会涉及保险单的转让。对此，有两种不同的做法：

一是允许保险单随保险标的所有权的转移而自动转让。投保人、被保险人也可随保险标的转让而自动变更，无须征得保险人的同意，保险合同继续有效。二是保险单的转让征得保险人的同意方为有效。对大多数财产保险合同而言，由于保险单不是保险标的的附属物，保险标的所有权转移后，新的财产所有人是否符合保险人的承保条件，能否成为新的被保险人，需要进行考察，以决定保单能否转让给新的财产所有人。所以，保险单不能随保险标的所有权的转移而自动转让，一般要由投保人或被保险人书面通知保险人，保险人经过判断，并在保险单上背书，转让才有效。因此，投保人或被保险人必须得到保险人同意后才可变更，保险合同才会继续有效。否则，保险合同将终止，保险人不再承担保险责任。

（2）人身保险合同的投保人、被保险人、受益人的变更。在人身保险中，因为被保险人本人的寿命或身体是保险标的，所以被保险人的变更可能导致保险合同终止，因此，人寿保险中，一般不允许变更被保险人。

人身保险合同主体变更主要有以下几种情形：

①投保人的变更。只要新的投保人对被保险人具有保险利益，而且愿意并能够交付保险费，即可转让人身保险合同，但必须告知保险人。但是，如果是以死亡为给付保险金条件的保险合同，必须经被保险人本人书面同意，才能变更投保人。

②被保险人的变更。当被保险人与投保人是同一人时，投保人经保险人同意可变更被保险人。

③受益人的变更。受益人是由被保险人指定的，或经被保险人同意由投保人指定的，其变更主要取决于被保险人的意志。被保险人或者投保人可以随时变更受益人，无须经保险人同意，但投保人变更受益人时须经被保险人同意。但无论如何，受益人的变更要书面通知保险人，保险人收到变更受益人的书面通知后，应当在保险单上批注。

（二）保险合同内容的变更

保险合同内容的变更是指保险合同主体享受的权利和承担的义务所发生的变更，表现为保险合同条款及事项的变更。《中华人民共和国保险法》第二十条规定：“投保人和保险人可以协商变更合同内容。变更保险合同的，应当由保险人在保险单或者其他保险凭证上批注或者附贴批单，或者由投保人和保险人订立变更的书面协议。”这说明投保人和保险人均有变更保险合同内容的权利。保险人变更保险合同内容主要是修订保险条款。但是，由于保险合同的保障性和附合性的特征，在保险实践中，一般不允许保险人擅自对已经成立的保险合同条款作出修订，因而其修订后的条款只能约束新签单的投保人和被保险人，对修订前的保险合同的投保人和被保险人并不具有约束力。

保险合同内容的变更主要是由投保方引起的。具体包括：

（1）保险标的的数量、价值增减而引起的保险金额的增减。

（2）保险标的的种类、存放地点、占用性质、航程和航期等的变更引起风险程度的变化，从而导致保险费率的调整。

（3）保险期限的变更。

（4）人寿保险合同中被保险人职业、居住地点的变化等。

保险合同内容的变更有两种情形：一种是投保人根据自己的实际需要提出变更合同内容；另一种是投保人必须进行的变更，如风险程度增加的变更。否则，投保人会因违背合同义务而承担法律后果。

（三）保险合同客体的变更

保险合同的客体是保险利益，而保险利益为投保人所有，其变更一定是投保人的变更所致。

保险合同客体的变更，通常是由投保人或被保险人提出，经保险人同意，加批注后生效。保险人往往根据变更后的保险合同客体调整保险费率，从而导致保险合同的权利义务的变更。

二、保险合同变更的程序与形式

无论是保险合同内容的变更还是主体变更，都要遵循法律、法规规定的程序，采取一定的形式完成。

（1）保险合同变更必须经过一定的程序才可完成。在原保险合同的基础上投保人及时提出变更保险合同事项的要求，保险人审核，并按规定增减保险费，最后签发书面单证，变更完成。

（2）保险合同变更必须采用书面形式，对原保单进行批注。对此一般要出具批单或者由投保人和保险人订立变更的书面协议，以注明保险单的变动事项。

三、保险合同的中止

保险合同中止是指在保险合同存续期间，由于某种原因的发生而使保险合同的效力暂时失效。在合同中止期间发生的保险事故，保险人不承担赔偿或给付保险金的责任。保险合同的中止，在人寿保险合同中最常见。人寿保险合同大多期限较长，由数年至数十年不等，故其保险费的交付大多是分期缴纳。如果投保人在约定的保险费交付时间内没有按时缴纳，且在宽限期内（一般为60天）仍未缴纳，则保险合同中止。

各国保险法均规定，被中止的保险合同可以在合同中止后的2年内申请复效。满足复效条件并复效后的合同与原合同具有同样的效力，可以继续履行。当然，被中止的保险合同也可能因投保人不提出复效申请，或保险人不能接受已发生变化的保险标的（如被保险人在合同中止期间患有保险人不能按条件承保的疾病），或其他原因而被解除，而不再有效。

四、保险合同的终止

保险合同的终止是指保险合同成立后，因法定的或约定的事由发生，使合同确定的当事人之间的权利、义务关系不再继续，法律效力完全消灭的事实。终止是保险合同发展的最终结果。合同终止的原因通常包括以下几点。

1. 自然终止

自然终止指因保险合同期限届满而终止。这是保险合同终止的最普遍、最基本的原因。凡保险合同载明的保险期限届满时，无论在保险期限内是否发生过保险事故及是否得到过保险赔付，保险期限届满后保险合同按时终止。保险合同期满后，需要继续获得保险保障的，要重新签订保险合同，即续保。但是，这里所指的续保并不意味着保险期限的延长或原保险合同的继续，而是另一个新的保险合同的签订。

2. 因保险人完全履行赔偿或给付义务而终止

保险人已经履行赔偿或给付全部保险金义务后，如无特别约定，保险合同即告终止，即使保险期限尚未届满，合同也告终止。

3. 因合同主体行使合同终止权而终止

合同主体在合同履行期间，遇有某种特定情况，行使终止合同的权利而使合同终止，无须征得对方的同意。

《中华人民共和国保险法》第五十八条规定："保险标的发生部分损失的，自保险人赔偿之日起三十日内，投保人可以解除合同；除合同另有约定外，保险人也可以解除合同，但应当提前十五日通知投保人。合同解除的，保险人应当将保险标的未受损失部分的保险费，按照合同约定扣除自保险责任开始之日起至合同解除之日止应收的部分后，退还投保人。"这是因为财产保险中的保险标的发生部分损失后，保险标的本身的状态及面临的风险已经有所变化，允许双方当事人在法定期间内行使保险合同终止权。

4. 因保险标的全部灭失而终止

保险标的灭失是指由保险事故意外的原因造成的保险标的灭失或丧失。如果保险标的非因保险事故而灭失，投保人就不再具有保险利益，保险合同也就因客体的消灭而终止。

5. 因解除而终止

因解除而终止指在保险合同有效期尚未届满前，合同一方当事人依照法律或约定解除原有的法律关系，提前终止保险合同效力的法律行为。保险合同的解除可以分为约定解除、协商解除、法定解除和裁决解除。

（1）约定解除。合同当事人在订立保险合同时约定，在合同履行过程中，某种情形出现时，合同一方当事人可行使解除权，使合同的效力消灭。

（2）协商解除。在保险合同履行过程中，某种在保险合同订立时未曾预料的情形出现，导致合同双方当事人无法履行各自的责任或合同履行的意义已丧失，于是通过友好协商，解除保险合同。

（3）法定解除。在保险合同履行过程中，法律规定的解除情形出现时，合同一方当事人或者双方当事人都有权解除保险合同，终止合同效力。

（4）裁决解除。产生解除保险合同纠纷，纠纷当事人根据合同约定或法律规定提请仲裁或向人民法院提起诉讼时，人民法院或仲裁机构裁决解除保险合同。

对于投保人来说，除《中华人民共和国保险法》另有规定或者保险合同另有约定外，保险合同成立后，投保人有权随时解除保险合同。但保险人不得解除保险合同，除非发现投保方有违法或违约行为。但是对于货物运输保险合同和运输工具航程保险合同，保险责任开始后，合同当事人都不得解除保险合同。

任务四　保险合同的主要形式

学习重点

- 投保单、保险单、保险凭证等的主要内容
- 保险合同的使用条件

学习难点

- 各保险合同的适用情况

《中华人民共和国保险法》第十三条规定：“投保人提出保险要求，经保险人同意承保，保险合同成立。保险人应当及时向投保人签发保险单或者其他保险凭证。保险单或者其他保险凭证应当载明当事人双方约定的合同内容。当事人也可以约定采用其他书面形式载明合同内容。”这说明保险合同的成立并非必须采取特定形式，只要投保人提出的保险要求经保险人同意承保，保险合同即告成立。但是，由于保险合同条款内容繁

杂，无法用口头简洁表达，加之有些保险合同期限较长，所以，在长期的保险实践中，保险合同一般采取书面形式。

一、投保单

投保单又称要保书，是投保人向保险人递交的书面要约，是正式保险合同的重要组成部分之一。投保单是保险合同签发前不可少的法律程序，可使投保人了解自己的权利和义务，也使保险人履行了客观介绍保险项目核心内容的职责。

下面是一份《财产一切险投保单》模板。

财产一切险投保单

投保须知：

1. 本投保单和《财产一切险条款》及附加条款是保险合同的组成部分，请您仔细阅读上述条款，特别注意有关责任免除、投保人、被保险人义务的规定。

2. 请您如实填写投保单，如故意隐瞒事实，不履行如实告知义务的，本公司有权解除保险合同或不承担保险责任，对已支付的赔款，本公司有权要求退还。

3. 请您按本保险合同的约定及时缴纳保险费。

投保情况：□新保 原投保公司：		□续保（上年保单号）：
☆以下信息是本公司为您提供理赔及售后服务的重要依据，请务必翔实填写		
被保险人资料	正式名称：	行业类型：
	证件类型：□组织机构代码证 □税务登记证 □工商登记证 □营业执照注册号	
被保险人资料	证件号码：	
	通讯地址：	
	邮政编码：	
	电话总机：	
	联系人姓名：	Email：
	办公电话：	移动电话：

续表

<table>
<tr><td rowspan="9">投
保
人
资
料</td><td>是否同被保险人： □是 □否 （投保人同被保险人时可不填写投保人资料）</td></tr>
<tr><td>正式名称：
行业类型：</td></tr>
<tr><td>证件类型： □组织机构代码证 □税务登记证 □工商登记证
□营业执照注册号</td></tr>
<tr><td>证件号码：</td></tr>
<tr><td>通讯地址</td></tr>
<tr><td>邮政编码：</td></tr>
<tr><td>电话总机：</td></tr>
<tr><td>联系人姓名： Email：</td></tr>
<tr><td>办公电话： 移动电话：</td></tr>
<tr><td>受
益
人
资
料</td><td>正式名称：
通讯地址：
（如有多方受益人，此处最多填写两个，其余请写在特别约定中）</td></tr>
<tr><td colspan="2">保险财产地址：
邮编：（如果有多个地址，请在《保险财产地址清单》中分别填写）</td></tr>
<tr><td colspan="2">行业类型： 投产或经营开始时间：</td></tr>
<tr><td colspan="2">主要原材料和主要辅料：
主要产品（商品）：</td></tr>
<tr><td colspan="2">生产工艺：</td></tr>
<tr><td colspan="2">以往出险损失情况（时间、原因、损失金额）：</td></tr>
</table>

<table>
<tr><td>安全设施情况：
1. 火灾自动报警系统 □有 □无
2. 自动灭火装置 □有 □无
3. 消防栓 □有 □无
4. 灭火器 □有 □无
5. 保安 24 小时值勤 □有 □无
6. 防洪防汛设施 □有 □无</td><td>建筑类型及周围情况：
1. 建筑类型（可选多项）： □钢混 □砖混 □轻钢结构 □木结构及其他
2. 与其他建筑物距离 米
3. 是否位于洪涝区 □是 □否
4. 距消防队最近距离 公里</td></tr>
</table>

续表

<table>
<tr><td colspan="6">保险期间：13 个月　自　2018 年 02 月 21 日 0 时起至 2019 年 3 月 20 日 24 时止</td></tr>
<tr><td colspan="2">保险财产项目</td><td>投保金额</td><td>保额确定依据（估价／账面原值／账面原值加成／重置价值／账面余额／被保险人自行确定）</td><td>费率</td><td>每次事故绝对免赔额为损失金额的</td></tr>
<tr><td rowspan="10">选择一</td><td>房屋建筑（m²）</td><td></td><td></td><td></td><td>%或　，以高者为准</td></tr>
<tr><td>机器设备(附明细)</td><td></td><td></td><td></td><td>%或　，以高者为准</td></tr>
<tr><td>装置及家具</td><td></td><td></td><td></td><td>%或　，以高者为准</td></tr>
<tr><td>原材料</td><td></td><td></td><td></td><td>%或　，以高者为准</td></tr>
<tr><td>在产品及半成品</td><td></td><td></td><td></td><td>%或　，以高者为准</td></tr>
<tr><td>产成品</td><td></td><td></td><td></td><td>%或　，以高者为准</td></tr>
<tr><td>商品</td><td></td><td></td><td></td><td>%或　，以高者为准</td></tr>
<tr><td>低值易耗品</td><td></td><td></td><td></td><td>%或　，以高者为准</td></tr>
<tr><td>在建工程</td><td></td><td></td><td></td><td>%或　，以高者为准</td></tr>
<tr><td>其他财产(附明细)</td><td></td><td></td><td></td><td>%或　，以高者为准</td></tr>
<tr><td rowspan="4">选择二</td><td>固定资产</td><td></td><td></td><td></td><td>%或　，以高者为准</td></tr>
<tr><td>存货</td><td></td><td></td><td></td><td>%或　，以高者为准</td></tr>
<tr><td>在建工程</td><td></td><td></td><td></td><td>%或　，以高者为准</td></tr>
<tr><td>其他财产(附明细)</td><td></td><td></td><td></td><td>%或　，以高者为准</td></tr>
<tr><td colspan="6">总保险金额（大写）：　　　　　　（小写）：</td></tr>
</table>

续表

主险保费（大写）：　　　　　　　　　　　　　（小写）：

附加险（如附加多个条款，可另附清单）

附加险名称	保险金额 / 赔偿限额	费率	免赔及其他情况说明

附加险保费（大写）：　　　　　　　　　　　　　（小写）：

总保险费（大写）：　　　　　　　　　　　　　（小写）：

付费方式及期限：

金额	付款起期	付款止期	付款方式

付费约定：

1. 投保人应按约定交付保险费

2. 约定一次性交付保险费的，投保人在约定交费日后交付保险费的，保险人对交费之前发生的保险事故不承担保险责任

3. 约定分期交付保险费的，保险人按照保险事故发生前保险人实际收取保险费总额与投保人应当交付的保险费的比例承担保险责任，投保人应当交付的保险费是指截至保险事故发生时投保人按约定分期应该缴纳的保费总额

特别约定：

续表

投保人声明： 1. 本人兹申明上述各项内容填写属实 2. 本人确认已收到了《财产一切险条款》及附加条款，且贵公司已向本人详细介绍了条款的具体内容，特别就该条款中有关免除保险人责任的条款（包括但不限于责任免除、投保人及被保险人义务），以及付费约定的内容做了明确说明，本人已完全理解，并同意投保	投保人签字（盖章）： 日期：2019/10/12

二、保险单

保险单是投保人与保险人之间订立保险合同的正式书面凭证，一般由保险人在保险合同成立时签发，并将正本交由投保人收执，表明保险人已接受投保人的投保申请。保险单签发后，即为保险合同最主要的组成部分，是保险合同存在的重要凭证，是保险双方当事人享有权利与承担义务的最重要的凭证和依据。

保险单的内容要完整具体，文意要清楚准确，一般应详细列明保险人与投保人的权利、义务及各种证明双方权利、义务的重要事项。根据各类保险业务的特点，保险单的设计风格各有特色。但是作为保险合同的正式书面凭证，保险单都应包含如下重要事项：声明事项、保险事项、除外事项和条件事项。

保险单在特定的条件下，有类似有价证券的作用，常被称为“保险证券”，如长期寿险保单具有现金价值。投保人可以以保单作质押向其投保的保险人或第三者申请贷款。但应注意，保单出质后，投保人不得再转让或解除。另外，以死亡为给付保险金条件的保险合同，未经被保险人同意，投保人不得将保单进行质押。

三、保险凭证

保险凭证，又称“小保单”，实际上是一种简化了的保险单。凭证上不印保险条款，只有有关项目，但其与保险单具有同样的法律效力。凡保险凭证上未列明的内容均以相应的保险单的条款为准，两者有抵触时以保险凭证上的内容为准。我国的货物运输保险、团体人寿保险和机动车辆第三者责任保险中，大量使用了保险凭证。

四、暂保单

暂保单，又称临时保单，是保险人签发正式保险单之前发出的临时凭证，证明保险人已经接受投保人投保，是一个临时保险合同。财产保险的暂保单又称暂保条，人身保险的暂保单又称为暂保收据。但它们的法律效力与正式保险单完全相同。只是有效期较短，一般为 30 天，正式保险单签发后暂保单则自动失效。暂保单签发后，保险人若确定不予承保，应按约定终止暂保单的效力，解除临时保险合同。

暂保单的内容非常简单，一般载明投保人与被保险人的姓名、投保险别、保险标的、保险金额、责任范围等重要事项。需要注意的是签发暂保单并不是订立保险合同的必经程序，暂保单也不是保险合同必不可少的法律文件。

五、批单

批单是由保险人应投保人要求而出立的批改书。它是双方当事人对于保险单内容进行修订或增删的证明文件。

批单是对于已经印制好的标准保险单所作的部分修正，这种修正并不改变保险单的基本保险条件，或者是缩小保险责任范围，或者是扩大保险责任范围。

批单是在保险单已经生效后对于某些保险项目进行的调整，这种调整一般是在不改变保险单所规定的保险责任和责任免除的前提下，对于其他保险项目进行的修正或更改。

六、其他书面形式

除了以上印刷的书面形式外，保险合同也可以采取其他书面协议形式，如保险协议书、电报、电传等形式。《中华人民共和国保险法》第十三条规定："当事人也可以约定采用其他书面形式载明合同内容。"当保险标的较为特殊或投保人的要求较为特殊，不能采用标准化的保险单或保险凭证时，可以采用保险协议书的形式。保险协议书是投保人与保险人经协商后共同拟定的书面协议，当事人的权利、义务在协议书中载明，并由当事人双方盖章或签字。

课堂讨论 4

保险合同的形式有什么不同，分别用于什么情况？

任务五　保险合同的经营原则

学习重点

- 最大诚信原则的内涵及意义
- 告知、保证、弃权和禁止反言的主要内容
- 违反最大诚信原则的法律后果
- 保险利益原则

保险人未经保险人同意而进行风险较大的活动，必然会影响保险双方事先确定的等价地位。例如，某商店在投保企财险时，在合同内承诺不在店内放置危险品，此项承诺即保证。如果没有此项保证，则保险人将不接受承保，或将调整保单所适用的费率。因此，保证是影响保险合同效力的重要因素，保险保证的内容是合同的组成部分。

2. 保证的形式

保证通常分为明示保证和默示保证。

（1）明示保证是在保险单中订明的保证。明示保证作为一种保证条款，必须写入保险合同或写入与保险合同一起的其他文件内，如批单等。明示保证通常用文字来表示，以文字的规定为依据。明示保证又可分为确认保证和承诺保证。确认保证事项涉及过去与现在，它是投保人或被保险人对过去或现在某一特定事实存在或不存在的保证。例如，某人确认他从未得过重病，意指他在此事项认定以前与认定时他从未得过重病，但并不涉及今后他是否会患重病。承诺保证是指投保人对将来某一特定事项的作为或不作为，其保证事项涉及现在与将来，但不包括过去。例如，某人承诺今后不再吸烟，意为他保证从现在开始不再吸烟，但在此之前他是否吸烟则不予追究。

（2）默示保证则是指一些重要保证并未在保单中订明，但却为订约双方在订约时都清楚的保证。与明示保证不同，默示保证不通过文字来说明，而是根据有关的法律、惯例及行业习惯来决定。虽然没有文字规定，但是被保险人应按照习惯保证作为或不作为。默示保证实际上是法庭判例影响的结果，也是某行业习惯的合法化。因此，默示保证与明示保证具有同等的法律效力，对被保险人具有同等的约束力。例如，在海上保险合同中通常有三项默示保证：船舶的适航保证、不改变航道的保证和航行合法的保证。

（三）弃权与禁止反言

1. 弃权

弃权是保险合同一方当事人放弃他在保险合同中可以主张的某种权利，通常是指保险人放弃合同解除权与抗辩权。构成弃权必须具备两个要件：首先，保险人须有弃权的意思表示。这种意思表示可以是明示的，也可是默示的。其次，保险人必须知道有权利存在。

2. 禁止反言

禁止反言也称“禁止抗辩”，是指保险合同一方既然已放弃他在合同中的某种权利，将来不得再向他方主张这种权利。事实上，无论是保险人还是投保人，如果弃权，将来均不得重新主张。但在保险实践中，它主要用于约束保险人。

弃权与禁止反言常因保险代理人的原因产生。保险代理人出于增加保费收入以获得更多佣金的需要，可能不会认真审核标的的情况，而以保险人的名义对投保人作出承诺并收取保险费。一旦保险合同生效，即使发现投保人违背了保险条款，也不得解除合同。因为代理人放弃了本可以拒保或附加条件承保的权利。从保险代理关系看，保险代理人是以保险人的名义从事保险活动的，其在授权范围内的行为所产生的一切后果应由保险人来承担。所以，代理人的弃权行为即视为保险人的弃权行为，保险人不得为此拒绝承担责任。

弃权与禁止反言的限定，不仅可约束保险人的行为，要求保险人为其行为及其代理人的行为负责，同时也维护了被保险人的权益，有利于保险双方权利、义务关系的平衡。

三、违反最大诚信原则的表现形式

在保险经营活动中，投保人或被保险人违反告知义务的情况有：告知不实即误告；不予告知即漏报；有意不报即隐瞒；虚假告知即欺骗等。保险人未尽告知义务的情况主要有：未对责任免除条款予以明确说明；隐瞒与保险合同有关的重要情况，欺骗投保人，或者拒不履行保险赔付义务；阻碍投保人履行如实告知义务，或者诱导其不履行如实告知义务等。

四、违反最大诚信原则的法律后果

（一）违反告知的法律后果

由于保险合同双方当事人各自履行告知义务的形式和告知的内容不同，因而双方违反最大诚信原则而导致的法律后果也各不相同。

1. 投保人（包括投保人、被保险人和受益人，以下相同）违反告知的法律后果

投保人违反告知的法律后果包括以下几种情况：

（1）故意不履行如实告知义务。如果投保人故意隐瞒事实，不履行告知义务，保险人有权解除保险合同；若在保险人解约之前发生保险事故造成保险标的损失，保险人可不承担赔偿或给付责任，同时也不退还保险费。

（2）过失不履行如实告知义务。如果投保人违反告知义务的行为是因过失、疏忽而致，其未告知的事足以影响保险人决定是否同意承保或者提高保险费率，保险人有权解除合同：如果未告知的事项对保险事故的发生有严重影响，保险人可以解除保险合同；对在合同解除之前发生保险事故所致的损失，不承担赔偿或给付责任，但可以退还保险费。

（3）未就保险标的危险程度增加的情况通知保险人。在财产保险中，被保险人未按保险合同约定，将财产保险的保险标的危险增加的情况及时通知保险人，对因保险标的的危险程度增加而发生的保险事故，保险人不承担赔偿责任。

2. 保险人未尽告知义务的法律后果

保险人未尽告知义务的法律后果包括以下几种情况：

（1）保险人在订立合同时未尽责任免除条款明确说明义务的法律后果。如果保险人在订立合同时未履行责任免除条款的明确说明义务，则该责任免除条款无效。《中华人

民共和国保险法》第十七条规定："订立保险合同，采用保险人提供的格式条款的，保险人向投保人提供的投保单应当附格式条款，保险人应当向投保人说明合同的内容。对保险合同中免除保险人责任的条款，保险人在订立合同时应当在投保单、保险单或者其他保险凭证上作出足以引起投保人注意的提示，并对该条款的内容以书面或者口头形式向投保人作出明确说明；未作提示或者明确说明的，该条款不产生效力。"

（2）保险公司及工作人员在保险业务中隐瞒与保险合同有关的重要情况的法律后果。如果发生了隐瞒情况，欺骗投保人、被保险人或受益人，或者拒不履行保险合同约定的赔偿或给付保险金的义务，构成犯罪的，依法追究刑事责任；不构成犯罪的，由保险监督管理机构对保险公司处以5万元以上30万元以下的罚款；对有违法行为的工作人员，处以2万元以上10万元以下的罚款；情节严重的，限制保险公司业务范围或者责令其停止接受新业务。

（二）违反保证义务的法律后果

任何不遵守保证条款或保证约定、不信守合同约定的承诺或担保的行为，均属于违反保证。保险合同涉及的所有保证内容都是重要的，无须判定其重要性，投保人与被保险人都必须严格遵守无误。如有所违背与破坏，其后果一般有两种情况：一是保险人不承担赔偿或给付保险金的责任；二是保险人解除保险合同。

与告知不同，保证是对某个特定事项的作为与不作为的保证，不是对整个保险合同的保证，因此，在某种情况下，违反保证条件只部分地损害了保险人的利益，保险人只应就违反保证部分解除保险责任，拒绝承担履行赔偿义务。例如，保险合同中订有要求被保险人外出时必须将门窗关闭和锁闭的保证条款，某被保险人违反了该项保证条款致使保险事故发生。对此，保险人应仅就此次违反的保证事项而拒绝赔偿被保险人的损失，但不能就此解除保险合同。被保险人破坏保证而使合同无效时，保险人无须退还保费。

课堂讨论6

如何解决保险市场上信息不对称的情况？

子任务二　保险利益原则

一、保险利益的定义及确立条件

（一）保险利益的定义

保险利益是指投保人或被保险人对保险标的的具有的法律上承认的利益。这种利益是由于投保人对保险标的具有的各种利害关系而产生的，而这种利害关系表现在：如果保险事故发生，投保人在保险标的上的经济利益就会遭受损失；如果保险事故不发生，则投保人在保险标的上的利益就会继续存在。《中华人民共和国保险法》第四十八条规定："保险事故发生时，被保险人对保险标的不具有保险利益的，不得向保险人请求赔偿保险金。"

案例分析

一游客到北京旅游，在游览了故宫博物院后，出于爱护国家财产的动机，自愿交付保险费为故宫投保。

问该游客是否具有保险利益？

（二）保险利益的确立条件

保险利益是保险合同是否有效的必要条件。确认某一项利益是否构成保险利益必须具备三个条件。

1. 保险利益必须是合法利益

保险利益必须是被法律认可并受到法律保护的利益，它必须符合法律规定，与社会公共利益相一致。它产生于国家制定的相关法律、法规及法律所承认的有效合同。具体而言，投保人对保险标的的所有权、占有权、使用权、收益权、维护标的安全责任等必须是依法或依有法律效力的合同而合法取得、合法享有、合法承担的，凡是违法或损害社会公共利益而产生的利益都是非法利益，不能作为保险利益。

案例分析

某洗衣机厂为防止其新研制的"龙卷风"牌洗衣机遭遇仿冒的风险，欲向某保险公司投保78亿元的天价保险。

问保险公司能否承保？

2. 保险利益必须是经济利益

保险利益必须是经济上已经确定的利益或者能够确定的利益，即保险利益的经济价值必须能够以货币来计算、衡量和估价。如果投保人对保险标的不具有保险人的赔付责任就无法兑现。某些古董、名人字画虽为无价之宝，但可以通过约定的货币数额来确定其经济价值。人的生命或身体是无价的，难以用货币来衡量，但可按投保人的需要和可能负担保险费的能力约定一个金额来确定其保险利益的经济价值。在某些情况下，人身保险的保险利益也可以直接用货币来计算，如债权人对债务人生命的保险利益。

3. 保险利益必须是确定利益

保险利益必须是已经确定或者可以确定的利益，包括现有利益和期待利益。已经确定的利益或者利害关系为现有利益，如投保人对已经拥有财产的所有权、占有权、使用权等而享有的利益即为现有利益。尚未确定但可以确定的利益或者利害关系为期待利益，这种利益必须建立在客观物质基础上，如预期的营业利润、预期的租金等属于合理的期待利益，可以作为保险利益。

二、保险利益原则及其意义

（一）保险利益原则的定义

保险利益原则是指在签订并履行保险合同的过程中，投保人或被保险人对保险标的必须具有保险利益。投保人如果对保险标的不具有保险利益，所签订的保险合同无效；保险合同生效后，投保人或被保险人失去对保险标的的保险利益，保险合同随之失效（人身保险合同除外）。保险利益原则是保险运行中的一项重要原则。可保利益既是订立保险合同和保险合同生效的先决条件，也是财产保险合同存续期间保持合同效力的前提条件。各国保险法对可保利益原则都非常重视，也都把可保利益作为保险合同生效的要件。

（二）保险利益原则的意义

保险标的发生保险责任事故时，只有对该标的具有保险利益的人才具有索赔资格，但是所得到的赔偿或给付的保险金不得超过其保险利益额度，不得因保险而获得额外利益。保险利益原则对保险经营的意义在于以下几点。

1. 避免赌博行为

保险与赌博均是基于偶然事件的发生而获益或受损。但是，赌博是完全基于偶然因素，通过投机取巧牟取不当利益的行为。有人为了侥幸图谋暴利，会不惜一切代价去冒险，甚至以他人的损失为代价。因为赌博将确定的赌注变成了不确定的输赢，增加甚至创造了风险，导致了社会的不安定，因而为各国法律所禁止。如果保险关系不是建立在投保人对保险标的具有保险利益的基础上，而是投保人可以就任何标的投保，那么必将助长人们为追求获得远远高于其保险费支出的赔付数额而利用保险进行投机的行为。这类行为无异于赌博，是不利于社会公共利益的。保险利益的确立，要求投保人对保险标的必须具有保险利益，而且只有在经济利益受损的条件下才能得到保险金赔付，从根本上划清了保险与赌博的界限，对维护社会公共利益，保证保险经营的科学性具有重要意义。

2. 防止道德风险的发生

道德风险是指被保险人或受益人为获取保险金赔付而违反道德规范，甚至故意促使保险事故发生或在保险事故发生时放任损失扩大。由于保险费与保险赔偿或给付金额的悬殊，如果不以投保人对保险标的具有保险利益为保险合同有效条件，将诱发投保人或被保险人为牟取保险赔款而故意破坏保险标的的道德风险，引发犯罪动机与犯罪行为。保险利益原则的限定，杜绝了无保险利益保单的出现，从而有效地控制了道德风险，保护了被保险人生命与被保险财产的安全。

3. 限定保险合同保障的最高限额

保险合同保障的是被保险人的保险利益，补偿的是被保险人的经济利益损失。保险保障就是要保证被保险人因保险事故而遭受经济损失时得到及时的赔付，但不允许被保险人通过保险获得额外的利益。保险人的赔偿金额不能超过保险利益，否则被保险人将因保险而获得超过其损失的经济利益。以保险利益作为保险人承担赔偿或给付责任的最高限额，既能保证被保险人能够获得足够的、充分的补偿，又不会使被保险人因保险而获得超过损失的额外利益。因此，保险利益原则可以为保险赔偿数额的界定提供合理的科学依据。

三、保险利益原则在财产保险中的应用

（一）财产保险的保险利益确立

财产保险合同保障的并非财产本身，而是财产中所包含的经济利益。该保险利益是由投保人对保险标的具有某种利害关系而产生的，这种利害关系一般指的是因法律上或契约上的权利或责任而产生的利害关系。凡因财产发生风险事故而蒙受经济损失或因财产安全而得到利益或预期利益者，均具有财产保险的保险利益。具体包括以下几个方面：

（1）财产所有人、经营管理人对其所有的或经营管理的财产具有保险利益。例如，公司法定代表对公司财产具有保险利益；房主对其所有的房屋具有保险利益；货物所有人对其货物具有保险利益等。

（2）财产的抵押权人对抵押财产具有保险利益。对财产享有抵押权的人，对抵押财产具有保险利益。抵押是债的一种担保，当债权不能得以清偿时，抵押权人有从抵押的财产价值中优先受益的权利。但是，在抵押贷款中，抵押权人对抵押财产所具有的保险利益只限于他所贷出款项的额度，而且，在债务人清偿债务后，抵押权人对抵押财产的权益消失，其保险利益也就随之消失。

（3）财产的保管人、货物的承运人、各种承包人、各种承租人等对其保管、占用、使用的财产，在负有经济责任的条件下具有保险利益。

（4）经营者对其合法的预期利益具有保险利益。如因营业中断导致预期的利润损失、租金收入减少、票房收入减少等，经营者对这些预期利益都具有保险利益。

（二）财产保险的保险利益时效

一般情况下，财产保险的保险利益必须在保险合同订立时到损失发生时的全过程中存在。当保险合同生效时，如果投保人无保险利益，那么，该合同就是自始无效合同。如果损失发生时，被保险人的保险利益已经终止或转移出去，也不能得到保险人的赔偿。如甲银行在进行抵押贷款时，对抵押品投保，当该行收回所放款项后，抵押品受损，尽管保险合同尚未过期，但甲银行也不能得到保险人的赔款。为了便于保险合同的订立，

此时，保险利益不必在保险合同订立时存在，但当损失发生时被保险人必须具有保险利益。

案例分析

有一租户向房东租借房屋，租期10个月。租房合同中写明，租户在租借期内应对房屋损坏负责，租户为此而为所租借房屋投保火险一年。租期满后，租户按时退房。退房后半个月，房屋毁于火灾。于是租户以被保险人身份向保险公司索赔。

问：保险人是否承担赔偿责任？为什么？

（三）财产保险的保险利益变动

保险利益的存在并非一成不变，事实上各种原因常使保险利益发生转移和消灭等变化。保险利益的转移是指在保险合同有效期间，投保人将保险利益转移给受让人，经保险人同意并履行合同变更的相关手续后，原保险合同继续有效。保险利益消灭是指投保人或被保险人对保险标的的保险利益随着保险标的的灭失而消灭。

在财产保险中，财产所有权人以其合法财产投保后，在保险合同有效期内，如果将财产所有权转移给他人，作为原所有权人，由于其丧失了对保险标的的所有权，其保险利益也就随之失去了；对于新的财产所有人，其与保险人并没有合同关系，原保险合同终止。但在保险实务中，因保险标的易主发生所有权让予时，经原所有权人与受让人在保险标的所有权转让前提出申请，并获得保险人同意后，可以对原保险合同进行批改变更被保险人，即批改后由新的财产所有人取代原投保人的地位，原保险合同继续有效。这种情况即为保险利益的转移。保险利益发生转移往往发生在保险事故发生以前。此外，当被保险人死亡时，保险利益可依法转移给继承人；当被保险人破产时，其财产便转移给破产债权人和破产管理人，破产债权人和破产管理人对该财产具有保险利益。

四、保险利益原则在人身保险中的应用

（一）人身保险的保险利益确立

人身保险的保险标的是人的寿命或身体。只有当投保人对被保险人的寿命或身体具有某种利害关系时，他才对被保险人具有保险利益。即当被保险人生存及身体健康时才能保证其投保人应有的经济利益；反之，如果被保险人死亡或伤残，将使其投保人遭受经济损失。具体包括下以几点。

1. 为自己投保

当投保人为自己投保时，投保人对自己的寿命或身体具有保险利益。因其自身的安全健康与否与其自己的利益密切相关。

2. 为他人投保

当投保人为他人投保时，即投保人以他人的寿命或身体为保险标的进行投保时，保险利益的形成通常基于三种情况。

（1）亲密的血缘关系。投保人对与其具有亲密血缘关系的人，法律规定具有保险利益。这里的亲密血缘关系主要是指父母与子女之间、亲兄弟姐妹之间、祖父母与孙子女之间。但不能扩展为较疏远的家族关系，如叔侄之间、堂（表）兄弟姐妹之间等。在英、美等国，成年子女与父母之间、兄弟姐妹之间，是否存在保险利益是以是否存在金钱利害关系为基准的。

（2）法律上的利害关系。投保人对与其具有法律利害关系的人具有保险利益。如婚姻关系中的配偶双方；不具有血缘关系，但具有法定扶养、抚养、赡养关系的权利义务方，如养父母与子女之间。

（3）经济上的利益关系。投保人对与其具有经济利益关系的人具有保险利益，如债权人与债务人之间、保证人与被保证人之间、雇主与其重要的雇员之间等。如在债权债务关系中，债务人的死亡对债权人的切身利益有直接影响，因此，债权人对债务人具有保险利益，但以其具有的债权为限。

《中华人民共和国保险法》第三十一条规定："投保人对下列人员具有保险利益：（一）本人；（二）配偶、子女、父母；（三）前项以外与投保人有抚养、赡养或者扶养关系的家庭其他成员、近亲属；（四）与投保人有劳动关系的劳动者。除前款规定外，被保险人同意投保人为其订立合同的，视为投保人对被保险人具有保险利益。"为了保证被保险人的人身安全，《中华人民共和国保险法》还严格限定了人身保险利益，第三十四条第一款规定："以死亡为给付保险金条件的合同，未经被保险人同意并认可保险金额的，合同无效。"

（二）人身保险的保险利益时效

与财产保险不同，人身保险的保险利益必须在保险合同订立时存在，而保险事故发生时是否具有保险利益并不重要。也就是说，在发生索赔时，即使投保人对被保险人失去保险利益，也不影响保险合同的效力。之所以必须在保险合同订立时存在保险利益，是为了防止诱发道德风险，进而危及被保险人生命或身体的安全。此外，由于人身保险具有长期性、储蓄性的特点，如果一旦投保人对被保险人失去保险利益，保险合同就失效的话，就会使被保险人失去保障。而且领取保险金的受益人是由被保险人指定的，如果合同订立之后，因保险利益的消失，而使受益人丧失了在保险事故发生时所应获得的保险金，无疑会使该权益处于不稳定的状态之中。故此，人身保险的保险利益是订立合同的必要前提条件，而不是给付的前提条件。保险事故发生时，无论投保人存在与否，也无论投保人是否具有保险利益，保险人均按合同中约定的条件给付保险金。

（三）人身保险的保险利益变动

在人身保险中，投保人对被保险人的保险利益分为两种情况，即被保险人的保险利益专属投保人和非专属投保人。如果人身保险合同为债权债务关系而订立，这时被保险人的保险利益专属于投保人（债权人），当投保人死亡时，保险利益可由投保人的合法继承人继承；如果人身保险合同为特定的人身关系而订立，如血缘关系、抚养关系等，这时被保险人的保险利益非专属于投保人，保险利益一般不得转移。

五、保险利益原则在责任保险中的应用

责任保险的保险标的是被保险人对他人的财产损失或人身伤亡依法（或合同）应承担的民事损害的经济赔偿责任。因而，投保人与其所应负的民事损害赔偿责任之间的法律关系便构成了责任保险的保险利益。即凡是法律、行政法规或合同所规定的应对他人的财产损失或人身伤亡负有经济赔偿责任者，都可以投保责任保险。这些责任包括以下几种。

（一）场所负责人

各种固定场所如饭店、旅馆、影剧院、体育场馆等的所有人、管理人，对因固定场所的缺陷或管理上的过失及其他意外事件导致消费者等人身伤害或财产损失依法应承担的经济赔偿责任具有保险利益，可以投保公众责任保险。

（二）产品责任人

产品的制造商、销售商、修理商对因其制造、销售、修理的产品有缺陷，而使用户或消费者造成财产损失或人身伤害依法应承担的经济赔偿责任具有保险利益，可以投保产品责任保险。

（三）专业技术人员

各类专业技术人员如医师、药剂师、美容师、会计师、律师、建筑师等对因其工作上的疏忽或过失造成他人财产损失或人身伤害的依法应承担的经济赔偿责任具有保险利益，可以投保职业责任保险。

（四）雇主

雇主对其雇员在受雇期间因从事与职业行为有关的工作而患职业病或伤、残、亡等依法应承担医疗费、工伤补贴、家属抚恤等责任具有保险利益，可以投保雇主责任保险。

六、信用保险的保险利益确定

信用保险的保险标的是各种信用行为。在经济交往中，权利人与义务人之间基于各类经济合同而存在经济上的利益关系。当义务人因种种原因不能履约时，会使权利人遭受经济损失。因而，权利人对义务人的信用具有保险利益，而义务人对自身的信用具有必然的保险利益。当权利人对义务人的信用有担心时，可以以义务人的信用为标的购买

信用保险；权利人也可以要求由义务人以自己的信用为标的购买保证保险。一般而言，义务人大多是应权利人的要求而以自己的信用为标的购买保险。如在债权债务关系中，债权人对债务人的信用具有保险利益，可以投保信用保险；而债务人对自身的信用也具有保险利益，如果债权人有要求，可以投保保证保险。再比如，制造商（卖方）对批发商（买方）的信用具有保险利益；雇主对雇员的信用具有保险利益；业主对承包商的信用具有保险利益。

子任务三　近因原则

一、近因原则的定义

所谓近因并非指时间上或空间上与损失最接近的原因，而是指造成损失的最直接、最有效、起主导性作用的原因。例如，船舶因遭受鱼雷的袭击而进水，使船舶沉没。若以时间上最接近沉船事故为理由而判定海水的进入为近因是不合理的。因此，当损失的原因有两个以上，且各个原因之间的因果关系尚未中断时，其最先发生并造成一连串损失的原因即为近因。

近因原则是判断风险事故与保险标的损失之间的因果关系，从而确定保险赔偿责任的一项基本原则。它是保险实务中处理赔案时所遵循的重要原则之一。

二、近因的认定方法

当多种风险成为引起损失的原因时，国际上通常采用约翰•斯蒂尔所提出的两种确定因果关系的方法，判断其中哪一个为近因。

（一）从最初事件出发，按逻辑推理

判断下一个事件可能是什么；再从可能发生的第二个事件，推断再发生的第三件事……按照逻辑推理判断最终事件。如果推理判断与实际发生的事实相符，那么，最初事件就是损失的近因。

（二）从损失开始，按顺序自后向前追溯

在每一个阶段上按照“为什么这一事件会发生？”的思考来找出前一个事件。如果追溯到最初的事件且没有中断，那么，最初事件即为近因。若逆推理出现事件中断，则其他原因为致损原因。

例如，暴风吹倒了电线杆，电线短路引起火花，火花引燃房屋，导致财产损失。对此，我们无论运用上述哪一种方法，都会发现此案例中的暴风、电线杆被刮倒、电线短路、火花、起火之间具有必然的因果关系，因而，财产受损的近因——暴风，也就随之确定了。

三、近因的认定与保险责任的确定

近因判定的正确与否关系到保险双方当事人的切身利益。由于在保险实务中，致损原因多种多样，对近因的认识和保险责任的确定也比较复杂。如何确定损失近因，要根据具体情况做具体的分析。

（一）单一原因

单一原因损失，即造成保险标的损失的原因只有一个。如果事故发生所致损失的原因只有一个，显然该原因为损失的近因。如果这个近因属于保险风险，那么保险人应对损失负赔付责任；如果这个近因是除外风险，那么保险人不予赔付。例如，某人投保人身意外伤害保险，后来不幸死于癌症。由于其死亡的近因是癌症，为人身意外伤害保险的除外责任，故保险人对其死亡不承担保险责任。

（二）多种原因同时发生

损失由多种原因造成，且这些原因几乎同时发生，无法区分时间上的先后顺序。如果损失的发生有同时存在的多种原因，且对损失都起决定性作用，则它们都是近因。至于保险人是否承担赔付责任，应区分两种情况：

第一，如果这些原因都属于保险风险，那么保险人承担赔付责任；相反，如果这些原因都属于除外风险，那么保险人不承担赔付责任。例如，洪水和风暴均属保险责任，洪水和风暴同时造成企业财产损失，保险人负责赔偿全部损失。

第二，如果这些原因中既有保险风险，也有除外风险，保险人是否承担赔付责任，那么要看损失结果是否容易分解，即区分损失的原因。对于损失结果可以分别计算的，保险人只负责保险风险所致损失的赔付；对于损失结果难以划分的，保险人一般不予赔付。例如，某企业运输两批货物，第一批投保了水渍险，第二批投保了水渍险并加保了淡水雨淋险，两批货物在运输中均遭海水浸泡和雨淋而受损。显然，两批货物损失的近因都是海水浸泡和雨淋，但对第一批货物而言，由于损失结果难以分别计算，而其只投保了水渍险，因而得不到保险人的赔偿；而对第二批货物而言，虽然损失的结果也难以划分，但由于损失的原因都属于保险风险，所以保险人应予以赔偿。

（三）多种原因连续发生

损失是由若干个连续发生的原因造成，且各原因之间的因果关系没有中断，则最先发生并造成一连串事故的原因即为近因。如果损失的发生是由具有因果关系的连续事故所致，保险人是否承担赔付责任，也要区分两种情况：

第一，如果这些原因中没有除外风险，那么这些原因即为损失的近因，保险人应负赔付责任。例如，对于财产险中的关系过程，保险人应赔偿损失。地震、火灾都属于保险责任，对地震引起火灾、火灾导致财产损失这样一个因果关系过程，保险人应赔偿损失。

第二，如果这些原因中既有保险风险，也有除外风险，则要看损失的前因是保险风险还是除外风险。如果前因是保险风险，后因是除外风险，且后因是前因的必然结果，那么保险人应承担赔付责任；相反，如果前因是除外风险，后因是保险风险，且后因是前因的必然结果，那么保险人不承担赔付责任。

例如，一艘装有皮革与烟草的船舶遭遇海难，大量的海水浸入使皮革腐烂，海水虽未直接浸泡包装烟草的捆包，但由于腐烂皮革的恶臭气味，致使烟草变质而使被保险人受损。那么，据上述情况可知，海难中海水浸入是皮革腐烂损失的近因，而由于海难与烟草的损失之间存在着必然的不可分割的因果关系，所以烟草损失的近因也是海难，而非皮革的恶臭气味。

再如，人身意外伤害保险（疾病是除外风险）的被保险人因打猎时不慎摔成重伤，因伤重无法行走，只能倒卧在湿地上等待救护，结果由于着凉而感冒高烧，后又并发了肺炎，最终因肺炎致死。此案中，被保险人的意外伤害与死亡所存在的因果关系并未因肺炎疾病的发生而中断，虽然与死亡最接近的原因是除外风险——肺炎，但它发生在保险风险——意外伤害之后，且是意外伤害的必然结果，所以，被保险人死亡的近因是意外伤害而非肺炎，保险人应承担赔付责任。

（四）多种原因间断发生

损失是由间断发生的多种原因造成的。如果风险事故的发生与损失之间的因果关系由于另外独立的新原因介入而中断，那么该新原因即为损失的近因。如果该新原因属于保险风险，那么保险人应承担赔付责任；相反，如果该新原因属于除外风险，那么保险人不承担赔付责任。

例如，在玻璃保险中，火灾为除外风险，被保险商店附近发生火灾时，一些暴徒趁机打破该商店的玻璃，企图抢劫。此案中，火灾与玻璃损失之间不是必然的因果关系，暴徒袭击才是近因，故保险人应负赔偿责任。

再如，在人身意外伤害保险中，被保险人在交通事故中因严重的脑震荡而诱发癫狂与抑郁交替症。在治疗过程中，医生叮嘱其在服用药物巴斯德林时切忌进食干酪。但是，被保险人却未遵医嘱，服该药时又进食了干酪，终因中风而亡，据查中风确系巴斯德林与干酪所致。在此案中，食用相忌的食品与药物所引发的中风死亡，已打断了车祸与死亡之间的因果关系，食用干酪为中风的近因，故保险人对被保险人中风死亡不承担赔偿责任。

子任务四　损失补偿原则

一、损失补偿原则的定义

损失补偿原则的基本含义包含两层：一是指只有保险事故发生造成保险标的毁损致使被保险人遭受经济损失时，保险人才承担损失补偿的责任；否则，即使在保险期限内发生了保险事故，但被保险人没有遭受损失，就无权要求保险人赔偿。这是损失补偿原则的质的规定。二是指被保险人可获得的补偿量，仅以其保险标的遭受的实际损失为限，即保险人的补偿恰好能使保险标的在经济上恢复到保险事故发生之前的状态，而不能使被保险人获得多于或少于损失的补偿，尤其是不能让被保险人通过保险获得额外的利益。这是损失补偿原则的量的限定。损失补偿原则主要适用于财产保险及其他补偿性保险合同。

二、坚持损失补偿原则的意义

损失补偿原则包括两层意义：

（1）坚持损失补偿原则，有利于实现保险的基本职能。补偿损失是保险的基本职能之一，损失补偿原则恰好体现了保险的基本职能，损失补偿原则的质的规定和量的限定都是保险基本职能的具体反映。也就是说，如果被保险人由于保险事故遭受的经济损失不能得到补偿，就违背了保险的宗旨。损失补偿原则约束保险人必须在合同约定条件下承担保险保障的义务，履行保险赔偿责任；对被保险人而言，该原则保证了其正当权益的实现。

（2）坚持损失补偿原则，有利于防止被保险人通过保险获取额外利益，减少道德风险。损失补偿原则的质的规定性在于有损失则赔偿，无损失则不赔偿；其量的规定性将使被保险人因损失所获得的补偿，不超过其所受到的实际损失，使被保险人只能获得与损失发生前相同经济利益水平的赔偿。因此，该原则可以防止被保险人利用保险而额外获利，有效抑制了道德风险的发生。

三、影响保险补偿的因素

保险人在履行损失补偿义务过程中，会受到各种因素的制约，这些因素主要有以下几点。

（一）实际损失

保险人通常以被保险人的实际损失为限进行保险补偿，这是一个基本限制条件，即当被保险人的财产遭受损失后，保险赔偿应以被保险人所遭受的实际损失为限。在实际赔付中，因为财产的价值经常发生变动，所以，在处理赔案时，应以财产损失当时的实际价值或市价为准，按照被保险人的实际损失进行赔付。如企业投保财产综合险，确定某类固定资产保险金额 30 万元，一起重大火灾事故发生使其全部毁损，损失时该类固定资产的市价为 25 万元，保险人按实际损失赔偿被保险人 25 万元。

（二）保险金额

保险金额是保险人承担赔偿或给付保险金责任的最高限额，赔偿金额不能高于保险金额。另外，保险金额是保险人收取保险费的基础和依据。如果赔偿额超过保险金额，则会使保险人处于不平等地位。即使在通货膨胀的条件下，被保险人的实际损失也会超过保险金额，也必须受此因素的制约。例如，一栋新房屋刚投保不久便被全部焚毁，其保险金额为 50 万元，而房屋遭毁时的市价为 60 万元。虽然被保险人的实际损失为 60 万元，但因保单上的保险金额为 50 万元，所以被保险人只能得到 50 万元的赔偿。

（三）保险利益

发生保险事故造成损失后，被保险人在索赔时，保险人对被保险人的赔偿不会超过被保险人对受损标的具有的保险利益。例如：某银行开展住房抵押贷款，向某贷款人贷出款额 30 万元；同时，将抵押的房屋投保了 30 万元的 1 年期房屋火险。按照约定，贷款人半年后偿还了一半贷款。不久，该保险房屋发生重大火灾事故，贷款人也无力偿还剩余款额，这时由于银行在该房屋上的保险利益只有 15 万元，尽管房屋的实际损失及保险金额均为 30 万元，银行也只能得到 15 万元的赔偿。

（四）赔偿方法

在保险赔偿方法中，有一些赔偿方法对实际损失补偿额的确定会有影响，使被保险人得到的赔偿金额小于实际损失，或者根本得不到赔偿。在赔偿中，主要有以下两种方法。

1. 限额责任赔偿方法

限额责任赔偿方法指保险人只承担事先约定的损失额以内的赔偿，超过损失限额部分，保险人不负赔偿责任。这种赔偿方法多应用于农业保险中的种植业与养殖业保险。例如，农作物收获保险，保险人与投保人事先按照正常年景的平均收获量约定为保险人保障的限额，当实际收获量低于约定的保险产量时，保险人赔偿其差额；当实际产量已达到保险产量时，即使发生保险责任事故，保险人也不负赔偿责任。

2. 免赔额（率）赔偿方法

免赔额（率）赔偿方法指保险人对免赔额（率）以内的损失不予负责，而仅在损失超过免赔额（率）时才承担责任。特别是采用绝对免赔额（率）赔偿方法时，免赔额（率）以内的损失被保险人根本得不到赔偿。绝对免赔额（率）赔偿方法是指保险人规定一个免赔额或免赔率，当保险财产受损程度超过免赔限度时，保险人扣除免赔额（率）后，只对超过部分负赔偿责任。计算公式是：

赔偿金额 = 保险金额 ×（损失率－免赔率）

相对免赔额（率）赔偿方法是指保险人规定一个免赔额或免赔率，当保险财产受损程度超过免赔额（率）时，保险人按全部损失赔偿，不作任何扣除。计算公式是：

赔偿金额 = 保险金额 × 损失率

四、损失补偿原则的派生原则——保险代位原则

（一）保险代位原则的含义与意义

代位即取代他人的某种地位。保险代位指的是保险人取代投保人对第三者的求偿权

（又称“追偿权”）或对标的的所有权。保险人以自己的名义行使代位求偿权。

保险代位原则是指保险人依照法律或保险合同约定，对被保险人所遭受的损失进行赔偿后，依法取得向对财产损失负有责任的第三者进行求偿（或追偿）的权利或取得对保险标的的所有权。保险代位原则包括代位求偿权和物上代位权。规定保险代位原则的意义在于以下几点。

1. 防止被保险人因同一损失获取不当利益

当保险标的发生的损害由第三者的疏忽、过失或故意行为所造成，且该种损害的原因又属保险责任时，被保险人既可以依据民法向造成损害的第三者要求赔偿，也可以依据保险合同向保险人请求赔偿。这样，被保险人就会因同一损失而获得超过标的实际损失额的赔款，从而获得额外利益。同理，当保险标的发生保险事故而致实际全损或推定全损时，在保险人全额赔付情况下，被保险人将标的之损余物资价值进行回收处理后，最终所得款额亦将超过其所遭受的实际损失额。这既违背了损失补偿原则，又违背了保险的宗旨，不利于保险及社会的健康发展。规定代位原则的目的是防止被保险人获得额外利益。

2. 维护社会公共安全，保障公民、法人的合法权益不受侵害

社会公共安全在法律上要求肇事者对其因疏忽、过失所造成的损失承担经济赔偿责任。如果被保险人因从保险人处获得赔偿而不追究责任者的经济赔偿责任，就会使肇事责任者逍遥法外，有违社会公平，而且也容易助长他人肇事行为的发生，干扰社会秩序。

3. 有利于被保险人及时获得经济补偿，尽快恢复生产，安定生活

保险事故发生后，如果肇事责任者限于经济条件而无力承担被保险人的经济赔偿责任，将直接影响被保险人正常的生产和生活。而按照保险代位原则，保险人先向被保险人支付赔款，有利于被保险人及时获得经济补偿，尽快恢复生产，安定生活。从另一方面说，被保险人向保险人请求赔偿也是保险合同赋予其的最基本的权利。

（二）保险代位原则的内容

保险代位原则包括代位求偿权（权利代位）和物上代位权。

1. 代位求偿权

代位求偿权（又称“代位追偿权”）是指当保险标的因遭受保险事故而造成损失，依法应当由第三者承担赔偿责任时，保险人自支付保险赔偿金之日起，在赔偿金额的限度内，相应取得向负有责任的第三者请求赔偿的权利。

（1）行使代位求偿权的前提条件。代位求偿权是债权的代位，即保险人拥有代替被保险人向责任方请求赔偿的权利。保险人行使代位求偿权，需要具备三个前提条件：第一，保险标的损失原因是保险事故，同时是由于第三者行为所致。这样被保险人对保险人和第三者同时存在赔偿请求权，他既可以依据保险合同向保险人要求赔偿，也可以依据法律向第三者要求赔偿。第二，被保险人未放弃向第三者的赔偿请求权。如果被保险人放弃了对第三者请求赔偿的权利，则保险人在赔偿被保险人的损失之后就无权行使代

位求偿权。第三，保险人取得代位求偿权是在按照保险合同履行了赔偿责任之后。代位求偿权是债权的转移，在此项债权转移之前，被保险人与第三者之间特定的债的关系与保险人无关。保险人只有按照保险合同的规定向被保险人赔付保险金之后，才依法取得对第三者请求赔偿的权利。

（2）代位求偿权的实施对保险双方的要求。行使代位求偿权对保险双方都有一定的要求。就保险人而言，第一，其行使代位求偿权的权限只能限制在赔偿金额范围以内。即如果保险人向第三者追偿到的款额小于或等于赔付给被保险人的款额，那么追偿到的款额归保险人所有；如果追偿所得的款额大于赔付给被保险人的款额，其超过部分应归还给被保险人所有。第二，保险人不得干预被保险人就未取得保险赔偿的部分向第三者请求赔偿。《中华人民共和国保险法》第六十条规定："保险人依照本条第一款规定行使代位请求赔偿的权利，不影响被保险人就未取得赔偿的部分向第三者请求赔偿的权利。"第三，保险人为满足被保险人的特殊需要或者在法律的费用超过可能获得的赔偿额时，也会放弃代位求偿权。

就投保人而言，不能损害保险人的代位求偿权并要协助保险人行使代位求偿权。第一，如果被保险人在获得保险人赔偿之前放弃了向第三者请求赔偿的权利，那么，就意味着他放弃了向保险人索赔的权利。第二，如果被保险人在获得保险人赔偿之后未经保险人同意而放弃对第三者请求赔偿的权利，那么该行为无效。第三，如果发生事故后，被保险人已经从第三者取得赔偿或者由于过错致使保险人不能行使代位求偿权，那么保险人可以相应扣减保险赔偿金。第四，在保险人向第三者行使代位求偿权时，被保险人应当向保险人提供必要的文件和其所知道的有关情况。

（3）代位求偿原则的行使对象。根据代位求偿权的一般原理，任何对保险标的损失负有赔偿责任的第三者都可以成为代位求偿权的行使对象。但是，在实践中，各国立法都规定保险人不得对被保险人及其一定范围的亲属或雇员行使代位求偿权，除非保险事故是由上述人员故意造成的。事实上，如果允许对上述对象行使代位求偿权，被保险人就得不到实际补偿，保险也就失去了意义。《中华人民共和国保险法》第六十二条规定："除被保险人的家庭成员或者其组成人员故意造成本法第六十条第一款规定的保险事故外，保险人不得对被保险人的家庭成员或者其组成人员行使代位请求赔偿的权利。"显然，我国保险法规定的代位求偿权的限制对象为"被保险人的家庭成员及其他组成人员"。

（4）代位求偿权的行使范围。人身保险的标的是人的寿命或身体，与财产的性质不同，其价值难以估量，因而不会发生多重获益的问题。所以，如果被保险人在保险事故中致残或身亡，既可获得保险金，也可获得肇事的第三者的赔偿。《中华人民共和国保险法》第四十六条规定："被保险人因第三者的行为而发生死亡、伤残或者疾病等保险事故的，保险人向被保险人或者受益人给付保险金后，不享有向第三者追偿的权利，但被保险人或者受益人仍有权向第三者请求赔偿。"但是，并非所有人身保险合同或人身保险合同中的全部责任都适用这一规定。在医疗保险中，保险人赔付的医疗费用保险金应属于对被保险人支出医疗费用的补偿，这不仅有价值，而且还是可以确定的，因而，保险人对于因第三者责任而支付的保险金仍可以进行追偿。

2. 物上代位权

物上代位权是指保险标的因遭受保险事故而发生全损时，保险人在全额支付保险赔偿金之后，依法拥有对该保险标的物的所有权，即代位取得受损保险标的物上的一切权利。

（1）物上代位权的取得一般是通过委付实现的。委付是被保险人在保险标的处于推定全损状态时，用口头或书面形式提出申请，愿意将保险标的所有权转移给保险人，并请求保险人全部赔偿的行为。委付是被保险人放弃物权的法律行为，是一种经常用于海上保险的赔偿制度。保险人在接受委付的情况下，不仅取得保险标的物上的权利，而且包括标的物项下所应承担的义务。因此，保险人应谨慎接受委付。

（2）物上代位是一种所有权的代位。与代位求偿权不同，保险人一旦取得物上代位权，就拥有了该受损标的之所有权。处理该受损标的所得的一切收益，归保险人所有，即使该利益超过保险赔款，仍归保险人所有。但在不足额保险中，保险人只能按照保险金额与保险价值的比例取得受损标的之部分权利。

五、损失补偿原则的派生原则——损失分摊原则

（一）损失分摊原则的含义与意义

分摊原则是在被保险人重复保险的情况下产生的补偿原则的一个派生原则，即在重复保险情况下，被保险人所能得到的赔偿金由各保险人采用适当的方法进行分摊，从而所得的总赔偿金额不得超过实际损失额。坚持重复保险分摊原则的意义在于以下几点。

1. 有利于确保保险补偿原则的顺利实现

在存在重复保险的情况下，保险事故发生后，若被保险人就同一损失向不同的保险人索赔，就有可能获得超额赔款，这显然是违背损失补偿原则的。因此，确立重复保险的分摊原则可以防止被保险人利用重复保险在保险人之间进行多次索赔，获得多于实际损失额的赔偿金，从而确保了损失补偿原则的顺利实现。

2. 有利于维护社会公开、公正和公平原则

在重复保险的情况下，坚持被保险人的损失在保险人之间进行分摊，必须公开多个保险人就同一危险所承保的份额及其所收取的保费，合理负担相应的保险赔偿责任，从而维护社会的公开、公正和公平原则。

（二）损失分摊的方法

在重复保险情况下，保险人如何分摊损失后的赔款，各国做法有所不同。主要分摊方法有以下几种。

1. 比例责任制

比例责任制又称保险金额比例分摊制，是将各保险人所承保的保险金额进行加总，

得出各保险人应分摊的比例，然后按比例分摊损失金额。公式为：

$$某保险人责任=\frac{某保险人的保险金额}{所有保险人的保险金额之和}\times 损失金额$$

例如：甲乙保险人承保同一财产，甲承保保额为40 000元，乙承保保额为60 000元，损失金额为50 000元。赔款分摊情况如下。

甲保险人应承担赔款金额为：

$$\frac{40\ 000}{40\ 000+60\ 000}\times 50\ 000=20\ 000元$$

乙保险人应承担赔款金额为：

$$\frac{60\ 000}{40\ 000+60\ 000}\times 50\ 000=30\ 000元$$

2. 限额责任制

限额责任制又称赔款额比例责任制，即保险人分摊赔款额不以保额为基础，而是按照在无他保的情况下各自单独应负的责任限额进行比例分摊赔款。公式为：

$$某保险人责任=\frac{某保险人独立责任限额}{所有保险人独立责任限额之和}\times 损失金额$$

仍以上题为例，在采用第二种分摊法计算赔款额的结果如下。

甲保险人应赔付款额为：

$$\frac{40\ 000}{40\ 000+50\ 000}\times 50\ 000\approx 22\ 222元$$

乙保险人应赔付款额为：

$$\frac{50\ 000}{40\ 000+50\ 000}\times 50\ 000\approx 27\ 778元$$

3. 顺序责任制

顺序责任制又称主要保险制，在该方法中，各保险人所负责任依签订保单顺序而定，由其中先订立保单的保险人首先负责赔偿，当赔偿不足时再由其他保险人依次承担不足的部分。

顺序责任制对有的保险人有失公平，因而各国实务中已不采用该法，多采用前两种分摊方法。根据《中华人民共和国保险法》第五十六条规定：“重复保险的投保人应当将重复保险的有关情况通知各保险人。重复保险的各保险人赔偿保险金的总和不得超过保险价值。除合同另有约定外，各保险人按照其保险金额与保险金额总和的比例承担赔偿保险金的责任。”可见，我国一般采用比例责任制的分摊方法。

六、损失补偿原则的例外情况

（一）定值保险

定值保险中，在发生全部损失时，不论保险标的价值如何变化，保险人仍按保险合同上约定的保险金额计算赔款。从以赔偿实际损失为本质的损失补偿原则的角度看，该保险是一种例外。

（二）重置成本保险

重置成本保险又称复旧保险或恢复保险，是按照重置成本确定损失额的保险。由于这种保险在确定损失赔付金额时不扣除折旧，而按重置成本确定损失额，所以，对于损失补偿原则而言，也是一种例外。

（三）人身保险

人身保险是由投保人与保险人互相约定保险金额，并按照约定的保险金额给付的保险。人的生命是难以用货币衡量的，人身保险中的保险金额是由投保人或被保险人自行确定的，而且当发生保险事故时，倘若其持有多份保单，被保险人或受益人可获得多重给付。因此，对于损失补偿原则，人身保险也是一种例外（但人身保险中的医疗费用保险仍然适用损失补偿原则）。

拓展阅读

有利于被保险人和受益人的解释原则

在索赔被保险人或受益人在保险标的遭受损失后，按照保单有关条款的规定，向保险人请求赔偿损失的行为。在理赔时，往往发生被保险人一方与保险公司就保险条款的理解发生争议的情形，这就涉及保险条款的解释问题。鉴于保险条款是由保险公司单方拟订的格式条款，为充分保护被保险人利益，保险条款解释的一个重要原则就是有利于非起草方的解释原则，即当被保险人与保险公司对保险条款的理解发生争议时，应当作有利于被保险人的解释。《中华人民共和国保险法》规定："采用保险人提供的格式条款订立的保险合同，保险人与投保人、被保险人或者受益人对合同条款有争议的，应当按照通常理解予以解释。对合同条款有两种以上解释的，人民法院或者仲裁机构应当作出有利于被保险人和受益人的解释。"

关于这一规定的适用应当注意：并非双方当事人对保险条款的任何争议都必须作有利于被保险人和受益人的解释。当双方当事人对保险条款的内容理解不一致时，应当遵循公平和诚实信用原则，首先按照通常理解，结合条文词句的含义、逻辑关系及保险交易惯例等进行合理解释，有专业解释的，如死亡、地震、暴雨等，应按照专业术语的理解来解释。只有当保险条款的含义含混不清或产生多种理解时，才应当援引上述规定，作有利于被保险人和受益人的解释。只有如此，才不至于滥用疑义利益解释原则，背离立法本意。

课后练习

一、案例分析

陈某为丈夫王某投保了人寿保险，保险期限30年，保额5 000元，受益人为6岁的女儿小丽。2011年王某卧病住院，重病期间他写下一份变更书，增加母亲作为受益人，享有一万元保险金。不久王某因病身故。办完后事，王某的母亲将王某生前有关保险金安排的意思书面通知了保险公司。

请思考，保险公司是否应该据此给付王某母亲一万元身故保险金？

二、根据要求填写一份投保单

客户刘X为丈夫方XX投保国寿鸿鑫两全保险（分红型），保险金额10万元，采取10年交的形式缴纳保费，指定刘X和方XX为受益人。

资料：

方XX，男，身份证号码为4322XXXXXX03240057，经营长沙蓝智文具用品店，位于长沙市东湖路XXX号，专营代理某国内著名品牌的文具及办公用品，电话为0731-82XXXX38。方XX身高1.73米，体重68公斤，身体健康，无既往病史，年收入在8～15万元，不驾驶摩托或机动车，不从事高风险运动，有8年吸烟史，每天吸烟约15支左右，不饮酒。

方妻刘X，身份证号码为4301XXXXXX10213506，中国农业银行长沙市伍家岭储蓄所职员，年收入约6万元，家住长沙市湘秋路XXX号内，电话为0731-84XXXX06。刘X身高1.62米，体重58公斤，不驾驶摩托或机动车，不从事高风险运动，无吸烟饮酒嗜好，5岁时曾患哮喘病，经过积极治疗，于13岁左右基本治愈，后未复发，现身体健康。

两人育有一子方XX，户口簿上登记的证件号码是4301XXXXXX05190352，目前上幼儿园中班。

保险责任：

一、自合同生效之日起，被保险人生存至每三周年的年生效对应日，公司按基本保险金额的9%给付生存保险金。

二、被保险人于合同生效之日起一年内因疾病身故，公司无息返还所交保险费，合同终止；被保险人因意外伤害身故或于本合同生效之日起一年后因疾病身故，公司按基本保险金额的200%给付身故保险金，合同终止。

三、被保险人生存至保险期满的年生效对应日，公司按基本保险金额的150%给付生存保险金，合同终止。

保险费：

保险费的交付方式分为趸交、年交和月交三种，分期交付保险费的，交费期间分为三年、五年和十年三种，由投保人在投保时选择。

每万元基本保额　　　　　　　　　　　　　　　　　　　　　　　　单位：元

投保年龄	男性			
	趸缴	三年年交	五年年交	十年年交
…	…	…	…	…
31	17 924	6 466	3 957	2 082
32	17 998	6 494	3 974	2 092
33	17 926	6 468	3 959	2 085
…	…	…	…	…

项目三 机动车辆险

知识目标

- 掌握交强险的责任范围；掌握交强险的赔偿处理思路。
- 掌握商业保险的险种类别。
- 掌握机动车辆保险、商业第三者责任保险等主险的保险责任。

能力目标

- 能分析交强险的相关案例。
- 能分析相关案例的适用险种。

情景导入

2019年1月5日，张某的汽车由于开门时不小心撞凹了一小块，于是他把车送到工作单位附近的一家汽车修理厂进行维修。该修理厂的负责人认为这只是小事一桩，并表示可以为其代办向保险公司索赔事宜，让他过两天来取车就行。张某签好保险索赔委托书后，便安心离去。第二天，张某出外办事回单位时正好经过该修理厂，想去看看车的修理进度，当他刚迈进这间修理厂，却被眼前的画面惊呆了：他的汽车的车前盖已被人砸得破烂不堪，就像刚发生了重大撞车事故一样。张某赶紧找到了汽修厂的老板问怎么回事，该老板对砸车的原因避而不谈，却说他所做的一切都是为了客户的利益，因为张某的车辆损失很小，不到1000元，而保险公司对1000元以下是绝对免赔的，如果如实向保险公司申报，客户将得不到赔偿，他们修理厂和保险公司定损员关系很铁，适当把车辆损失扩大一点，让保险公司多赔一点，这样不仅能让修理厂多赚一点利润，而且车主就可以不用出钱修车了。张某半信半疑，放心不下，于是特意向保险监管机构咨询，是否有1000元免赔的说法，修理厂这样做是否可以得到保险赔偿。

机动车辆险（见图3-1）是普通消费者最关心的险种之一，也是财产保险的重要组成部分，本书将机动车辆险列为独立章节，对其重点介绍。

本章站在消费者的立场上，从投保和理赔的角度介绍了机动车辆保险的有关问题。本章节可以根据自身的需要浏览保险金额的确定、保险责任、责任免除等投保或理赔中应掌握的基础知识，也可以通过参考案例和风险提示理解有关机动车辆保险的常见问题。

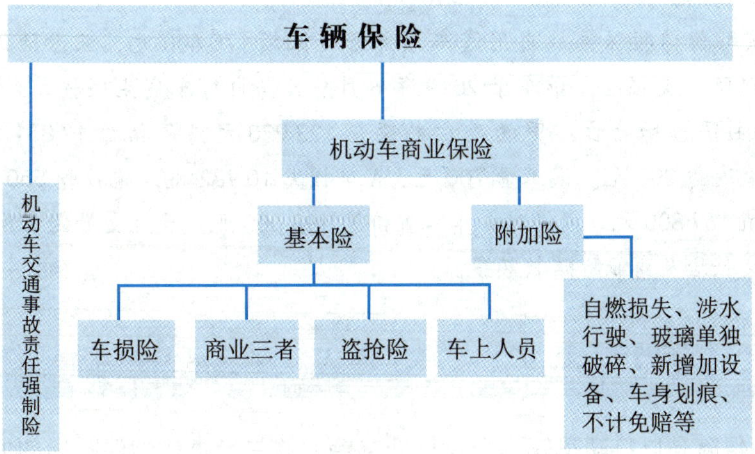

图3-1 车辆保险

任务一　交强险

学习重点

» 交强险相关概念

» 交强险的责任范围

» 交强险赔偿处理思路

学习难点

» 交强险赔偿处理思路

一、交强险的定义

交强险的全称是“机动车交通事故责任强制保险”，指保险公司对被保险机动车发生道路交通事故造成本车人员、被保险人以外的受害人的人身伤亡、财产损失，在责任限额内予以赔偿的强制性责任保险。交强险是法定强制性的。在机动车交通事故责任强制保险合同中，受害人通常指因被保险机动车发生交通事故遭受人身伤亡或者财产损失的人，但不包括被保险机动车本车车上人员、被保险人。

案例分析

A 车按实际价值投保家庭自用汽车损失保险保额 175 600 元、三者险保额 200 000 元、不计免赔险、交强险，该车于 2019 年 6 月 9 日与自行车发生碰撞导致交通事故，导致自行车主甲当场死亡，甲的死亡补偿金 123 920 元、丧葬费 12 851 元、抚养费 46 620 元，交通费 300 元，误工费 700 元，A 车损失 10 932 元，施救费 560 元，出险时该车实际价值 169 800 元，投保时新车购置价为 198 000 元，后经交警定责：A 车全责，请计算 A 车交强险及商业险赔款额度。

二、机动车辆保险投保标的

机动车辆保险是以机动车辆本身及机动车辆的第三者责任为保险标的的一种运输工具保险。随着经济的发展，我国机动车辆的数量不断增加，机动车辆保险已成为我国财产保险业务中最大的险种。机动车辆的保险标的因险种不同而各异。车辆损失险的保险标的是各种机动车辆，主要是经交通管理部门检验合格并具有有效行驶证和号牌的各种机动车辆，包括各种汽车、电车、电瓶车、摩托车、拖拉机、各种专用机械车、特种车等。机动车交通事故责任强制保险与机动车商业第三者责任保险的保险标的是保险车辆因意外事故致使他人遭受人身伤亡或财产的直接损失依法应负的赔偿责任。

机动车交通事故责任强制保险按机动车种类、使用性能家庭自用汽车、非营业客车（党政机关、事业团体、企业）、营业客车（出租租赁、城市公交、公路客运）、非营业货车（个人、企业、机关团体）、营业货车、特种车、摩托车、拖拉机八种类型。

三、交强险承保实务中的相关概念

（一）保险人

保险人指交强险合同中与投保人订立交强险合同的一方，并按照合同负有赔付损失车辆责任的保险公司。

保险人应该注意以下告知义务：

（1）告知投保人不要重复投保交强险，即使投多份也只能获得一份保险保障。

（2）提醒有挡风玻璃的机动车的投保人将保险标志贴在车内挡风玻璃右上角，摩托车、拖拉机的驾驶人要随身携带。

（二）投保人

交强险合同中的投保人是指与保险人订立交强险合同，并按照合同负有支付保险费义务的机动车的所有人、管理人。

在实务操作中投保人应提供相关资料。例如，首次投保交强险的，投保人应提供投保机动车行驶证和驾驶证或身份证的原件供查验，需提供机动车行驶证和驾驶证或身份证的复印件供存档；新车投保交强险，需提供新车购置发票和合格证原件供查验，提供新车购置发票和合格证复印件存档。对于续保业务，投保人需提供上期交强险保单原件或其他能证明上年已投保交强险的书面文件。

在告知义务上面，投保人应对重要事项履行如实告知义务。重要事项包括以下内容：

（1）机动车种类、厂牌型号、识别代码、牌照号码、使用性质；

（2）机动车所有人或者管理人的姓名（名称）、性别、年龄、住址、身份证或驾驶证号码（组织机构代码）；

（3）续保前该机动车交通安全违法行为、交通事故记录等影响费率水平的事项；

（4）银保监会规定的其他事项。

同时还要求投保人提供联系电话、地址、邮政编码等，便于保险人提供保险服务。

（三）受害人

交强险合同中的受害人是指因被保险机动车发生交通事故遭受人身伤亡或者财产损失的人，但不包括被保险机动车本车车上人员、被保险人。其中，车上人员是指发生意外事故的瞬间，在被保险机动车车体内或车体上的人员，包括正在上下车的人员。

案例分析

“车上人员”与“第三者”的界定

2019 年 1 月 16 日，个体运输户谢某驾自有货车运输煤炭，途中因天雨路滑，车速过快，导致货车发生倾覆，事故发生时车内另一乘客李某被甩出车外，后又恰好被倾覆的车辆压住上身，受了重伤。此前，谢某于 2018 年 4 月 3 日投保了交强险和机动车第三者责任险，因此事故发生后谢某向保险公司索赔，但保险公司却以李某为“车上人员”而非“第三者”为由拒赔。

四、保费计算

（1）保险人需按照保监会审批的机动车交通事故责任强制保险费率方案计算、收取保费，计算方案如表 3-1 所示。

交强险最终保费 = 交强险基础保费 ×（1+ 与道路交通事故相联系的浮动比率 A）

表 3-1 保险费率计算方案

浮动因素			浮动比率
与道路交通事故相联系的浮动比率 A	$A1$	上一个年度未发生有责任道路交通事故	-10%
	$A2$	上两个年度未发生有责任道路交通事故	-20%
	$A3$	上三个及以上年度未发生有责任道路交通事故	-30%
	$A4$	上一年度发生一次有责任不涉及死亡道路交通事故	0
	$A5$	上一年度发生两次及两次以上有责任道路交通事故	10%
	$A6$	上一个年度发生有责任道路交通死亡事故	30%

（2）保险费必须一次全部收取，不得分期收费。

（3）除保监会审批的交强险费率方案中费率浮动办法规定的优惠外，保险人不得给予投保人任何返还、折扣和额外优惠。

五、交强险的保险责任

（一）交强险保险责任

在中华人民共和国境内（不含港、澳、台特别行政地区），被保险人在使用被保险机动车过程中发生交通事故，致使受害人遭受人身伤亡或者财产损失，依法应当由被保险人承担的损害赔偿责任，保险人按照交强险合同的约定对每次事故赔偿限额内负责赔偿。具体如表 3-2 所示。

表 3-2 交强险赔偿限额

责任限额	有 责	无 责	备注
死亡伤残赔偿限额	11 万元	1.1 万元	保险人对每次保险事故所有受害人的死亡伤残费用所承担的最高赔偿金额
医疗费用赔偿限额	1 万元	1 000 元	保险人对每次保险事故所有受害人的医疗费用所承担的最高赔偿金额
财产损失赔偿限额	2 000 元	100 元	保险人对每次保险事故所有受害人的财产损失承担的最高赔偿金额

表中的死亡伤残赔偿限额仅限于丧葬费、死亡补偿费、受害人亲属办理丧葬事宜支出的交通费用、残疾赔偿金、残疾辅助器具费、护理费、康复费、交通费、被扶养人生活费、住宿费、误工费、被保险人依照法院判决或者调解承担的精神损害抚慰金。

表中的医疗费用赔偿限额仅限于医药费、诊疗费、住院费、住院伙食补助费、必要合理的后续治疗费、整容费、营养费。

（二）垫付与追偿

对于下列情况造成的损失和费用，保险人不负责垫付和赔偿：

（1）驾驶人未取得驾驶资格的；

（2）驾驶人醉酒的；

（3）被保险机动车被盗抢期间肇事的；

（4）被保险人故意制造交通事故的。

对于垫付的抢救费用，保险人有权向致害人追偿。

（三）责任免除

下列损失和费用，交强险不负责赔偿和垫付：

（1）因受害人故意造成的交通事故的损失；

（2）被保险人所有的财产及被保险机动车上的财产遭受的损失；

（3）被保险机动车发生交通事故，致使受害人停业、停驶、停电、停水、停气、停产、通讯或者网络中断、数据丢失、电压变化等造成的损失及受害人财产因市场价格变动造成的贬值、修理后因价值降低造成的损失等其他各种间接损失；

（4）因交通事故产生的仲裁或者诉讼费用及其他相关费用。

（四）保险期限

除国家法律、行政法规另有规定外，交强险的保险期间为一年，以保险单载明的起止时间为准。

案例分析

2018年9月30日晚6时许，原告王某驾驶两轮摩托车与李某驾驶的大型货车相撞。王某倒地受重伤，随即被送医院急救，而李某在肇事后逃逸。由于王某昏迷不醒，一直在重症监护室救治，随时有生命危险。并且，由于王某家境贫寒，无力支付巨额医疗费用，其家人想终止治疗。后经了解，事故发生前李某的车辆在某保险公司投保了交强险。

请问：李某车辆的交强险能否为王某垫付抢救费用？

（五）赔偿处理

（1）被保险机动车发生交通事故的，由被保险人向保险人申请赔偿保险金。被保险人索赔时，应当向保险人提供以下材料：

①交强险的保险单；

②被保险人出具的索赔申请书；

③被保险人和受害人的有效身份证明、被保险机动车行驶证和驾驶人的驾驶证；

④公安机关交通管理部门出具的事故证明，或者人民法院等机构出具的有关法律文书及其他证明；

⑤被保险人根据有关法律法规规定选择自行协商方式处理交通事故的，应当提供依照《交通事故处理程序规定》规定的记录交通事故情况的协议书；

⑥受害人财产损失程度证明、人身伤残程度证明、相关医疗证明及有关损失清单和费用单据；

⑦其他与确认保险事故的性质、原因、损失程度等有关的证明和资料。

（2）保险事故发生后，保险人按照国家有关法律法规规定的赔偿范围、项目和标准及交强险合同的约定，并根据国务院卫生主管部门组织制定的交通事故人员创伤临床诊疗指南和国家基本医疗保险标准，在交强险的责任限额内核定人身伤亡的赔偿金额。

（3）因保险事故造成受害人人身伤亡的，未经保险人书面同意，被保险人自行承诺或支付的赔偿金额，保险人在交强险责任限额内有权重新核定。

因保险事故损坏的受害人财产需要修理的，被保险人应当在修理前会同保险人检验，协商确定修理或者更换项目、方式和费用。否则，保险人在交强险责任限额内有权重新核定。

（4）被保险机动车发生涉及受害人受伤的交通事故，因抢救受害人需要保险人支付抢救费用的，保险人在接到公安机关交通管理部门的书面通知和医疗机构出具的抢救费用清单后，按照国务院卫生主管部门组织制定的交通事故人员创伤临床诊疗指南和国家基本医疗保险标准进行核实。对于符合规定的抢救费用，保险人在医疗费用赔偿限额内支付。被保险人在交通事故中无责任的，保险人在无责任医疗费用赔偿限额内支付。

（六）合同的变更与终止

（1）在交强险合同有效期内，被保险机动车所有权发生转移的，投保人应当及时通知保险人，并办理交强险合同变更手续。

（2）在下列三种情况下，投保人可以要求解除交强险合同：

①被保险机动车被依法注销登记的；

②被保险机动车办理停驶的；

③被保险机动车经公安机关证实丢失的。

交强险合同解除后，投保人应当及时将保险单、保险标志交还保险人；无法交回保险标志的，应当向保险人说明情况，征得保险人同意。

（3）发生《机动车交通事故责任强制保险条例》所列明的投保人、保险人解除交强险合同的情况时，保险人按照日费率收取保险责任开始之日至合同解除之日期间的保险费。

案例分析

某日早晨，李某驾驶的出租车为了避让紧急情况，将正常骑车的小伙撞倒，李某这时候非但没有下车查看，反而加大油门倒车，将受伤的小伙在前后轮之间反复碾压了三次，导致小伙死亡。李某所开的出租车已经投保了机动车车辆第三者责任险，因此事故发生后李某向保险公司索赔，保险人是否应赔偿？

六、交强险投保单填写

保险人有义务指导投保人正确填写投保单，投保单至少应当载明机动车的种类、厂牌型号、识别代码、号牌号码、使用性质，投保机动车所有人或者管理人的姓名（名称）、性别、年龄、住所、身份证或者驾驶证号码（组织机构代码），以及续保前投保机动车交通安全违法行为、交通事故记录等影响费率水平的事项。投保人应真实、准确地填写交强险投保单的各项信息，并在投保单上签字或加盖公章。投保人提供的资料复印件附贴于投保单背面。保险期间的起期必须在保险人接受投保人的投保申请日之后，保险期间开始 前保险人不承担赔偿责任。

交强险的保险期间为一年，但有下列情形之一的投保人可以投保短期交强险：

（1）临时入境的境外机动车；

（2）距离报废期限不足一年的机动车；

（3）临时上道路形式的机动车（如：领取临时牌照的机动车、临时提车，到异地办理注册登记的新购机动车等）；

（4）保监会规定的其他情形。

课堂讨论 1

购买交强险时应注意什么问题？

机动车辆损失险的责任免除包括风险免除（损失原因的免除）和损失免除（保险人不赔偿的损失）。

1. 风险免除

（1）地震、战争、军事冲突、恐怖活动、暴乱、扣押、罚没、政府征用；

（2）竞赛、测试，在营业性维修场所修理、养护期间；

（3）用保险车辆从事违法活动；

（4）驾驶人员饮酒、吸食或注射毒品、被药物麻醉后使用保险车辆；

（5）保险车辆肇事逃逸；

（6）驾驶人员无驾驶证或驾驶车辆与驾驶证准驾车型不相符，公安交通管理部门规定的其他属于无有效驾驶证的情况下驾车，使用各种专用机械车和特种车的人员无国家有关部门核发的有效操作证，驾驶营业性客车的驾驶人员无国家有关部门核发的有效资格证书；

（7）非被保险人直接允许的驾驶人员使用保险车辆；

（8）保险车辆不具备有效行驶证件。

2. 损失免除

（1）自然磨损、朽蚀、故障、轮胎单独损坏；

（2）玻璃单拉破碎、无明显碰撞痕迹的车身划痕；

（3）人工直接供油、高温烘烤造成的损失；

（4）遭受保险责任范围内的损失后，未经必要修理继续使用，致使损失扩大的部分；

（5）因污染（含放射性污染）造成的损失；

（6）因市场价格变动造成的贬值、修理后因价值降低引起的损失；

（7）车辆标准配置以外，未投保的新增设备的损失；

（8）在淹及排气筒或进气管的水中启动，或被水淹后未经必要处理而启动车辆，致使发动机损坏；

（9）保险车辆所载货物坠落、倒塌、撞击、泄漏造成的损失；

（10）摩托车停放期间因翻倒造成的损失；

（11）被盗窃、抢劫、抢夺，以及因被盗窃、抢劫、抢夺受到损坏或车上零部件、附属设备丢失；

（12）被保险人或驾驶人员的故意行为造成的损失等。

任务二　商业险

学习重点

» 机动车辆损失保险的保险责任

» 第三者责任保险的保险责任
» 交强险和三者险的对比

学习难点

» 车损险的保险责任
» 三者险的保险责任

商业保险是指通过订立保险合同运营，以营利为目的的保险形式，并由专门的保险企业经营。商业保险关系是由当事人自愿缔结的合同关系，投保人根据合同约定，向保险公司支付保险费，保险公司根据合同约定的可能发生的事故因其发生所造成的财产损失承担赔偿保险金责任，或者当被保险人死亡、伤残、疾病或达到约定的年龄、期限时承担给付保险金责任。

车辆商业险主要分为基本险和附加险。基本险主要包括：车辆损失险、第三者责任险、全车盗抢险、车上人员责任险。附加险主要有车损险、第三者责任险的附加险。

相对于交强险，商业险的险种可以根据客户自己的要求选择购买，保险公司不能强制要求购买基本险。两者的主要区别如表 3-3 所示。

表 3-3 商业险与交强险的区别

项目	交强险	商业险
签订保险合同	强制性	自愿协商
责任限额	分项	不分项
赔偿原则	无过错责任原则	过错责任原则
责任划分	有、无	全、主、同、次、无
免赔金额	无	有免赔率、免赔额
除外责任	部分有垫付义务	无垫付义务
保费收取	不分期	可分期
出单、退保情况	管理严格	可协商

需要指出的是，过错责任原则指根据当事人的违章行为与交通事故之间的因果关系，以及违章行为在交通事故中的作用，认定当事人的交通事故责任及赔偿责任。

子任务一　基本险

一、车损险

机动车损失险是指车辆因遭受保险合同规定范围内的自然灾害或意外事故，造成车辆本身损失，以及发生的合理施救费用，保险人依照保险合同的规定给予赔偿。

车损险负责赔偿由于自然灾害或意外事故造成的车辆自身的损失，但不包含玻璃单独破损的损失、停放中造成的损失，如无法找到责任人，赔偿损失的30%。碰撞事故按照责任比例赔付，价格随车辆购买价格增加而增加。这是车辆保险中最主要的险种，保与不保这个险种，需权衡其他的影响。若不保，车辆碰撞后的修理费用将全部由自己承担。

需要注意的是，意外事故指不是行为人出于故意，而是行为人不可预见的及不可抗拒的，造成了人员伤亡或财产损失的突发事件。

1. 车损险保险责任赔偿范围

被保险人或其允许的驾驶人员在使用保险车辆过程中，因下列原因造成保险车辆的损失，保险人负责赔偿：

（1）碰撞、倾覆、坠落；

（2）火灾、爆炸；

（3）外界物体坠落、倒塌；

（4）暴风、龙卷风；

（5）雷击、雹灾、暴雨、洪水、海啸、地陷、冰陷、崖崩、雪崩、泥石流、滑坡；

（6）载运被保险车辆的渡船遭受自然灾害（只限于驾驶人员随车的情形）。

发生保险事故时，被保险人为防止或者减少保险车辆的损失所支付的必要的、合理的施救费用，由保险人承担，最高不超过保险金额的数额。

2. 车损险责任免除

（1）自然灾害指地震及其次生灾害。

（2）特殊风险包括战争、军事冲突、恐怖活动、暴乱、扣押、收缴、没收、政府征用。

（3）他人风险包括竞赛、测试，在营业性维修、养护场所修理、养护期间。

（4）机械故障，包括自然磨损、朽蚀、腐蚀、故障；玻璃单独破碎、车轮单独损坏；无明显碰撞痕迹的车身划痕。

（5）人为操作风险包括人工直接供油、高温烘烤造成的损失；自燃及不明原因火灾造成的损失；遭受保险责任范围内的损失后，未经必要修理继续使用被保险机动车，致使损失扩大的部分。

（6）被保险人或驾驶员风险，其中包括：

①利用被保险机动车从事违法活动；

②驾驶人饮酒、吸食或注射毒品、被药物麻醉后使用被保险机动车；

③事故发生后，被保险人或其允许的驾驶人在未依法采取措施的情况下驾驶被保险机动车或者遗弃被保险机动车逃离事故现场，或故意破坏、伪造现场，毁灭证据；

④无驾驶证或驾驶证有效期已届满；

⑤驾驶的被保险机动车与驾驶证载明的准驾车型不符；

⑥持未按规定审验的驾驶证，以及在暂扣、扣留、吊销、注销驾驶证期间驾驶被保险机动车；

⑦依照法律法规或公安机关交通管理部门有关规定不允许驾驶被保险机动车的其他情况下驾车；

⑧非被保险人允许的驾驶人使用被保险机动车；

⑨被保险机动车转让他人，被保险人、受让人未履行通知义务，且因转让导致被保险机动车危险程度显著增加而发生保险事故，以转移所有权为目的，处分被保险机动车的行为；

⑩除另有约定外，发生保险事故时被保险机动车无公安机关交通管理部门核发的行驶证或号牌，或未按规定检验或检验不合格。

（7）其他风险。

①因污染（含放射性污染）造成的损失；

②市场价格变动造成的贬值、修理后价值降低引起的损失；

③标准配置以外新增设备的损失；

④发动机进水后导致的发动机损坏；

⑤被保险机动车所载货物坠落、倒塌、撞击、泄漏造成的损失；

⑥被盗窃、抢劫、抢夺，以及因被盗窃、抢劫、抢夺受到损坏或车上零部件、附属设备丢失；

⑦被保险人或驾驶人的故意行为造成的损失；

⑧应当由机动车交通事故责任强制保险赔偿的金额。

案例分析

李某在度假山庄吃过晚餐后，驾驶自家车下山途中突遇暴雨，他跟随前车行驶路过一低洼涵洞路段时，涉水行驶，发动机突然熄火，再次启动致发动机受损。他的车损能否得到保险公司理赔？

二、商业第三方保险

1. 商业第三方责任险的定义

机动车第三方责任险的保险责任是指在保险期间内，被保险人或其允许的合法驾驶人在使用保险车辆过程中发生意外事故，致使第三者遭受人身伤亡和财产的直接损毁，依法应由被保险人承担的经济赔偿责任。

赔偿范围同交强险，但是必须在交强险赔偿完后才能赔偿。赔偿时按照事故责任比例进行赔偿，保费价格根据保额的大小对应相应的保费，负责保险车辆在使用中发生意外事故造成第三者的人身伤亡或财产的直接损毁的赔偿责任。因为交强险在对第三者的医疗费用和财产损失上赔偿较低，在购买了交强险后应购买第三者责任险作为补充。

在实务中，交强险与商业第三方责任险之间的区别见表 3-4。

表 3-4　交强险与商业第三方责任险之间的区别

区别	交强险	商业第三方责任险
赔偿原则不同	交强险责任限额范围内予以赔偿	根据投保人或被保险人在交通事故中应负的责任来确定赔偿责任
保障范围不同	交强险的赔偿范围几乎涵盖了所有道路交通责任风险	保险公司不同程度地规定有免赔额、免赔率或责任免除事项
具有强制性	强制投保、强制承保	没有强制性
费率不同	不盈利不亏损	没有统一的费率，以盈利为目的。
赔偿方式不一样	交强险实行分项责任限额	第三者责任险并不区分责任限额
先后关系	先赔偿	交强险赔偿后予以补充赔偿
条款费率	全国统一	各公司自行确定
定价原则	不盈利、不亏损	盈利
理　赔	无责赔偿	以责论处

案例分析

某集团新购买的两台大客车湘 N72091 与湘 N70929 在芷江至怀化的路上发生追尾事故，湘 N72091 全责。两车被保险人均为同一集团，均投保了交强险、商业车损险、第三方责任险。此事故造成湘 N72091 号车损失 5 200 元，湘 N70929 号车损失 4 800 元。

问：保险公司对于这两台车的损失应该怎样赔付？

2. 责任免除

（1）保险车辆造成下列人身伤亡或财产损失，不论在法律上是否应当由被保险人承担赔偿责任，保险人均不负责赔偿：

①被保险人及其家人的人身伤亡，财产损失；

②本车驾驶人及其家人的人身伤亡，财产损失；

③本车其他人员的人身伤亡，财产损失；

④保险车辆拖带未投保第三方责任保险的车辆（含挂车）或被未投保第三方责任保险的其他车辆拖带。

（2）下列损失和费用，保险人不负责赔偿：

①保险车辆发生意外事故，致使被保险人或第三者停业、停驶、停电、停水、停气、停产、通信中断的损失及其他各种间接损失；

②因保险事故引起的、无论是否依法应由被保险人承担的任何有关精神损害的赔偿。

（3）下列情况，不论任何原因造成的对第三者的经济赔偿责任，保险人均不负责赔偿：

①地震、战争、军事冲突、恐怖活动、暴乱、扣押、罚没、政府征用；

②竞赛、测试，在营业性维修场所修理、养护期间；

③利用保险车辆从事违法活动；

④驾驶人员饮酒、吸食或注射毒品、被药物麻醉后使用保险车辆；

⑤保险车辆肇事逃逸。

（4）驾驶人员有下列情形之一者，保险人均不负责赔偿：

①无驾驶证或驾驶车辆与驾驶证准驾车型不相符；

②公安交通管理部门规定的其他属于无有效驾驶证的情况下驾车；

③使用各种专用机械车、特种车的人员无国家有关部门核发的有效操作证；驾驶营业性客车的驾驶人员无国家有关部门核发的有效资格证书；

④非被保险人允许的驾驶人员使用保险车辆；

⑤保险车辆不具备有效行驶证件。

三、车上人员责任险

1. 车上人员责任险的定义

车上人员责任险，即车上座位险，是车上人员责任险中的乘客部分，指被保险人及其允许的合法驾驶人在使用保险车辆过程中发生意外事故，致使被保险车辆车上人员遭受人身伤亡，依法应由被保险人承担的赔偿责任保险公司会按照保险合同进行赔偿，主要功能是赔偿车辆因交通事故造成的车内人员的伤亡的保险。

2. 责任免除

下列损失，保险人不负责赔偿：

（1）因违章搭乘造成的人身伤亡；

（2）由于驾驶员的故意行为造成的人身伤亡；

（3）本车上的人员因疾病、分娩、自残、殴斗、自杀、犯罪行为所致的人身伤亡；

（4）乘客在车下时所受的人身伤亡；

（5）其他不属于保险责任范围内的损失和费用。

3. 赔偿范围

赔偿范围即为车上人员损伤所产生的医疗费用，价格根据保额大小变化，一般在一到两百元左右。该险种在实务中根据个人情况进行选择，若已经购买过个人意外伤害险，则可以不用购买。

四、全车盗抢险

1. 全车盗抢险的定义

全车盗抢险是一种汽车险种，负责赔偿保险车辆因被盗窃、被抢劫、被抢夺造成车辆的全部损失，以及其间由于车辆损坏或车上零部件、附属设备丢失所造成的损失。保险公司在公安局立案一段时间（各家公司不一样）后给予赔偿。

全车盗抢险赔偿额度为每次事故应赔偿损失总金额的 80%。

2. 保险责任

（1）保险车辆（含投保的挂车）全车被盗窃、被抢劫、被抢夺，经县级以上公安刑侦部门立案证实，满三个月未查明下落；

（2）保险车辆在被盗窃、被抢劫、被抢夺期间受到损坏或车上零部件、附属设备丢失需要修复的合理费用。

3. 责任免除

（1）下列原因造成的损失，保险人不负责赔偿：

①战争、军事冲突、恐怖活动、暴乱；

②自然灾害造成保险车辆的灭失；

③被保险人及其家庭成员或驾驶人的故意行为或违法行为；

④驾驶人饮酒或服用国家管制的精神药品或麻醉药品的；

⑤保险车辆被诈骗、扣押、罚没、查封或政府征用；

⑥因民事、经济纠纷导致保险车辆被盗窃、抢劫、抢夺；

⑦承租人或经承租人许可使用保险车辆的驾驶人与保险车辆同时失踪。

（2）保险车辆全车被盗窃、抢劫、抢夺时，有以下情形之一的，保险人不负赔偿责任：

①除非另有约定，发生保险事故时无公安机关交通管理部门核发的合法有效的行驶证、号牌；

②被保险人索赔时，未能提供机动车停驶手续或出险当地县级以上公安刑侦部门出

具的盗抢立案证明；

③保险车辆在竞赛、检测、修理、养护、被扣押、征用、没收期间。

（3）下列损失，保险人不负责赔偿：

①非全车遭盗窃、抢劫、抢夺，仅车上零部件或附属设备被盗窃、抢劫、抢夺、损坏；

②新车车辆出厂时的原厂配置以外新增设备的损失；

③保险车辆全车被盗窃、抢劫、抢夺期间造成人身伤亡或本车以外的财产损失；

④遭受保险责任范围内的损失后，未经必要修理继续使用，致使损失扩大的部分；

⑤市场价格变动造成的贬值、修理后因价值降低引起的损失。

（4）其他不属于保险责任范围内的损失和费用，保险人不负责赔偿。

在实务中投保保费根据车辆购置价乘以折旧率后的数值变化而变化，价格不高，非常适合常年在外地，无固定停车点、停车库的情况购买。

案例分析

某公司车辆于2019年5月1日向保险公司投保交强险、车损险及盗抢险（已足额投保）、第三者责任险10万元。2019年8月1日该车被盗，9月7日公安机关通知车主公司，告知该车已查获。不过该车已出了车祸，车辆被损坏。经了解，车祸是由犯罪嫌疑人驾驶该车于9月6日晚上遇暴雨碰伤行人，后该车逃逸过程中驶入低洼涵洞时，发动机进水，再次启动后车辆不能行驶了。经检查，该车发动机大修费12 000元，车辆内饰等被污染，维修费2 000元，给行人医疗费8 000元。

问：本事故损失保险公司能赔吗？怎么赔？

子任务二 附加险

附加险是指不能单独投保和承保的，只能附加于主险投保的险种，主险因失效、解约或满期等原因效力终止或中止时，附加险效力也随之终止或中止。而合同特别约定的情况下，个别附加险则还能保持一定效力。常见的附加险有下面几种。

一、不计免赔特约险

不计免赔特约险是指经特别约定，保险事故发生后，按照对应投保的主险条款规定的免赔率计算的、应当由被保险人自行承担的免赔额部分，保险人负责赔偿的一种保险。投保后，车主不仅可以享受到按保险条款，应由保险公司承担的那一部分赔偿；还可享受到由于车主在事故中负有责任，而应自行承担的那部分金额赔偿。在实务中建议进行购买该险种。

二、自燃损失险

自燃损失险指在保险期间内，保险车辆在使用过程中，因本车电器、线路、供油系统发生故障及运载货物自身原因起火燃烧，造成保险车辆的损失，以及被保险人在发生本保险事故时，为减少保险车辆损失所支出的必要合理的施救费用。

但是，在以下情况中，保险人责任免除：

（1）不明原因产生的火灾；

（2）自燃仅造成电器、线路、供油系统的损失；

（3）因人工直接供油、高温烘烤等违反车辆安全操作规则造成的损失；

（4）在修理期间或被扣押期间；

（5）保险车辆改装或加装的设备引起的火灾；

（6）被保险人的故意行为或违法行为造成保险车辆损失；

（7）车辆无档案或者与档案不符。

（8）未按政府规定进行年度检验或检验不合格的车辆。

保费按照车辆购置价折旧后根据车辆增加而增加，在实务中新购买车量不推荐购买此险种，老旧车辆建议购买。

三、玻璃单独破碎险

玻璃单独破碎险是一个传统的汽车附加险种。车辆在行驶和停放过程中，由于气候、飞石等各种原因引起的玻璃单独破碎的情况，而车辆即使投保了车损险，车辆本身在未发生保险责任中所列明的意外事故和自然灾害的情况下，车损险不负责赔偿玻璃单独损坏的费用。

四、划痕险

划痕险是车损险的附加险，即投保了机动车损失保险的，可投保划痕险。划痕险全称车身划痕损失险，家庭自用车辆、非营业车辆可投保，是指在保险期间内，保险车辆发生无明显碰撞痕迹的车身表面油漆单独划伤，保险人按实际损失负责赔偿。但是在以下几种情况中，保险人责任免除：

（1）被保险人或驾驶人的故意行为造成保险车辆的损失；

（2）他人因与被保险人或驾驶人及其家庭成员发生民事、经济纠纷造成保险车辆的损失；

（3）车身表面自然老化、损坏；

（4）其他不属于保险责任范围的损失和费用。

在实务中，该险种赔付率高。对于新手，发生划擦是很正常的，所以投保该险种一般会有对应的免赔额，即产生损失后，赔偿时会先扣除免赔额的部分，最终赔偿的金额较少，同时还影响下年度的保费。

课后练习

一、案例分析

案例 1

2019 年 11 月，某运输个体户赵某购买了一辆货车，挂靠在一家大的货运公司下经营运输，但该车需要购买保险。经深圳某保险公司营销员张某介绍，若车辆以挂靠的货运公司的名义在张某所在的保险公司投保，则可以获得优惠费率，因此，赵某通过张某在其所在的保险公司购买了一份车辆保险，行驶证上所登记的车主为赵某，被保险人却为挂靠的货运公司。2017 年 1 月 12 日，赵某货车被盗后，通过营销员张某向保险公司索赔，张某就以挂靠的货运公司的名义向保险公司索赔，但保险公司经审核后，以挂靠的货运公司无保险利益为由拒赔。赵某不服，认为营销员张某及其所在的保险公司欺骗了他，于是向保险监管机构投诉，要求依法查处并责令保险公司理赔。

请思考：保险公司是否应该进行赔偿？

案例 2

2018 年 5 月 31 日，车主袁某在驾驶车辆过程中因突发洪水导致车辆被淹，发动机熄火，袁某只好再次打火想尽快逃离险境，但因此造成发动机进水后严重受损。后向其投保的保险公司索赔，该保险公司却认为是由于驾驶员处理不当导致的发动机损坏，通知被保险人不予赔偿发动机的损失。袁某对此不满，认为保险公司的拒赔不合理，要求保险监管机构责令保险公司：第一，尽快作出正式书面理赔决定；第二，如不赔，提供由第三方出具的保险事故是人为处理不当造成的鉴定证书；第三，明确由于保险公司拖延理赔造成的经济损失与精神损失由谁承担。

请思考：保险公司是否应该进行赔偿？

二、请根据车辆客户的信息，为客户投保车险申请表

客户信息：吴 XX　　身份证号：201110XXXXXX739231

车辆行驶证：号牌号码：辽 CGS9XX

车辆类型：小型普通客车

所有人：吴 XX　住址：辽宁省青海城市双细街 X 单元 XX 号

品牌型号：丰田牌 GIM648IASLS

车辆识别代号：LVGDC46A6XXXX2293

发动机号码：NI57938　档案编号：2103XXXX9062

PICC 中国人民财产保险股份有限公司
PICC Property and Casualty Company Limited

中国人民财产保险股份有限公司机动车辆保险投保单

欢迎您到中国人民财产保险股份有限公司投保！在您填写本投保单前请先详细阅读我公司的机动车辆保险条款，阅读条款时请您特别注意各个条款中的保险责任、责任免除、投保人义务、被保险人义务等内容并听取保险人就条款（包括责任免除条款）所作的说明。您在充分理解条款后，再填写本投保单各项内容（请在需要选择的项目前的“□”内划√表示）。为了合理确定投保车辆的保险费，并保证您获得充足的保障，请您认真填写每个项目，确保内容的真实可靠。您所填写的内容我公司将为您保密。本投保单所填内容如有变动，请及时到我公司办理变更手续。

投保人	投保人名称/姓名			投保车辆数	辆
	联系人姓名		固定电话	移动电话	
	投保人住所			邮政编码	□□□□□□
被保险人	□自然人 姓名：		身份证号码	□□□□□□□□□□□□□□□□□□	
	□法人或其他组织 名称：			组织机构代码	□□□□□□□□□□
	被保险人单位性质	□党政机关、团体　□个体、私营企业	□事业单位　□其他企业	□军队（武警）　□其他	□使（领）馆
	联系人姓名		固定电话	移动电话	
	被保险人住所			邮政编码	□□□□□□
投保车辆情况	被保险人与车辆的关系	□所有　□使用　□管理	车主		
	号牌号码		号牌底色	□蓝　□黑　□黄　□白　□白蓝　□其他颜色	
	厂牌型号			发动机号	
	VIN码	□□□□□□□□□□□□□□□□□		车架号	
	核定载客	人	核定载质量　千克	排量/功率	L/KW
	车辆初次登记日期	年　月	已使用年限　年	已行驶里程	公里
	车身颜色	□黑色　□白色　□红色　□灰色　□蓝色　□黄色　□绿色　□紫色　□粉色　□棕色　□其他颜色			
	车辆种类	□客车　□货车　□客货两用车　□挂车　□摩托车　□拖拉机　□农用运输车　□特种车：请填用途________。			
	车辆使用性质	□家庭自用　□非营业用（不含家庭自用）　□出租客运　□公交客运　□公路客运　□旅游客运　□租赁　□营业性货运			
	汽车安全性能	□防盗系统　□ABS　□安全气囊	**固定停放地点**	□固定车位　□固定车库　□其他	
	行驶区域	□跨省行驶　□省内行驶　□固定营业路线：请注明具体路线________。			
	上年赔款次数	□车损险及其附加险赔款次数____次　□三者险及其附加险赔款次数____次			
	是否在我公司投保车辆保证保险	□是　□否	**车损险与车身划痕险选择汽车专修厂**	□是　□否	
投保主险条款名称					
指定驾驶员	**姓名**	驾驶证号码		**初次领证日期**	
驾驶人员1		□□□□□□□□□□□□□□□□□□		____年____月____日	
驾驶人员2		□□□□□□□□□□□□□□□□□□		____年____月____日	
投保车辆上年交通违章情况		□轻微违章次数____次　□严重违章次数____次			
保险期间		____年____月____日零时起至____年____月____日二十四时止			

项目四 财产保险

知识目标

- 了解财产保险的特性。
- 熟悉财产保险的分类。
- 了解财产保险中的主要险种及其主要内容。

能力目标

- 能正确把握财产保险的内涵。
- 能正确掌握财产保险的分类。
- 能运用财产保险典型案例分析诠释财产保险的基本内涵。
- 通过损失补偿及派生原则来进行案例分析。

情景导入

重复保险可以获得更多的保险吗？

张某为刚购置的新房投保了120万元保额的家庭财产险，保险期限为10年。2018年10月，张某急需资金融通，遂以其住房向银行申请抵押贷款，贷款银行又要求他向另外一家保险公司购买120万元保额的家庭财产险，保险期限也为10年。2018年8月，张某住房不幸意外失火被毁，经评估损失金额为50万元。因为事故发生时张某所投保的两个保险都在有效期之内，于是他向两家财险公司分别提出索赔50万元。保险公司在要求他提供原始单据时，发现其多头投保，而按照有关规定，两家保险公司采用了比例分摊赔偿法，总和仍为50万元。张某对此不服，认为其在两家公司都购买了保险，交了两份保险费，就应获得两份赔偿，因而向保险监管机构投诉，要求两家保险公司分别赔偿其50万元保险金。

任务一　财产保险

学习重点

» 财产保险的概念、主要特征

学习难点

» 财产保险的主要类别

财产保险是保险人对被保险人的财产及其有关利益在发生保险责任范围内的灾害事故而遭受经济损失时给予补偿的保险。财产保险有广义和狭义之分，广义的财产保险包括各种财产损失保险、责任保险、信用保险及保证保险等业务在内的一切非人身保险业务；狭义的财产保险也称为财产损失保险。

一、财产保险的分类

财产保险是一个庞大的业务体系，它由若干险别及其数以百计的具体险种构成，这些业务体系将财产保险分为不同的类别。在我国习惯上将财产保险划分为财产损失保险、责任保险和信用（保证）保险三大类，具体如表 4-1 所示。

1. 财产损失保险

财产损失保险是以各类有形财产为保险标的的保险。主要业务种类有：火灾保险、运输保险、工程保险和农业保险等。

2. 责任保险

责任保险是指以被保险人对第三者的财产损失或人身伤害依照法律应负的赔偿责任为保险标的的保险。主要业务种类有：公众责任保险、产品责任保险、雇主责任保险和职业责任保险等。

3. 信用保险

信用保险是以各种信用行为为保险标的的保险。主要业务种类有：一般商业信用保险、出口信用保险、合同保证保险、产品保证保险和忠诚保证保险等。

表 4-1 财产保险业务体系表

第一层次	第二层次	第三层次	第四层次（险种）
财产损失保险	火灾保险	企业财产保险 家庭财产保险	财产保险基本险等具体险种及附加险 普通财产保险、还本家财险
	运输保险	机动车辆保险 船舶保险 航空保险 货物运输保险	车身损失险、第三者责任险等 普通船舶保险等 飞机机身保险、旅客责任险等 内陆货运保险、海洋运货保险、航空货运险
	工程保险	建筑工程保险 科技工程保险	建筑工程保险、安装工程保险等 航天保险、核电站保险等
	农业保险	种植业保险 养殖业保险	农作物保险 林木保险 畜禽保险 水产养殖保险
责任保险	公众责任保险	场所责任保险 承包人责任保险 承运人责任保险	宾馆、展览馆、车库责任险 建筑工程承包人责任险 承运货物责任险
	产品责任保险	产品责任险	各种产品责任保险，如电视机保险等
	雇主责任保险	雇主责任险	雇主责任保险、各种附加责任保险等
	职业责任保险	职业责任保险	医生责任保险、设计师责任保险、监理师责任保险、会计师责任保险、律师责任保险等
信用保险	信用保险	出口信用保险 投资保险	短期、中长期出口信用保险等 投资保险等
	保证保险	合同保证保险 产品质量保证保险 忠诚保证保险	存款保证保险、建筑工程承包合同保证保险等 产品质量保证保险 雇员忠诚保证保险、标定雇员忠诚证保险等

二、财产保险的特征

（一）保险标的是有形财产及其相关利益

财产保险承保的保险标的一般是实际存在并且可以用货币计量的物质财富及其相关利益，例如房屋、机器设备、汽车、货物等。财产保险业务承保范围非常广泛，覆盖除了自然人身体和生命之外的一切风险保险业务。它不仅包含了各种差异极大的财产物资，而且还包含着各种民事法律责任和商业信用风险等。

有形财产是指动产、不动产、固定的/流动的财产及在制的或制成的财产，保险标的是财产，例如，厂房、机器设备、原材料、成品、半成品、汽车、船舶、货物和家电等。

无形财产是指各种费用、产权、预期利润、信用和责任等，保险标的是有关利益。

（二）保险标的可以被估价

财产保险标的不管是归法人所有还是归自然人所有，不管是有形财产还是无形利益，均有客观而具体的价值标准，均可用货币来衡量其价值。由此可知，保险事故所造成的损失程度是可以确定的，保险客户可以通过财产保险来获得相当于财产损失实际程度的补偿。而人身保险得到保险标的仅限于自然人的身体和生命，是无法通过货币来衡量的。保险标的形态和价值规范的差异，是财产保险和人身保险的一个重要区别，也是财产保险的重要特征之一。

（三）单个财产保险关系具有不等性

财产保险遵循等价交换、自愿成交的商业法则，所以就财产保险合同总体而言，保险人是根据大数法则和损失概率来确定各种财产保险的费率，即财产保险的价格，从而在理论上决定了保险人从被保险人那里筹集来的保险基金和所承担的风险责任是相对应的，保险人和被保险人的关系是等价交换的关系。但就单个的保险合同而言，财产保险合同是否履行取决于保险事故发生与否，只有那些发生了保险事故的被保险人才能得到相应的补偿。因此，保险双方在实际支付的经济价值上具有明显的不等价现象。一方面，保险人承保每一笔保险业务都是按照确定的保险费率标准来计算并收取保费的，每笔保险业务只收取保险标的实际价值的千分之几或者百分之几的保费，而一旦被保险人发生保险事故，保险人往往要支付高于保险费几倍甚至是几百倍的保险赔款。在此情景下，保险人付出的代价是十分巨大的，当然被保险人的获益也是巨大的。从另一方面说，在所有承保业务中，发生保险事故的毕竟是少数，对多数被保险人而言，保险人只收取了保费，却不存在这经济上的赔偿，交易双方同样是不对等的。在人寿保险中，被保险人的受益总是和投保人的交费紧密联系的，大部分的保险关系是对等的。

（四）经营管理的内容复杂

财产保险设计的保险标的种类繁多，不仅需要了解这些标的财产本身的特点，还要重视风险评估、核报、费率厘定、防损等工作。这就决定了保险人必须具备多方面的专业知识。财产保险经营内容具有相当的复杂性，其具体表现在以下几个方面：首先，投保对象与承保标的具有复杂性。投保对象既可以是法人，也可以是自然人，即可能只涉及单个客户，也可能同一保险合同涉及多个法人团体或多个保险客户。因此，保险标的的复杂性不需要赘言。其次，承保的过程和技术相当复杂。在财产保险的经营过程中，既强调保前的风险检查和保时的严格核保，又需重视保险期间的防灾防损和保险事故发生后的理赔查勘等，承保过程程序多、环节多。而且在财产保险的经营过程中，要求保险人熟悉与各种类型投保标的相关的技术知识。再次，风险管理复杂。从风险管理的角度来说，财产保险主要强调对物质及有关利益的管理，保险对象的风险集中，保险人通常要通过分保或再保险的方式来进一步分散风险；而人身保险一般只强调被保险人身体健康，因每个自然人的投保金额均是可以控制的，而且保险金额相对要小得多，对保险人的业务经营及财务稳定构不成威胁，不需要以再保险作为接受业务的条件。

（五）业务性质具有补偿性

财产保险的业务性质是组织经济补偿。从理论上来说，保险人经营各种类型的财产保险业务，这意味着必须承担起对被保险人保险利益损失的经济赔偿责任。保险费率的制定，需要以投保财产或有关利益的损失率为计算依据；财产保险基金的筹建与积累，也需要以能够补偿所有保险客户的保险利益损失为前提条件。当保险事故发生后，财产保险实行损失补偿原则，它强调保险人必须按照保险合同的规定履行赔偿义务，同时也不允许被保险人通过保险获得额外利益。

（六）保险合同多为短期合同

大多数财产保险合同多为短期合同，但也有例外，例如，长效还本家财险的保单可以跨年度继续有效。

课堂讨论 1

财产保险的经营容易面临哪些风险？

知识链接

《中华人民共和国保险法》第九十五条规定了保险公司经营的业务范围：

（一）人身保险业务，包括人寿保险、健康保险、意外伤害保险等保险业务；

（二）财产保险业务，包括财产损失保险、责任保险、信用保险、保证保险等保险业务；

（三）国务院保险监督管理机构批准的与保险有关的其他业务。

保险人不得兼营人身保险业务和财产保险业务。但是，经营财产保险业务的保险公司经国务院保险监督管理机构的批准，可以经营短期健康保险业务和意外伤害保险业务。

任务二 火灾保险

学习重点

- 火灾保险的概念
- 企业财产保险、家庭财产保险的概念

学习难点

- 火灾保险的运行规律
- 企业财产保险的责任
- 家庭财产保险的责任

火灾保险，简称火险，是指以存放在固定场所并处于相对静止状态的财产物资为保险标的的一种财产保险。作为财产保险中最常见的一种业务来源，火灾保险的产生要晚于海上保险，早于工业保险与汽车保险等。

火灾保险的保险标的是陆上处于相对静止状态条件下的各种财产物资，动态条件下或处于运输中的财产物资不能作为投保标的。火灾保险中的承保财产的存放地址是固定的，如被保险人随意变动财产的存放地址或处所，保险人可以拒赔。火灾保险的保险危险相当广泛，可以进行基本险和附加险的组合。

我国目前开办的财产保险业务中没有直接用火灾保险的名称，但是如企业财产险、家庭财产保险等都是在火灾险的基础上发展起来的。

一、企业财产保险

企业财产保险，简称企财险，是适用于各种企业、社团、机关和事业单位的一种财产保险。主要承保因火灾或其他自然灾害和意外事故造成被保险人的财产损失。

（一）企业财产险的险种

企业财产险是我国财产保险业务中的主要险种。目前开办的企业财产险险种主要可以分为基本险、财产综合险和一切险等一些特约险和附加险条款。其中，基本险保险人主要负责赔偿因火灾、雷击、爆炸、飞行物体及其他空中运行物体坠落等原因造成保险标的的损失；被保险人拥有财产所有权的自用的供电、供水、供气设备因保险事故遭受损失所引起的“三停”损失。在企业财产保险综合险中，保险人的责任比基本险有所扩展，除了承保基本险的责任以外，还负责赔偿因暴雨、洪水、台风、暴风、龙卷风、雪灾、雹灾、冰凌、泥石流、崖崩、突发性滑坡、地面突然塌陷等原因造成的保险标的的损失。一切险则包括综合险和其他意外事故所带来的损失。

（二）企业财产保险基本险的保险标的

在我国，企业财产保险的适用范围很广，凡具有法人资格的从事生产、流通和服务性活动的独立核算的经济单位均可投保企业财产保险。

1. 可保财产

可保财产指保险人根据保险条款规定认为可以承保的财产。凡属于被保险人所有或与他人共有而由被保险人负责的财产；由被保险人经营管理或替他人保管的财产；其他具有法律上承认的与被保险人有经济利害关系的财产，都可以作为企业财产保险的保险标的。

2. 特约可保财产

特约可保财产是指那些价值不易确定，或在一般情况下，因遭受保险事故而致损的可能性小，经保险双方特别约定后，在保险单明细表上载明品名和金额的保险人可以承保的财产。特约可保财产又可分为不提高费率的特约可保财产和需要提高费率的特约可保财产。不提高费率的特约可保财产是指市场价格变化较大或无固定价格的财产，例如金银、珠宝、玉器、首饰、古玩、字画、邮票、艺术品、稀有金属和其他珍贵财物；堤坝、水闸、铁路、涵洞、桥梁、码头等。需提高费率或需附加保险特约条款的特约可保财产一般包括矿井、矿坑的地下建筑物、设备和矿下物资等。

3. 不可保财产

不可保财产是指保险人不予承保的财产。不可保财产主要包括：

（1）不属于一般性的生产资料或商品的财产，例如土地、矿藏矿井、矿坑、森林、水产资源等。

（2）缺乏价值依据或很难鉴定其价值的财产，例如货币、票证、有价证券、文件、账册、图表、技术资料等。

（3）承保后会产生不良社会影响或会与政府的有关法律法规相抵触的财产，例如违章建筑、非法占用的财产等。

（4）由于种种原因，暂时不能承保的财产，例如枪支弹药、动物、植物、农作物。

（5）必然会发生危险的财产，如违章建筑、危险建筑、非法占用的财产。

（6）应投保其他险种的财产，如运输过程中的物资应投保货物运输保险，领取执照正常运行的机动车辆。

（三）企业财产保险的责任

1. 保险责任

（1）企业财产保险基本险的保险责任。保险人主要负责赔偿因火灾、雷击、爆炸、飞行物体及其他空中运行物体坠落等原因造成保险标的的损失。

（2）企业财产保险综合险的保险责任。在企业财产保险综合险中，保险人的责任比基本险有所扩展，除了承保基本险的责任以外，还需要负责赔偿因暴雨、洪水、台风、暴风、龙卷风、雪灾、雹灾、冰凌、泥石流、崖崩、突发性滑坡、地面突然塌陷等原因造成的保险标的的损失。

（3）企业财产保险基本险和综合险均可承担的保险责任。在企业财产保险基本险和综合险中，对保险标的的下列损失，保险人也负责赔偿：一是被保险人拥有财产所有权的自用的供电、供水、供气设备因保险事故受损，引起停电、停水、停气以致造成保险标的的直接损失；二是在发生保险事故时，为抢救保险标的或防止灾害蔓延，采取合理的必要的措施而造成保险标的的损失。另外，在企业财产保险基本险和综合险中，保险事故发生后，被保险人为防止或者减少保险标的损失所支付的必要和合理的费用，保险人也予以负责。

2. 责任免除

企业财产保险的责任免除分为基本险责任免除和综合险责任免除。

（1）企业财产保险基本险的责任免除主要有：

①战争及类似战争行为、敌对行为、军事行动、武装冲突、罢工、暴动、恐怖行为、民众骚乱。

②被保险人及其代表的故意行为或纵容所致。

③核反应、核子辐射和放射性污染。

④地震、暴雨、洪水、台风、暴风、龙卷风、雪灾、雹灾、冰凌、泥石流、崖崩、滑坡、水暖管爆裂、抢劫、盗窃。

⑤保险标的遭受保险事故引起的各种间接损失。这项责任也可以通过投保人在投保企业财产保险的基础上，附加投保营业中断保险或利润损失保险的方式予以保障。

⑥保险标的本身缺陷、保管不善导致的损毁。例如保险标的变质、霉烂、受潮、虫咬、自然磨损、自然损耗、自燃、烘焙所造成的损失；由于行政行为或执法行为所致的损失。

⑦其他不属于保险责任范围内的损失和费用。

（2）企业财产保险综合险的责任免除主要有：

①战争及类似战争行为、敌对行为、军事行动、武装冲突、罢工、暴动、恐怖行为、民众骚乱。

②被保险人及其代表的故意行为或纵容所致。

③核反应、核子辐射和放射性污染。

④地震所引起的一切损失。

⑤堆放在露天或罩棚下的保险标的及罩棚由于暴风、暴雨所遭受的损失。

⑥保险标的本身缺陷、保管不善导致的损毁。例如，保险标的的变质、霉烂、受潮、虫咬、自然磨损、自然损耗、自燃、烘焙所造成的损失。

⑦由于行政行为或执法行为所致的损失。

3. 附加责任

附加责任，又称“特约责任”，是指责任免除中本来不需要承担的保险责任。

附加责任是经双方协商同意后保险人可予以承担的保险责任。特约责任一般采用附加特约条款方式承保，也可以采用附加险的方式承保。

附加责任是投保人在投保特定的保险产品时可选的保险责任。该保险责任必须附加于主险或基本险，用来补充主险的保险范围。

企业财产保险基本险的附加责任为适应投保人的某些特殊需要，保险公司可在承保基本险后，特约承保某些附加风险。例如暴风、暴雨、洪水保险，盗抢保险，雪灾、冰冻保险，泥石流、崖崩、突发性滑坡保险，雹灾保险，水暖管爆裂保险，破坏性地震保险等。

企业财产保险综合险的附加责任在综合险的基础上，投保人可投保如下附加险：矿下财产保险、露堆财产保险、盗窃险、橱窗玻璃破碎险、机器损坏险、营业中断险、破坏性地震保险等。

案例分析

一家煤矿向一家保险公司投保了企业财产保险，附加井下财产特约保险，保额为850万元，其中包括井下固定资产550万元。同年12月10日，该矿的一个工作室突然大量进水，严重威胁井下财产的安全。该矿厂立即组织人力、设备排水，并及时向保险公司报了案。保险公司当即派人赶赴现场，与投保方共同研究抢救方案。经过全力抢救，井下财产基本未受损失。但为了保护井下财产不受损失，被保险人支出了18万元的施救费用，要求保险公司承担。保险公司认为这次灾害已构成了井下财产特约保险中的地下水穿孔责任。

问：保险事故确实发生了，但保险标的未受损失，保险公司应如何处理？

（四）企业财产保险业务处理实务

1. 保险费率

在企业财产保险的经营中，保险人按照被保险财产的种类，分别制定级差费率。一般而言，影响企业财产保险级差费率的主要因素有房屋的建筑结构、占用性质、危险种类、安全设施、防火设备等。目前，企业财产保险的费率就是在考虑上述因素的基础上制定的，并分为基本险费率和附加险费率两部分。基本险、附加险费率又具体分为工业险费率、仓储险费率和普通险费率三大类，每类均按占用性质的不同确定级差费率。附加险费率指企业财产保险附加险（特约保险）的费率，一般由各地根据调查资料统计的损失率为基础进行厘定。此外，企业财产保险的短期费率，适用于保险期限不满一年的业务。对统保单位或防灾设施良好的投保人，保险人还可以采用优惠费率。

2. 保险期限

企业财产保险的保险期限通常为一年。在保险单到期前，保险人应通知投保人办理续保手续。一般根据保险登记簿填制“到期通知单”送交投保人，以便到期办理续保手续，避免保险中断。

3. 企业财产保险的赔偿处理

当保险标的发生保险责任范围内的损失时，企业财产保险的被保险人按照保险合同约定向保险人申请赔偿。申请赔偿时被保险人应当提供保险单、财产损失清单、技术鉴定证明、事故报告书、救护费用发票及必要的账簿、单据和有关部门的证明等材料。各项单证、证明必须真实、可靠，任何欺诈投保人或被保险人的欺诈行为给保险人造成损失的应当承担赔偿责任。保险人在收到单证后应当迅速审定、核实，及时赔付。

（1）赔偿金额的计算。在赔偿处理中，保险人应该按照保险合同约定履行赔偿责任。由于企业财产保险属于不定值保险，保险标的发生保险责任范围内的损失时，保险人按照保险金额与保险价值的比例承担赔偿责任。企业财产保险的具体赔偿金额的计算方式如下：

①全部损失。受损财产的保险金额等于或高于保险价值时，其赔偿金额以不超过保险价值为限；保险金额低于保险价值时，按保险金额赔偿。

②部分损失。受损财产的保险金额等于或高于保险价值时，其赔偿金额按实际损失计算；保险金额低于保险价值时，其赔偿金额按保险金额与保险价值的比例计算。

（2）施救费用的赔偿。发生保险事故时，被保险人所支付的必要、合理的施救费用的赔偿金额在保险标的损失以外另行计算，最高不超过保险金额。若受损保险标的按比例赔偿，则该项费用也按与财产损失相同的比例赔偿。

（3）残值处理。保险标的遭受损失后的残余部分，一般按照协议作价折归被保险人。作价折归被保险人的金额也可按照合同的约定，视保险金额与保险标的的保险价值的具体情况，按比例扣除。

（4）代位求偿权的行使。如果保险标的的损失是由第三者造成的，保险人自向被保险人赔偿保险金之日起，在赔偿金额范围内可代位行使被保险人对第三者请求赔偿的权利。

（5）对原保单的批改。如果在保险标的遭受部分损失经保险人赔偿后，保险合同的保险金额相应减少，当投保人或被保险人需恢复原保险金额时，应补交保险费，由保险人出具批单批注。

（6）重复保险的分摊。如果企业财产保险的保险标的存在重复保险，则应按照重复保险的赔偿处理方式分摊责任。按照我国保险法的规定，各保险人按照其保险金额与保险金额总和的比例承担赔偿责任。

（五）财产保险事故处理

如果遭遇财产保险事故，处理方法如下：

（1）出险后，立即向保险公司报案，通知保险公司，采取有效措施防止损失进一步扩大。

（2）尽可能在事故现场变动和维修前让保险公司派员查勘现场。任何情况下损失财产应保留在现场以备查勘，如需立即修复、变动现场，应在征得保险公司同意后多方位拍照，保留有关证据。

（3）记录证人的姓名、联系方式、地址等。

（4）保险人与公估公司理算人查勘时给予足够的协助。

（5）必要时索取行业主管部门、职能部门、鉴定机构、公安、消防、水文、气象等部门出具的事故证明文件。如发生偷盗或恶意损坏，拨打 110 通知公安机关，发生火灾拨打 119 通知消防部门。

（6）如损失是由第三方责任造成，被保险人应以书面的形式向责任方提出索赔要求，并要求对方给予书面答复。在未获保险人同意的情况下，不能擅自放弃对其他责任方的索赔权利。

（7）在保险人赔付后向有关责任方追偿的过程中，向保险人提供一切必要的协助，有助于保险人实现追偿权益。

（8）保存所有因损失引起的费用的详细证明记录及其他与案件有关的、作为索赔依据的证明文件、资料和单据。

二、家庭财产保险

（一）家庭财产保险的定义

家庭财产保险是以城乡居民的有形财产为保险标的的一种保险。家庭财产保险为居民或家庭遭受的财产损失提供及时的经济补偿，有利于安定居民生活，保障社会稳定。我国目前开办的家庭财产保险主要有普通型家庭财产保险、家庭财产两全保险、投资保障型家庭财产保险和个人贷款抵押房屋保险。同时，被保险人还可以附加入室盗抢、管道破裂和水渍的特约责任。

1. 普通家庭财产保险

普通家庭财产保险是面向城乡居民家庭的基本险种，承保城乡居民所有存放在固定地址范围且处于相对静止状态下的各种财产物资。

2. 家庭财产两全保险

家庭财产两全保险是一种兼具经济补偿和到期还本性质的险种。它与普通家庭财产保险的不同之处在于家庭财产两全保险所缴纳的是保险储金，而普通家庭财产保险缴纳的是保险费。例如，每份保险金额为 10 000 元的家庭财产两全保险，保险储金为 1 000 元，投保人根据保险金额一次性缴纳保险储金，保险人将保险储金的利息作为保险费，保险期满后，无论保险期内是否发生赔付，保险人都将如数退还全部保险储金。

3. 投资保障型家庭财产保险

投资保障型家庭财产保险不仅具有保障功能，还具有投资功能。投保人所交付的是保险投资金，按规定保险投资金必须按份购买。例如，每份保险金额 10 000 元需缴纳保险投资金 2 000 元，则被保险人不但可得到保险金额为 10 000 元的保险保障，而且在保险期满后，无论是否获得过保险赔偿，均可以领取保险投资金本金 2 000 元并获得一定的投资收益。

4. 个人贷款抵押房屋保险

个人贷款抵押房屋保险承保以房屋作抵押向商业银行申请贷款的被保险人，因火灾、爆炸、暴风、暴雨、台风、洪水、雷击、泥石流、雪灾、雹灾、冰凌、龙卷风、崖崩、突发性滑坡、地面突然塌陷等原因造成抵押房屋的损失，以及为抢救房屋财产支付的合理施救费用。

（二）家庭财产保险的保险标的范围

普通型家庭财产保险的承保标的分为一般可保财产、特约可保财产和不可保财产三类。

1. 家庭财产保险的一般可保财产

（1）普通家庭财产保险的保险标的。普通家庭财产保险的保险标的是指被保险人自有的、在保险合同中所载明的地址内的下列家庭财产：房屋及其室内附属设备（如固定装置的水暖、气暖、卫生、供水、管道煤气及供电设备、厨房配套的设备等）；室内装潢；室内财产，包括家用电器和文体娱乐用品、衣物和床上用品、家具及其他生活用具。

（2）投资保障型家庭财产保险的保险标的。在投资保障型的家庭财产保险中，其保险标的范围除上述普通家庭财产之外，还包括现金、金银、珠宝、玉器、钻石及制品、首饰等贵重物品。

（3）个人贷款抵押房屋保险的保险标的。个人贷款抵押房屋保险的保险标的指被保险人向商业银行申请贷款时用以抵押的房屋。抵押房屋价值中包含的附属设施和其他室内财产，被保险人购房后装修、改造或因其他原因购置的、附属于房屋的有关财产或其他室内财产，不在该保险的保险标的范围之内。

2. 家庭财产保险的特约可保财产

在家庭财产保险的保险标的范围内，还包括一些被保险人与保险人特别约定的家庭财产；被保险人代他人保管，或者与他人共有而由被保险人负责的一般可保财产；存放于院内、室内的非机动农机具、农用工具及存放于室内的粮食及农副产品；经保险人同意的其他财产。

3. 家庭财产保险的不可保财产

保险人通常将损失发生后无法确定具体价值的财产，日常生活所必需的日用消费品，法律规定不容许个人收藏、保管或拥有的财产，处于危险状态下的财产及保险人从风险管理的需要出发声明不予承保的财产列为不可保财产。一般而言，家庭财产保险对以下家庭财产不予承保：

（1）金银、珠宝、钻石及制品、玉器、首饰、古币、古玩、字画、邮票、艺术品、稀有金属等珍贵财物。

（2）货币、票证、有价证券、文件、书籍、账册、图表、技术资料、电脑软件及资料，以及无法鉴定价值的财产。

（3）日用消耗品、各种交通工具、养殖及种植物。

（4）用于从事工商业生产、经营活动的财产和出租用作工商业的房屋。

（5）无线通信工具、笔、打火机、手表及各种磁带、磁盘、影音激光盘。

（6）用芦席、稻草、油毛毡、麦秆、芦苇、竹竿、帆布、塑料布、纸板等为外墙、屋顶的简陋屋棚，柴房、禽畜棚、与保险房屋不成一体的厕所、围墙、无人居住的房屋及存放在里面的财产。

（7）政府有关部门征用、占用的房屋，违章建筑，危险建筑，非法占用的财产，处于危险状态下的财产。

（8）其他不属于普通家庭财产保险和投资保障型的家庭财产保险列明的家庭财产。

（三）家庭财产保险的责任范围

1. 保险责任

保险责任保险人对存放于保险单列明的地址内的保险财产，由于下列原因造成的损失负责赔偿：

（1）火灾、爆炸、雷击、冰雹、雪灾、洪水、崖崩、龙卷风、冰凌、泥石流、地面突然塌陷、突发性滑坡；

（2）空中运行物体坠落，外界物体倒塌；

（3）暴风或暴雨使房屋主要结构（外墙、屋顶、屋架）倒塌；

（4）存放于室内的保险财产，因遭受外来的、有明显痕迹的盗窃、抢劫；

（5）危险事故发生后，被保险人为防止或减少保险财产的损失所支付的必要的、合理的费用，但此项费用的赔偿金额最高不超过保险金额。

2. 责任免除

（1）战争、敌对行为、军事行为、武装冲突、罢工、骚乱、暴动、恐怖活动、盗抢；

（2）核辐射、核爆炸、核污染及其他放射性污染；

（3）被保险人及其家庭成员、寄宿人、雇佣人员的违法、犯罪或故意行为；

（4）地震、海啸及其次生灾害；

（5）行政行为或司法行为等原因造成的损失和费用，保险人不负责赔偿。

家庭保险责任免除类似于企业财产保险基本险和综合险。

在家庭财产保险中，很多保险公司根据投保人的需要，通过附加一些特约责任以解决投保人的多样化需求。这些特约责任主要包括：盗抢责任，管道破裂及水渍责任，第三者责任，家电安全责任等。

案例分析

胡某于2018年7月19日在徐州平安保险公司购买“新世纪系列家庭财产保险”三份，当日，保险公司向其出具了该险种的保险单。承保范围为：房屋及附属设施、房屋装修。保险期间为：2018年7月19日至2019年7月18日。

2018年10月，一场大雨后，胡某发现其投保的房屋一门房的墙体出现裂缝。由于裂缝较小，当时也没在意。又下了几场大雨后，2014年8月，胡某见门房裂缝越来越大，遂到保险公司报案，认为损失属于承保范围，请求按保险合同的约定给予赔偿。

问：如果保险公司拒赔是否成立？

（四）家庭财产保险赔偿计算

当保险标的作为保险对象的财产及其有关利益或者人的寿命和身体发生保险责任范围内的损失时，投保人或被保险人有权按照保险合同的约定向保险人申请赔偿。一般投保人或被保险人应当提供保险单、财产损失清单、发票、费用单据和有关部门的证明。各项单证、证明必须真实、可靠，不得有任何欺诈。投保人或被保险人的欺诈行为给保险人造成损失的，应当承担赔偿责任。另外，被保险人自其知道或应当知道保险事故发生之日起，2年内不行使向保险人请求赔偿的权利，则投保人或被保险人的索赔权利即因放弃而自动失效。

保险人在收到单证后应当迅速审定、核实，及时赔付。在赔偿处理中，由于家庭财产保险中的承保财产种类较多且性质不一，因此在保险事故发生后，家庭财产保险的赔偿处理一般会根据财产性质采用不同的赔偿方式。

1. 房屋及室内附属设备、室内装潢的赔偿

在家庭财产保险中，保险事故发生后，保险人对于房屋及室内附属设备、室内装潢的赔偿处理主要采用比例赔偿方式。

（1）全部损失。保险金额等于或高于保险价值时，其赔偿金额以不超过保险价值为限；保险金额低于保险价值时，按保险金额赔偿。

（2）部分损失。保险金额等于或高于保险价值时，按实际损失计算赔偿金额；保险金额低于保险价值时，应根据实际损失或恢复原状所需修复费用乘以保险金额与保险价值的比例计算赔偿金额。

2. 室内财产的赔偿

在家庭财产保险中，保险事故发生后，保险人对于室内财产的赔偿处理主要采用第一危险赔偿方式。第一危险赔偿方式又称第一损失赔偿方式。第一危险赔偿方式把保险

财产价值分为两部分：一部分为与保险金额相等的部分，称为第一危险责任，发生的损失称为第一损失；另一部分为超过保险金额的部分，称为第二危险责任，发生的损失称为第二损失。保险人只对第一危险责任负责，只赔偿第一损失。也就是说，只要损失金额在保险金额之内，保险人都负赔偿责任。赔偿金额的多少，只取决于保险金额与损失价值，而不考虑保险金额与财产价值之间的比例关系。

3. 施救费用的赔偿

对于被保险人所支付的必要和合理的施救费用，按实际支出另行计算，最高不超过受损标的的保险金额。若该保险标的按比例赔偿，则该项费用也按相同的比例赔偿。

4. 残值处理

保险标的遭受损失后的残余部分，协议作价折归被保险人，并在赔款中扣除。

5. 代位追偿权的行使

如果保险标的发生保险责任范围内的损失应由第三者负责赔偿的，被保险人可以先向第三者索赔。如果第三者不予赔偿，被保险人应提起诉讼。保险人也可根据被保险人提出的书面赔偿请求，按照保险合同予以赔偿，但被保险人必须将向第三者追偿的权利转让给保险人，并协助保险人向第三者追偿。

6. 赔偿后对原保单的处理

保险标的在一个保险年度内遭受部分损失经保险人赔偿后，保险金额应相应减少，其有效保险金额应当是原分项保险金额减去分项保险标的的损失赔偿金额后的余额；如被保险人需恢复保险金额时，应补交相应的保险费，并由保险人出具批单批注。保险期限为 3 年、5 年的，下一保险年度自动恢复原保险金额。

7. 重复保险的分摊

如果家庭财产保险的保险标的存在重复保险时，按照《中华人民共和国保险法》的规定，各保险人按照其保险金额与保险金额总和的比例承担赔偿责任。

任务三 货物运输保险

学习重点

» 货物运输保险的特征

» 货物运输保险的分类

学习难点

» 货物运输保险的责任划分

从世界范围来说，货物运输保险起源于海上保险，是最古老的险种之一。货物运输保险是以各种运输工具运输过程中的货物作为保险标的，保险人承保因自然灾害或意外事故导致运输过程中的货物遭受损失的一种保险。无论是对外贸易还是国内贸易，商品从生产者到消费者手中，都要经过相应的运输过程。为货物投保货物运输保险已经成为贸易，尤其是国际贸易的一个重要环节。为货物在运输过程中可能遭受的各种自然灾害或意外事故造成的损失提供保险，不仅能够保障货主的经济利益，而且有利于商品交易和运输业的正常发展。

一、货物运输保险的特征

货物运输保险的特征主要体现在其保障对象、承保标的、承保风险、保险合同变更、保险期限和国际性六个方面。

（一）货物运输保险的保障对象具有多变性

货物运输保险的保障对象的多变性主要指的是被保险人的多变性。贸易活动中货物买卖的目的不仅是实现其使用价值，更重要的是实现货物的价值或货物的增值，这就决定了货物在运输过程中频繁易手，不断变换其所有人，从而必然会引起货物运输保险被保险人的不断变化。

（二）货物运输保险的承保标的具有流动性

货物运输保险承保的是流动中或运动状态下的货物，它不受固定地点的限制。

（三）货物运输保险的承保风险具有综合性

与一般财产保险相比，货物运输保险承保的风险范围远远超过一般财产保险承保的风险范围。从性质上看，既有财产和利益上的风险，又有责任上的风险；从范围上看，既有海上风险，又有陆上和空中风险；从风险种类上看，既有自然灾害和意外事故引起的客观风险，又有外来原因引起的主观风险；从形式上看，既有静止状态中的风险，又有流动状态中的风险。

（四）货物运输保险的保险合同变更具有自由性

由于运输中的货物面临的风险大小及出险概率的高低主要取决于承运人而非被保险人，所以货物运输保险的保险合同可以随着货物所有权的转移而自由转移，而无须事先征得保险人的同意。因而，在实践中货物运输保险的保险合同往往被视同提货单的附属物，随着提货单的转移而转移。

（五）货物运输保险的保险期限具有空间性

由于采取不同运输工具的货物运输途程具有不固定性，所以货物运输保险的保险期限通常不是采取一年期的定期制，而是以约定的运输途程为准，即将从起运地仓库至到达目的地仓库的整个运输过程作为一个保险责任期限。这一特征使得货物运输保险的保险期限具有空间性特征，因而，“仓至仓条款”是确定货物运输保险的保险责任期限的主要依据。

（六）货物运输保险的国际性

货物运输保险的国际性主要表现在其所涉及的地理范围超越了国家和区域界限。国际运输货物保险所涉及的保险关系人，不仅是本国的公民，而且包括不同国家和地区的贸易商、承运人、金融机构与货主等，因此由保险可能产生的纠纷的预防和解决，必须依赖于国际性法规和国际惯例。

根据不同的标准，我们可以将货物运输保险分为不同种类。按照运输工具和运输方式不同，可分为水上运输险、陆上货运险、航空运输险、邮包险、联运险；按照适用范围，可分为国内货物运输保险和海洋货物运输保险；按照保险人承担的责任，可以将海洋货物运输分为平安险、水渍险和一切险。此处仅介绍国内货物运输保险。

二、货物运输险的分类

按照不同的依据，货物运输保险按照运输方式不同，可以分为国内货运保险、海上货运保险和邮包保险；按照保险人承担责任的方式不同，可以分为货运基本险、货运综合险、货运一切险和附加险，其中除了附加险外，其他三种均可以单独承保而附加险必须附加于前三种保险之上；按照货物运输是否跨境，货物运输保险有可以分为国内货物运输保险和国际货物运输保险。国际上通常采用第一种分类方式，即按照货物运输方式来划分。

（一）国内货运保险

国内货运保险是以国内运输过程中的货物作为保险标的的保险。凡国内运输货物无论经铁路、公路、水路和空运均可称为本保险的保险标的。国内货运保险所承包的货物主要指商品性质的贸易货物，不包括蔬菜、水果、活牲畜、禽鱼类和其他动物。根据我国国内货运险条款规定，金银、珠宝、砖石、玉器、首饰、古币、古玩、古书、古画、邮票、艺术品等贵重财物，非经投保人与保险人特别约定，并在保单上载明，不在国内货运保险范围以内。

1. 国内货运保险按运输工具可以分为以下四类

（1）国内水路货物运输保险。承保沿海、内河水路运输的货物，分基本险和综合险两种。基本险承保货物在运输过程中因遭受自然灾害或意外事故造成的损失；综合险除承保基本险责任外还负责包装破裂、破碎、渗漏、盗窃和雨淋等危险。

（2）国内铁路货物运输保险。承保标的为国内经铁路运输的货物，分基本险和综合险两种。基本险承保货物在运输过程中因遭受自然灾害或意外事故造成的损失；综合险除承保基本险责任外还负责包装破裂、破碎、渗漏、盗窃、提货不着和雨淋等造成的损失。

（3）国内公路货物运输保险。保障范围包括自然灾害和意外事故，还综合承保雨淋、破碎、渗漏等危险。

（4）国内航空货物运输保险。保障范围包括自然灾害和意外事故，还综合承保雨淋、破碎、渗漏、盗窃和提货不着等危险。除此外还包括鲜、活易腐货物特约保险；国内沿海货物运输舱面特约保险。

2. 保险责任

我国货运保险责任分为基本险和综合险两种。

（1）基本险的保险责任。保险人负责赔偿保险货物遭受的下列损失：

①因火灾、爆炸、雷电、冰雹、暴雨、洪水、地震、海啸、地陷、崖崩、滑坡、泥石流所造成的损失。

②由于运输工具发生碰撞、搁浅、触礁、倾覆、沉没、出轨或隧道、码头坍塌所造成的损失。

③在装货、卸货或转载时，因遭受不属于包装质量不善或装卸人员违反操作规程所造成的损失。

④按国家规定或一般惯例应分摊的共同海损的费用。

⑤在发生上述灾害、事故时，因纷乱而造成货物的散失及因施救或保护货物所支付的直接、合理的费用。

（2）综合险的保险责任。保险人除承担基本险的责任外，还负责赔偿保险货物遭受的下列损失：

①因受震动、碰撞、挤压而造成破碎、弯曲、凹瘪、折断、开裂或包装破裂致使货物散失的损失。

②液体货物因受震动、碰撞或挤压致使所用容器（包括封口）损坏而渗漏的损失，或用液体保藏的货物因液体渗漏而造成保藏货物腐烂变质的损失。

③遭受盗窃或整件提货不着的损失。

④符合安全运输规定而遭受雨淋所致的损失。

3. 除外责任

货物运输保险的保险人对由于战争或军事行动、核事件或核爆炸、保险货物本身的缺陷或自然损耗，以及由于包装不善、被保险人的故意行为或过失造成的保险货物的损失不承担赔偿责任。另外，对于全程是公路运输货物的，因盗窃和整件提货不着而造成的损失也不承担赔偿责任。

（二）海上货运保险

海上货物运输保险是保险人以海上运输的货物为保险标的，当货物在运输过程中发生自然灾害和意外事故造成的经济损失时负赔偿责任的保险。

1. 海上货物险分类

海上运输保险分为基本险和附加险两类。

（1）基本险。海上货物运输基本险是购买海上货物运输保险时必须购买的险种，分为一般货物险和特别货物险。

一般货物险中又分成平安险、水渍险和一切险三种。特别货物险分为散装桐油险和冷藏货物险两种。在两类五个险种中，投保人必须根据货物特性和运输条件从中选定一种作为基本险。在此基础上，如果投保人愿意，可以选择一些附加险投保。没有投保基本险的保险合同无效。

①平安险。平安险的英文意思为“单独海损不赔”，属最基本的一个险种，一般都是旧的货物或者二手的货物才会保基本险。责任范围主要包括：

第一，被保货物在运输过程中，由于自然灾害造成整批货物的全部损失或推定全损。被保货物用驳船运往或远离海轮的，每一驳船所装货物可视为一整批。

第二，由于运输工具遭受意外事故造成货物全部或部分损失。

第三，在运输工具已经发生意外事故的前提下，货物在海上遭受自然灾害落海造成的全部分损失。

第四，在装卸或转运时，由于一件或数件货物落海造成的全部或部分损失。

第五，被保人对遭受承保范围内的货物采取抢救、防止或减少货损的措施而支付的合理费用，但以不超过该批被救货物的保险金额为限。

第六，运输工具遭难后，在避难港由于卸货所引起的损失，以及在中途港、避难港由于卸货、存仓及运送货物所产生的特别费用。

第七，共同海员的牺牲、分摊和救助费用。

第八，运输合同订有“船舶互撞责任条款”，根据该条款规定应由货方偿还船方的损失。

②水渍险。该险的责任范围除平安险的各项责任外，还负责被保货物由于自然灾害造成的部分损失。

③一切险。该险除包括水渍险的责任范围外，还负责赔偿被保险货物在运输途中由于外来原因所致的全部或部分损失。外来原因指偷窃、提货不着、淡水雨淋、短量、混杂、玷污、渗漏、串味异味、受潮受热、包装破裂、钩损、碰损破碎、锈损等。注意，一切险是最高险，责任范围最广。它除了平安险和水渍险的责任外，还包括保险标的在运输途中由于外来原因所造成的全部或部分损失。所谓外来原因系指一般附加险所承保的责任。所以，一切险实际上是平安险、水渍险和一般附加险的总和。

（2）附加险。附加险是基本险责任的扩大和补充，它不能单独投保。附加险分为一般附加险和特殊附加险。

一切险范围内的附加险有：偷窃险；提货不着险；淡水雨淋险；短量险；渗漏险；混杂、玷污险；碰损、破碎险；串味险；受潮受热险；钩损险；包装破裂险；锈损险。承保了一切险，对其中任何一种附加险都是负责的。

特殊附加险，指战争险和罢工险、交货不到险、进口关税险、舱面险、卖方利益险、港澳存仓火险、舱面险、拒收险、黄曲霉素险等。

2. 除外责任

除外责任指保险不予负责的损失或费用，一般都有属非意外的、非偶然性的或须特约承保的风险。例如，为了明确保险人承保海运保险的责任范围，中国人民保险公司《海洋运输货物保险条款》中对海运基本险别的除外责任有下列五项：

（1）被保险人的故意行为或过失所造成的损失；

（2）各地发货人责任所引起的损失；

（3）在保险责任开始前，被保险货物已存在的品质不良或数量短差所造成的损失；

（4）被保险货物的自然损耗、本质缺陷、特性及市场跌落、运输延迟所引起的损失和费用；

（5）战争险和罢工险条款规定的责任及其险外责任。

空运、陆运、邮运保险的除外责任与海运基本险别的险外责任基本相同。

3. 保险期限

保险人承保海上货物运输保险的责任期限，在国际上通常都按照“仓至仓条款”的规定办理。仓至仓条款，即保险责任自被保险货物远离保险单所载明的起运地发货人仓库或储存处所开始生效，包括正常运输过程中的海上、陆上、内河和驳船运输在内，直至该项货物到达保险单所载明目的地收货人的仓库为止，但最长不超过被保险货物卸离海轮后 60 天。一般附加险均已包括在一切险的责任范围内，凡已投保海运保险一切险的就无需加保任何一般附加险，但应当说明海运保险一切险并非一切风险造成的损失均予负责。特殊附加险的海运战争险的承保责任范围包括由于战争、类似战争行为和敌对行为、武装冲突或海盗行为，以及由此引起的捕获、拘留、扣留、禁制、扣押所造成的损失；或者各种常规武器（包括水雷、鱼雷、炸弹）所造成的损失；以及由于上述原因引起的共同海损牺牲、分摊和救助费用。但对原子弹、氢弹等热核武器所造成的损失不负赔偿责任。战争险的保险责任期限以水面危险为限，即自货物在起运港装上海轮或驳船时开始，直到目的港卸离海轮或驳船时为止；如不卸离海轮或驳船，则从海轮到达到目的港的当天午夜起算满 15 天，保险责任自行终止。保险条款还规定，在投保战争险前提下，加保罢工险不另收费。

课堂讨论 2

某公司出口苦杏仁 100 箱，保险金额 6 万，因海上自然灾害货物全部受损。请问，保险公司是否要全部赔付？

任务四　工程保险

学习重点

» 建筑工程保险的承包范围

» 安装工程保险的费率

» 科技工程保险的主要险种

学习难点

» 工程保险的适用范围

工程保险是针对工程项目在建设过程中可能出现的自然灾害和意外事故而造成的物质损失和依法应对第三者的人身伤亡和财产损失承担的经济赔偿责任，提供保障的一种综合性财产保险。工程保险主要分为建筑工程保险和安装工程保险这两大险种。但进入20世纪后，各种科技工程发展迅速，亦成为工程保险市场日益重要的业务来源。

一、建筑工程保险

建筑工程保险，简称建工险，承保各类以土木建筑为主体的民用、工业用和公共事业用的工程在整个建筑期间因自然灾害和意外事故造成的物资损失，以及被保险人依法应承担的第三者人身伤亡或财产损失的民事损害赔偿责任。建筑工程保险是在火灾保险、意外伤害保险及责任保险的基础上逐步演变而成的一种综合性保险。

（一）承保范围

建筑工程保险的保险标的范围广泛，既有物质财产部分，也有第三者责任部分。为方便确定保险金额，在建筑工程保险单明细表中列出的保险项目通常包括如下几个部分。

1. 物质财产保险责任

包括建筑工程本身；工程所有人提供的物质资料和项目；安装工程项目；建筑用机器、装置及设备；工地内现成的建筑物；场地清理费；所有人或承包人在工地上的其他财产。

2. 第三者责任

建筑工程险的第三者责任指被保险人在工程保险期限内因发生保险事故造成工地内及邻近区域的第三者人身伤害或财产损失依法应付的赔偿责任。

3. 特种风险赔偿

特种风险赔偿是指对保险单上列明的地震、洪水等特种风险造成的各项物质损失的赔偿。一般而言，保险人为了控制建筑工程中的巨灾风险，通常对保单中列明的特种风险单独规定赔偿限额，无论保险期间发生一次或多次保险事故，保险人的赔偿均不得超过该限额。

（二）保险责任

建筑工程保险的保险责任可以分为物质部分的保险责任和第三者责任两大部分。其中，物质部分的保险责任主要有保险单上列明的各种自然灾害和意外事故，例如，洪水、风暴、水灾、暴雨、地陷、冰雹、雷电、火灾、爆炸等多项，同时还承保盗窃、工人或技术人员过失等人为风险，并可以在基本保险责任项下附加特别保险条款，以利被保险人全面转嫁自己的风险。不过，对于错误设计引起的损失、费用或责任，换置、修理或矫正标的本身原材料缺陷或工艺不善所支付的费用，引起的机械或电器装置的损坏或建筑用机器、设备损坏，以及停工引起的损失等，保险人不负责任。被保险人所有或使用的车辆、船舶、飞机、摩托车等交通运输工具，亦需要另行投保相关运输工具保险。

与一般财产保险不同的是，建筑工程保险采用的是工期保险单，即保险责任的起讫通常以建筑工程的开工到竣工为期。保险人承担的赔偿责任则根据受损项目分项处理，并适用于各项目的保险金额或赔偿限额。如保险损失为第三者引起，适用于权益转让原则，保险人可依法行使代位追偿权。

（三）保险金额

建筑工程的保险金额为承保合同的总金额，即该建筑工程的实际造价，包括设计费、材料费、材料设备费、运杂费、施工费、税款及其他有关费用。

建筑工程费率如表 4-2 所示，各承保项目保险金额的确定如下。

表 4-2 建筑工程保险费率表

<table>
<tr><th>项目</th><th>费率幅度</th><th>厘定条件</th><th>备注</th></tr>
<tr><td>①住宅大楼
②综合性大楼
③饭店、酒店
④办公大楼
⑤医院、学校大楼
⑥仓库及普通工厂厂房</td><td>1.5‰～2.5‰</td><td>①无特种巨灾风险地区
②工期为三年以下（不含保证期）
③保险金额 USD2 000 万元以下、免赔额 USD1 500 元～USD2 500 元
保险金额 USD2 000 万元 USD5 000 万元、免赔额 USD2 500 元～USD4 000 元
保险金额 USD5 000 万元以上、免赔额 USD4 000 元～USD8 000 元
特大工程 USD1 亿元以上、免赔额 USD10 000 元以上</td><td></td></tr>
<tr><td>道路</td><td>1.5‰～2.5（普通）
4‰～7‰（高速、高等级）</td><td rowspan="4">①免赔额：一般风险：USD2 000 元～USD5 000 元特种风险：USD50 000 元～USD80 000 元
②地震、海啸风险赔偿限额：总保险金额的 60% ～ 80%</td><td rowspan="4">该部分项目通常保额较高，可根据当地不同的情况自行适当调整，如分标段承保，上述免赔可适当降低 20%</td></tr>
<tr><td>码头、水坝</td><td>3.5‰～6‰</td></tr>
<tr><td>隧道、桥梁、管道</td><td>4‰～8‰</td></tr>
<tr><td>机场（综合项目）</td><td>3‰～5.5‰</td></tr>
</table>

1. 建筑工程的保险金额为工程完工时的总造价

保险金额包括设计费、材料设备费、施工费、运杂费、保险费、税款及其他有关费用。一些大型建筑工程如果分若干个主体项目，也可以分项投保。如有临时工程，则应单独立项，注明临时工程部分和保险金额。

2. 业主提供的物料和项目

保险金额可按业主提供的清单，以财产的重置价值确定。

3. 建筑用机器设备

建筑用机器设备一般为承包商所有，不包括在建筑合同价格内，应单独投保。这部分财产一般应在清单上列明机器的名称、型号、制造厂家、出厂年份和保险金额。保险金额按重置价值确定，即按重新换置和原机器装置、设备相同的机器设备价格为保险金额。

4. 安装工程项目

若此项已包括在合同价格中，就不必另行投保，但要在保险单中注明。本项目的保险金额应按重置价值确定。应当注意的是，建筑工程保险承保的安装工程项目，其保险金额应不超过整个工程项目保险金额的 20%；如超过 20%，应按安装工程保险的费率计收保费；如超过 50%，则应单独投保安装工程保险。

5. 工地内现成的建筑物及业主或承包商的其他财产

这部分财产如需投保，应在保险单上分别列明，保险金额由保险人与被保险人双方协商确定，但最高不能超过其实际价值。

6. 场地清理费

场地清理费的保险金额应由保险人与被保险人共同协商确定。但一般大的工程不超过合同价格或工程概算价格的 5%，小工程不超过合同价格或工程概算价格的 10%。

二、安装工程险

安装工程保险，简称安工险，是专门承保新建、扩建或改建的工矿企业的机器设备或钢结构建筑物在整个安装、调试期间，由于除外责任以外的一切危险造成保险财产的物质损失、间接费用及安装期间造成的第三者财产损失，或人身伤亡而依法应由被保险人承担的经济赔偿责任。

（一）安装工程险的适用范围

安装工程一切险面向工程项目的业主、投资者和承包商，采用除外列明方式，为机器设备的安装和调试提供一切险保障，包括但不限于：火灾，爆炸，洪水，风暴，暴雨，雷电，飓风，暴风，地震，海啸。除此之外，还可承担业主或承包商依法必须承担的、由机器设备安装所造成的对第三者财产损坏或人员伤亡的赔偿。

安装工程一切险承保因保险合同责任免除以外的任何自然灾害或意外事故造成的物质损坏或灭失，以及与所承保工程直接相关的意外事故引起工地内及邻近区域的第三者人身伤亡、疾病或财产损失。

安装工程保险的可保标的，通常也包括物质损失、特种危险赔偿和第三者责任三个部分。其中，物质损失部分分为安装项目、土木建筑工程项目、场地清理费、承包人的机器设备、所有人或承包人在安装工地上的其他财产等五项，各项标的均需明确保险金额；特种危险赔偿和第三者责任保险项目与建筑工程保险相似。

（二）安装工程保险的费率

安装工程保险的费率主要有：（1）安装项目。对土木建筑工程、所有人或承包人在工地上的其他财产及清理费为一个总的费率，整个工期实行一次性费率。（2）试车为一个单独费率，是一次性费率。（3）保证期费率。实行整个保证期一次性费率。（4）各种附加保障增收费率。实行整个工期一次性费率。（5）安装、建筑用机器、装置及设备为单独的年费率。（6）第三者责任保险。实行整个工期一次性费率。

三、科技工程保险

（一）海洋石油

海洋石油开发保险面向的是现代海洋石油工业，它承保从勘探到建成、生产整个开发过程中的风险，海洋石油开发工程的所有人或承包人均可投保该险种。

该险种一般被划分为四个阶段：普查勘探阶段、钻探阶段、建设阶段、生产阶段。每一阶段均有若干具体的险种供投保人选择投保。每一阶段均以工期为保险责任起讫期。当前一阶段完成，并证明有石油或有开采价值时，后一阶段才得以延续，被保险人亦需要投保后一阶段保险。因此，海洋石油开发保险作为一项工程保险业务，是分阶段进行的。

该保险主要的险种有勘探作业工具保险、钻探设备保险、费用保险、责任保险、建筑安装工程保险。在承保、防损和理赔方面，均与其他工程保险业务具有相通性。

（二）卫星保险

卫星保险是以卫星为保险标的的科技工程保险，它属于航天工程保险范畴，包括发射前保险、发射保险和寿命保险，主要业务是卫星发射保险，即保险人承保卫星发射阶段的各种风险。卫星保险的投保与承保手续与其他工程保险并无区别。

（三）核电站保险

核电站保险以核电站及其责任风险为保险对象，是核能民用工业发展的必要风险保障措施，也是对其他各种保险均将核子风险除外不保的一种补充。

核电站保险的险种主要有财产损毁保险、核电站安装工程保险、核责任保险和核原料运输保险等，其中财产损毁保险与核责任保险是主要业务。

在保险经营方面，保险人一般按照核电站的选址勘测、建设、生产等不同阶段提供相应的保险，从而在总体上仍然具有工期性。当核电站正常运转后，则可以采用定期保险单承保。

课堂讨论 3

工程保险的分类与相关责任。

任务五 农业保险

学习重点

» 种植业保险的分类与职责

» 养殖业保险的分类与职责

学习难点

» 种植业保险与养殖业保险的标的差异

农业保险是保险人对被保险人在从事种植业和养殖业生产过程中，因遭受保险责任范围内的自然灾害或意外事故所受到的经济损失，提供经济补偿的一种保险。

农业保险在我国还处于起步状态，走的是商业性保险公司经营农业保险的道路。在实际业务中，我国将农业保险业务范围定位种植业保险和养殖业保险。

案例分析

为什么投保农业险？

澳大利亚曾遭遇过百年一遇的旱灾，当时澳洲内陆地区几乎没有降过雨，土地严重干旱，澳洲陷入了一个世纪以来最干旱的时期。许多农民不惜抛弃他们位于内地的财产和土地，背井离乡，另寻出路。这些农民对干涸开裂的土地丧失了信心，更令他们担忧的是，在干旱的气候下，越来越多的灌木丛火灾发生了。

在恶劣天气的肆虐下，许多农民家庭已经数年未获得任何收入，出现了难以维持生计的状况。越来越多的农民面对干裂的土地、即将饿死的牲畜和不断积累的债务等问题，在绝望中选择了自杀。

农业灾害也曾发生在我国的吉林省部分农村。村里的玉米地和稻田出现大面积的虫灾，几天就吃掉整片玉米地和稻田，每天清晨地里黑乎乎一片都是虫子，很多地块出现绝收，

一些农民冒着危险在田里打农药。农民家里虽有多亩地，但雇车费加上药费每亩地花了近 600 元，可即使这样也没办法完全抑制虫害，甚至出现村里一半以上的玉米地和稻田颗粒无收的情况。部分村民无法维持生计，只能离开家乡到城镇务工。

一、种植业保险

种植业保险是指以农作物及林木为保险标的，对在生产或初加工过程中发生约定的灾害事故造成的经济损失承担赔偿责任的保险。

（一）种植业保险分类

种植业保险一般分为农作物保险和林木保险两类。

1. 农作物保险

农作物保险又可具体分为生长期农作物保险和收获期农作物保险。

（1）生长期农作物保险。生长期农作物保险是以齐苗至收枝前处在生长过程中的农作物为保险标的的保险。目前，我国开办的生长期农作物保险有：小麦种植保险、水稻种植保险、玉米种植保险、棉花种植保险、烟叶种植保险、甘蔗种植保险等。

（2）收获期农作物保险。收获期农作物保险是承保农作物收获后在进行晾晒、轧打、脱粒和烘烤加工过程中遭受水灾、洪水、暴风雨等灾害而造成农作物产品损失的一种保险，如麦场火灾保险、夏粮火灾保险、烤烟水灾保险等。

2. 林木保险

林木保险的保险标的主要是指森林保险和经济林园林苗圃保险两大类。原始林或自然林不属于保险标的范围。

（二）种植业保险责任

种植业保险合同的保险责任，视保险标的的不同而各有特点，但是，可以按其责任范围分为单一责任保险、混合责任保险和一切险责任保险。目前我国提倡承保单一责任保险。

（1）单一责任保险是指承保农作物的一种风险责任的保险合同。例如，麦场火灾保险合同的保险责任限于火灾、西瓜雹灾保险合同则只承保雹灾。

（2）混合责任保险是指承保农作物的两种以上（包括两种）风险责任的保险合同。不过，混合责任保险一般是在保险合同列明的风险范围内承担保险责任，并非农作物的所有风险，故区别于一切险责任保险。例如，大白菜保险合同的保险责任包括冰雹、暴风、暴雨；而棉花种植保险合同则承保了冰雹、洪水、雷击、龙卷风、台风、暴风和暴雨。

（3）一切险责任保险是指承保农作物的一切风险责任的保险合同，即保险人对所有自然灾害和病虫害造成的农作物损失承担赔偿责任。例如，大豆作物保险合同承保了由于火灾、水灾、旱灾、风灾、雹灾、霜灾、冻灾、虫害、病害、飞禽害、野兽害及其他人力不可抗拒的自然灾害所致农作物的损失。

（三）除外责任

种植业保险合同的除外责任，一般包括：战争、军事行动、国家征用、被保险人经营管理不善和故意行为、欺骗行为、间作套种非保险标的的农作物、毁种复播、盗窃、毁坏等造成的损失。具体的应以保险合同的约定为准。

对于生长期农作物保险合同来说，种植业保险合同的保险责任期限，是保险标的每年的一个生长期，从播种开始至收获完毕。而收获期农作物保险合同则从收获时起至加工完毕并入库时止为保险责任期间。

（四）保险金额

种植业保险合同承保的农作物多存在于生长过程之中，处于不断增值的状态，从而，确定种植业保险合同的保险金额就较为困难。在农业保险实践中，一般有两种确定保险金额的方法。

（1）按农作物的一般产量确定保险金额。具体做法是以一定期间（如近三年或五年）的平均年产量作为根据，运用抵赖承保的方法，取其一定比例的部分为该种植业保险合同的保险金额。这一比例在我国的农业保险一般为60%～80%。

（2）按农作物的生产成本确定保险金额。具体做法是以农业生产者为种植农作物所投入的种子、肥料、农药、人力、畜力、动力等生产费用作为根据来确定保险金额。

二、养殖业保险

养殖业保险是指以各种畜禽和水产动物为主要对象的保险。它包括牲畜保险、家畜家禽保险、水产养殖保险、特种养殖保险。

养殖业保险合同具体分为牲畜保险合同、家畜家禽保险合同和水产养殖保险合同三种。

（一）保险标的

（1）牲畜保险以各种役用（马、骡、驴、骆驼、耕牛等）、肉用（肉牛），乳用（奶牛）、种用（种马、种牛、种驴）等大牲畜作为保险标的。

（2）家畜家禽保险以商品化生产的家畜（猪、羊、兔、鹿、貂等）或家禽（鸡、鸭、鹅、蜂、蚕、鸽等）作为保险标的。

（3）水产养殖保险以各种商品化养殖的水产品（包括淡水、海水养殖的鱼类、虾类、贝类、蟹类、藻类等）作为保险标的。我国保险公司目前开办的主要险别有养鱼保险合同、对虾养殖保险合同、河蚌养殖保险合同、珍珠养殖保险合同、海带养殖保险合同、扇贝养殖保险合同等。

（二）保险责任

自然灾害造成死亡或灭失损失；意外事故造成的死亡损失；疾病造成的死亡损失。

（三）除外责任

（1）不正当的使役、盲目医疗及故意行为造成的损失。

（2）市场价格变动造成的损失。
（3）被盗走或走失所造成的损失。
（4）战争、军事行动、暴乱所造成的损失。
（5）不采纳保险人提出的安全整改措施所造成的损失。
（6）保险责任以外的灾害所致损失。

课堂讨论 4

种植业保险和养殖业保险在保险标的上有何区别？

任务六　责任保险

学习重点

» 责任保险的概念及分类
» 产品责任保险、公众责任保险的职责范围
» 雇主责任保险、职业责任保险的职责范围

学习难点

» 雇主责任保险、职业责任保险的职责范围及赔偿

一、责任保险概述

（一）责任保险的定义

责任保险是以被保险人依法或依契约应对第三者承担的经济赔偿责任为保险标的的一种保险。责任保险属于广义的财产保险范畴，是处理法律风险的一种赔偿性保险。不论企业、团体、家庭或个人在进行各项生产、业务活动或日常生活中，由于疏忽、过失等行为造成他人的损害，根据法律或契约，应对受害人承担经济赔偿责任的都可以在投保相关责任保险后，将其面临的责任风险转嫁给保险公司。

（二）责任保险的承保方式

责任保险的承保方式主要有两种：一种是以单独的责任保险方式签发专门的保险单来承保；另一种是将责任保险作为各种损失赔偿保险的组成部分或将其作为附加险来承保，不签发专门的责任保险单。

（三）责任保险的赔偿对象

责任保险的直接赔偿对象是被保险人，间接赔偿对象是第三者，即受害人当保险事故发生后，受害人有权向被保险人索赔，被保险人有权向保险人索赔。保险人对被保险

人的赔偿就是间接地保护受害人的利益。

（四）责任保险的赔偿范围

责任保险的赔偿范围一般包括两个方面：第一，保险人负责赔偿被保险人因对第三者造成的人身伤害和财产损失而依法应承担的赔偿责任，但是保险人只对第三者财产的直接损失负责赔偿，对于间接损失一般不予负责。第三者的人身伤害的赔偿范围一般包括丧葬费、残疾与医疗费用等。第二，对于因赔偿纠纷引起的诉讼、律师费用及其他事先经保险人同意支付的费用，保险人也予以承担，但最高赔偿责任不超过保单上所规定的每次事故的赔偿限额或累计赔偿限额。

（五）责任保险的赔偿限额

由于责任保险标的的特殊性，双方当事人只能约定一个赔偿限额作为保险人赔偿责任的最高限定。责任保险的赔偿限额通常有以下几种类型：

（1）规定每次责任事故或同一原因引起的一系列责任事故的赔偿限额。该赔偿限额又可以分为财产损失赔偿限额和人身伤害赔偿限额。

（2）规定保险期内累计赔偿限额。该赔偿限额又可以分为累计的财产损失赔偿限额和累计的人身伤害赔偿限额。

（3）规定财产损失和人身伤害合并赔偿限额。在某些情况下，保险人也将财产损失赔偿限额和人身伤害赔偿限额合成一个赔偿限额，或者只规定每次事故和同一原因引起的一系列责任事故的赔偿限额而不规定累计赔偿限额。

（4）规定免赔额。在责任保险的经营实践中，保险人除通过赔偿限额来明确自身的承保责任外，通常还采用免赔额的规定，促使被保险人谨慎行事。一般责任保险的先赔额采用绝对免赔额的形式，且只适用于对财产损失的赔偿。

责任保险可以单独承保，也可以作为其他财产保险的附加险承保。可以单独承保的责任保险主要有：公众责任保险、产品责任保险、雇主责任保险和职业责任保险。

二、产品责任保险

产品责任保险承保被保险人所生产、销售、修理的产品发生事故，造成该产品的用户、消费者或其他任何人的财产损失或人身伤害，依法应由被保险人承担的经济赔偿责任。

（一）保险责任范围

在本保险有效期内，由于被保险人所生产、出售的产品或商品在承保区域内发生事故，依法应由被保险人负责时，本公司根据本保险单的规定，在约定的赔偿限额内负责赔偿。

被保险人由于上述事故所支付的诉讼费用及经本公司书面同意负责的诉讼及其他费用，保险人也负责赔偿。

（二）除外责任

（1）被保险人根据与他人的协议应承担的责任，但即使没有这种协议，被保险人仍应承担的责任不在此限；

（2）根据劳动法应由被保险人承担的责任；

（3）据雇佣关系应由被保险人对雇员所承担的责任；

（4）保险产品本身的损失；

（5）产品退、换、回收的损失；

（6）被保险人所有、保管或控制的财产损失；

（7）被保险人故意违法生产、出售的产品或商品造成任何人的人身伤害、疾病、死亡或财产损失；

（8）保险产品造成的大气、土地及水污染，以及其他各种污染所引起的责任；

（9）保险产品造成对飞机或轮船的损害责任；

（10）由于战争、类似战争行为、敌对行为、武装冲突、恐怖活动、谋反、政变直接或间接引起的任何后果所致的责任；

（11）由于罢工、暴动、民众骚乱或恶意行为直接或间接引起的任何后果所致的责任；

（12）由于核裂变、核聚变、核武器、核材料、核辐射及放射性污染所引起的直接或间接的责任；

（13）罚款、罚金、惩罚性赔款；

（14）保险单明细表或有关条款中规定的应由被保险人自行负担的免赔额。

产品责任保险的保险期限通常为一年，期满可以续保，其承保基础是期内发生式，即以保险事故发生为基础，只要事故发生在保险期限内，无论何时索赔，保险人均予以赔付。而与之相对的期内索赔式则是以索赔为基础，即不论事故发生在何时，只要索赔发生在保险期限内，保险人即予以赔偿。大多数财产保险都采用期内发生式。

案例分析

2019 年 8 月 24 日，韩国知名手机论坛发布了多张疑似三星 Galaxy Note7 手机爆炸的图片。截至 9 月初，全球至少爆出 35 起三星 Galaxy Note7 手机爆炸的起火报告。9 月 2 日，韩国三星电子在首尔举行新闻发布会，称将召回全球范围内发售的 Galaxy Note7 智能手机，并要求已经发售 Galaxy Note7 的市场停止销售，其中包括美国、韩国等 10 个国家和地区，而中国市场却被排除在外。三星的 note7 爆炸风波未消，苹果 7 也开始了“爆炸模式”。网上爆料了 iphone7 被炸成两半，且一名男子受伤的新闻。截至 2019 年 10 月 11 日，中青舆情监测室监测到有关三星、苹果手机爆炸的相关舆情信息共计 246 497 篇，其中新闻 57 004 篇，APP 新闻 22 070 篇，论坛 22 053 条，纸媒 816 篇，微博（原文 26 132 条、转发 52 309 条），微信 41 266 篇，博客 8 829 篇，视频 2 160 条，外媒 4 656 篇，其他 9 202 条。

请讨论：若手机制造商已经投保了产品责任险，那手机的爆炸是否属于产品责任的范畴？

三、公众责任险

公众责任险又称“普通责任保险”，承保被保险人在固定场所进行生产、经营或其他活动时，因发生意外事故而造成的他人财产损失或人身伤亡，依法应由被保险人承担的经济赔偿责任。

（一）公众责任保险的适用范围

公众责任保险的适用范围非常广泛，其业务复杂，种类很多。主要包括：场所责任保险、承包人责任保险和个人责任保险等。其中，场所责任保险主要承保私人住宅及个人在日常生活中所造成的损害赔偿责任，是公众责任保险的主要业务来源：承包人责任保险承保的是各种建筑工程、安装工程、装卸作业和各类加工的承包人在进行承包合同项下的工程或其他作业时所造成的损害赔偿责任。个人责任保险主要承保私人住宅及个人在日常生活中所造成的损害赔偿责任。任何个人或家庭都可以将自己或自己的所有物可能造成损害他人利益的责任风险通过投保个人责任险而转嫁给保险人。

（二）公众责任保险的投保人和被保险人

公众责任保险的投保人可以是被保险人，但被保险人却不一定是投保人，还可以是其他人。例如，公民、企事业单位、机关团体等，为其本身在业务活动或日常生活中的意外事故造成第三者的人身伤亡或财产损失的责任投保公众责任保险，即为被保险人。

（三）公众责任保险的承保基础

公众责任保险多以“期内发生式”为承保基础。如果责任事故发生和导致损害事实之间有一段相隔的时间，只要责任事故发生时间是在保单有效期间内，即使财产损失或人身伤害是在保单终止日期之后发现的，保险人仍需承担赔偿责任。

（四）公众责任保险的赔偿

公众责任保险赔偿限额的规定主要有三种：一是规定每次事故的赔偿限额，无分项、无累计；二是规定保单的累计赔偿限额；三是规定免赔额。我国的公众责任保险仅对财产损失责任的赔偿规定免赔额，对人身伤害责任的赔偿并无免赔额的规定。

案 例 分 析

某市政公司丁2019年5月向保险公司投保了公众责任保险，保险责任是其施工过程中的过失造成他人的人身伤害或财产损失的赔偿责任，赔偿限额为每起事故10 000

元。同年10月2日，该公司一队工人在维修路边窨井时因下大雨跑回施工棚，忘记在井边设立标志，也未盖好窨井盖子。傍晚时分，雨还在下，一行人骑自行车经过此地时跌入井中受伤，并受感染而死。受害人家属向该市人民法院起诉要求市政公司承担损害赔偿责任。

你认为保险公司是否应承担赔偿责任？赔偿多少？如果保险公司未按规定赔偿，受害人该怎么办？

四、雇主责任保险

雇主责任保险承保被保险人（即雇主）所雇用的员工在受雇期间从事保险单所载明的与被保险人的业务有关的工作时，因遭受意外事故而受伤、残疾、死亡，或患有与职业有关的职业性疾病，根据法律或雇用合同应由被保险人承担的经济赔偿责任。

（一）雇主责任保险的保险标的

雇主责任保险的保险标的是根据雇用合同或有关劳工赔偿法规，雇主对其所应用的员工在受雇期间因遭受意外事故而受伤、残疾或因患有与业务有关的职业性疾病，导致伤残或死亡时应承担的经济赔偿责任。

（二）雇主责任保险的适用范围

各类企业及机关事业单位，对其职工在工作中发生的死亡、伤残、疾病等事故均有依法或依据雇用合同负责赔偿的义务，故都适宜投保雇主责任保险。

（三）雇主责任保险的赔偿

雇主责任保险的赔偿额度分为死亡和伤残两种。死亡赔偿的限额为保单规定的最高赔偿额度。伤残赔偿则有三种情况：永久丧失全部工作能力的按保单规定的最高赔偿额度办理；永久丧失部分工作能力的，据受伤部位及受伤程度，参照保单所规定的赔偿比例乘以保单规定的赔偿额度确定；暂时丧失工作能力超过5天的，经医生证明，按被雇用人员的工资给予赔偿。

对上述各项总的赔偿金额，各国的规定不一，由于我国目前没有法律规定的赔偿标准，一般由被保险人根据雇用合同的要求，以雇员若干个月的工资制定赔偿限额，但最高不超过保单规定的赔偿限额。

（四）雇主责任保险与劳动保险的区别

（1）雇主责任保险属于商业保险，劳动保险属于社会保险。

（2）雇主责任保险承保的是因雇主未能尽其法定义务，即因为过失或疏忽而产生的经济赔偿责任；劳动保险虽然也承保雇员遭受人身伤亡或疾病时的雇主赔偿责任，但不考虑雇主有无过失。

（3）劳动保险负责雇主对雇员在受雇期间任何时间、任何地点遭受的人身伤亡和疾病的赔偿责任，以严格责任为划分原则。雇主责任保险由雇主支付保险费。劳动保险常常由政府、雇主和雇员共担保险费。雇主责任保险的赔偿金交给雇主，劳动保险的赔偿金直接交给受伤雇员（或由法院交给雇员）。

（五）雇主责任保险的附加责任

我国雇主责任保险有两项附加责任，即附加医疗费和第三者责任保险。

（1）附加医疗费保险承保雇员在保险有效期内，因患职业病之外的疾病（包括传染病、分娩、流产）所需的医疗费用，包括治疗、医药、手术、住院费用。除另有约定外，一般只限于在国内的医院或诊疗所治疗，并凭其出具的单证赔付。不论一次或多次赔偿，医疗费的最高赔偿金额每人累计以不超过附加医药费保险的金额为限。

（2）附加第三者责任险是对被雇用人员在保险期限内，从事保险单所载明的与被保险人的业务有关的工作时，由于意外或疏忽，造成第三者人身伤亡或财产损失及所引起的对第三者的抚恤、医疗费和赔偿费用，依法应由被保险人赔付的金额，保险人负责赔偿。第三者责任险的最高赔偿金额以保险单列明的最高赔偿金额为限。

案例分析

2019 年 4 月 17 日，被告张某雇请原告刘某为其农田进行施肥。当天，原告刘某施肥作业结束后在被告张某家中吃晚饭，刘某在晚餐过程中饮用过米酒。晚饭后，张某驾驶两轮摩托车送刘某回家，在行驶过程中由于意外发生交通事故，致使刘某身体受到伤害，后刘某到市某医院就诊，伤情经市司法鉴定中心鉴定，结论为交通事故致刘某右胫骨下段骨折、右跟骨骨折，评定为九级伤残。刘某在医院治疗期间，被告张某在支付医药费 5 000 元后就拒绝继续支付费用，后刘某多次找被告协商要求赔偿未果，遂一纸诉状将张某诉至法院，要求张某赔偿原告医疗费、误工费、残疾赔偿金等经济损失共计 30 000 元。被告张某则坚持刘某的伤情系因刘某神志不清将脚伸进车轮造成，自己不应承担赔偿责任。

问：张某是否应负责赔偿刘某的损失？

（六）雇主责任险的责任免除

雇主责任保险通常规定以下责任免除：战争、类似战争行为、叛乱、罢工、暴动或由核子辐射所致的被雇用人员伤残或疾病；被雇用人员由于疾病、传染病、分娩、流产，以及因这些疾病而施行内外科治疗手术所致的伤残或死亡；由于被雇用人员自加伤害、自杀、犯罪行为、酗酒及无照驾驶各种机动车辆所致的伤残或死亡；被保险人的故意行为或重大过失；被保险人对其承包商雇用的员工的责任。

五、职业责任保险

职业责任保险承保各种专业技术人员由于工作上的疏忽或过失造成合同对方或他人的财产损失或人身伤害的经济赔偿责任。

（一）职业责任保险的特征

（1）职业责任保险赔偿多是第三人的经济损失，而不是身体伤害或财产损失（除医疗责任保险等少数外）；

（2）承保的是被保险人的疏忽、过失造成的委托人或第三人的赔偿责任，而不是因意外事故造成的赔偿责任；

（3）风险较高，多采用期内索赔制承保；

（4）投保的目的除了转嫁风险之外，更多的是以此提高自身信誉、增强竞争力的手段。

（二）职业责任保险的种类

（1）按被保险人从事的职业来分，可分为会计师职业责任保险、律师职业责任保险、医疗师职业责任保险、公证职业责任保险、董事和高级职员责任保险、建筑工程监理责任保险等；

（2）按被保险人从事职业的性质来分，可分为适用于与身体接触的专业人员、适用于与身体没有接触的专业人员；

（3）按承保方式来分，可分为期内索赔式、期内发生式；

（4）按照投保人的主体性质分，可以划分为普通职业责任保险和个人职业责任保险。

（三）职业责任保险的保险责任

（1）被保险人在开展业务时，因过失未能履行委托合同中约定的义务而给委托人或者第三者造成经济损失，依法应当由被保险人承担赔偿责任时，保险人根据保险单的约定负责赔偿；

（2）事先经保险人书面同意的诉讼费用及其他必要的、合理的费用；

（3）保单中一般规定每次事故赔偿限额及累计赔偿限额。

（四）除外责任

（1）因被保险人不诚实、欺诈或犯罪行为引起的索赔；

（2）因文件灭失或损失引起的索赔；

（3）不属于职业责任范围的个人责任引起的索赔；

（4）被保险人故意行为引起的责任。

（五）职业责任保险的赔偿

职业责任保险保单的赔偿限额一般为累计的赔偿限额，而不规定每次事故的限额，但也有些承保人采用规定每次索赔或每次事故限额的方法。法律诉讼费用一般在赔偿限额以外赔付。若被保险人对第三者的赔偿金额超过保险单规定的赔偿限额，则法律诉讼费用按赔偿金额与赔偿限额的比例分摊。

拓展阅读

审计师职业责任

深陷“科龙门”的德勤会计事务所，3 月 29 日被科龙电器公司的一位股东告上法庭。诉状称，2014 年 4 月 19 日，被告对科龙电器 2013 年年报出具了无保留意见的审计报告。原告于 2014 年 11 月 11 日、2015 年 3 月 23 日，分别买入科龙电器 100 股，成交价格为 5.02 元 / 股、3.81 元 / 股。但 2015 年 8 月 2 日，中国证监会对外公布：科龙电器披露的财务报告与事实严重不符。原告这才知晓科龙 2013 年年报不真实，被告作为审计机构，却对此出具了无保留意见的审计报告。被告的行为违反了注册会计师法第 21 条及证券法第 173 条等法律规定。按照注册会计师法第 42 条，应当承担赔偿责任。原告提出了三项诉讼请求：第一，判令被告（德勤华永会计师事务所有限公司）在中国证监会指定的信息披露媒体上向原告赔礼道歉；第二，判令被告向原告赔偿因被告违反注册会计师法而给原告造成的损失 495 元；第三，判令本案的诉讼费用由被告承担。（摘自新浪网 2016 年 3 月 29 日）

课后练习

一、判断题

1. 财产保险是以有形财产为保险标的的保险。（　　）
2. 责任保险偏向于狭义的财产保险。（　　）
3. 家庭财产保险与家庭财产两全保险是两种不同性质的保险。（　　）
4. 家庭财产两全保险有经济补偿和到期还本的双重性质。（　　）
5. 财产保险承保自然灾害和意外事故引起的保险标的的损失，包括物质的直按损失和合理的费用。（　　）
6. 在我国，船舶保险的“碰撞”仅限于船与船之间在水上的碰撞。（　　）
7. 飞机保险通常没有免赔额的规定。（　　）

二、案例解析

罗某投保人身意外伤害险，保险金额 10 万元。他在保险期内不幸遭受三次意外事故。第一次事故中，造成他一目失明，保险公司按合同约定支付保险金 5 万元；第二次事故中，他被折断一指，保险公司又按合同约定支付保险金 1 万元；第三次事故中，他丧失左腿。现保险公司应如何履行给付责任？

项目五 人身保险

知识目标

- 了解人身保险、人寿保险、人身意外伤害保险、健康保险的概念。
- 熟悉人身保险、人寿保险、人身意外伤害保险、健康保险的特征。
- 理解人身保险、人寿保险、人身意外伤害保险、健康保险的种类。

能力目标

- 能运用人身保险的相关知识进行案例分析。

情景导入

2012年4月，小佳与福建某保险公司签订了人身保险合同。合同约定：小佳向该保险公司投保某款终身寿险，被保险人也是小佳，基本保险金额为10万元。在保险期间，若小佳因意外伤害身故或因疾病身故，保险公司将按她身故之日的保险金额给付身故保险金；她自保险合同生效之日起两年内自杀的，保险公司不承担给付保险金的责任。

合同签订后，小佳依约缴纳了保险费。2012年6月11日晚，她被人发现死于湖北省监利县的某宿舍院内。经监利县公安局的法医学尸体检验，鉴定为“小佳系高处坠落死亡”。就在小佳死亡前一周，她刚被监利县医院确诊为抑郁症。小佳死后，她的家属要求保险公司支付保险金。保险公司的理赔人员到现场勘查后发现，小佳坠落大楼的天台、楼层围栏均只有0.9米高，围栏未见毁损和塌方，非主动攀爬无法坠落大楼，由此推断出她不是意外身故。公安机关未对此事件立案侦查，可证明小佳非他杀身故，再结合她死前患有抑郁症，因而推定出她为自杀身亡，由此拒赔。

无奈之下，小佳的家属只得将保险公司告上法庭。一审法院经审理认为，小佳的家属没有证据表明小佳“高坠死亡”为意外伤害导致的死亡结果，因而她的死亡不属于本案保险理赔范围，遂驳回小佳的家属的诉请。小佳的家属不服，提起上诉。

人身保险是商业保险的重要组成部分，人身保险的发展状况可以表明一个国家保险业的发展水平。随着经济的发展，越来越多的人购买人身保险。本模块主要介绍普通人身保险、人寿保险、人身意外伤害险和健康保险的理论和实务。

任务一 人身保险

学习重点

- 人身保险的概念、特征
- 人身保险的常用条款

学习难点

- 人身保险的种类

一、人身危险与人身保险

（一）人身危险的概念

人身危险是指人的身体或生命遭受损害的危险。人身危险可划分为两类：生命危险和健康危险。

生命危险是与人的生存与否有关的危险，包括早逝危险和老年危险。早逝危险是指死亡发生时还有其他人依赖死者收入的危险。老年危险是指退休时没有积蓄或没有足够积蓄来满足退休期间的个人或家庭生活费用之需的危险，即所谓“寿命太长”的危险。

健康危险包括疾病危险和残疾危险，其对个人和家庭的经济影响表现在两个方面：医疗费用危险和收入损失危险。

疾病危险分为广义疾病危险和狭义疾病危险两个层次。前者指人体内部患病的危险，后者指除前者外，生育和意外事故等引起的人身危险。残疾危险是由于疾病或伤害事故带来的人体机体损伤、组织器官缺损或功能障碍的危险。

（二）人身保险的定义

人身保险是以人的寿命和身体为保险标的的一种保险。人身保险的投保人按照保单约定向保险人缴纳保险费，当被保险人在合同期限内发生死亡、伤残、疾病等保险事故或达到人身保险合同约定的年龄、期限时，由保险人依照合同约定承担给付保险金的责任。

人身保险的保险标的是人的生命和身体。当作为保险保障的对象时，生命是以生存和死亡两种状态存在的，身体是以人的健康和生理机能及劳动能力等的程度来表现。

人身保险的保险金额由保险双方当事人在保险合同定立时按照投保方的需求度和可能性相一致的原则协商确定。

人身保险的保险责任包括生、老、病、死、残、伤等各个方面。

人身保险合同的履行除了个别情况外，由于标的的无价性，一般不能称为补偿或赔付，而是给付。除医疗等伤害性保险外，一般不存在重复保险、超额赔付、代位求偿等问题。人身保险承保的责任涵盖了人生历程中几乎所有可能遭遇的危险。同时，这些危险集合存在内在规律性，其发生率可以测度。

（三）人身危险与人身保险的关系

从保险业的发展初衷可以看出，危险与保险有着非常密切的关系。

1. 人身危险对人身保险的影响

人身危险是人身保险产生和发展的前提。人身危险无处不在，时时威胁着人类的生命安全，从而构成了人身保险关系的前提和基础。其次，人身危险的发展是人身保险发展的客观依据。随着人身危险因社会经济发展和科学技术进步而不断变化，人身保险业也不断根据形势变迁，设计出新险种，开发新业务，最终使人身保险获得持续发展。

2. 人身保险对人身危险管理的影响

人身保险是人身危险管理中传统有效的危险财务转移手段，人们通过人身保险将自行承担的人身危险损失转嫁给保险人，以小额的固定保费支出来换取对未来不确定的、巨大危险损失的经济保障，使人身危险的损害后果得以减轻或消化。而且，保险人作为与各种危险打交道的专业部门，不仅具有丰富的危险管理经验，处理危险及其损失具有必然性和高效性；通过积极参与防灾防损及督促被保险人加强防灾防损，直接有效地化解了某些危险。

3. 互制与互促关系

一方面，人身保险经营属于商业交易行为，其经营过程同样存在着风险，需要危险管理技术来控制。保险经营效益要受到危险管理技术的制约，而且保险所承保危险的识别、衡量和处理也要受到危险管理技术的制约。另一方面，人身保险的发展与人身危险管理的发展又相互促进。保险人丰富的危险管理经验，可使人们更好地了解危险，及早发现潜在的人身危险，以便选择最佳的危险对策，从而促进被保险人的危险管理，完善了危险管理的实践，促进了危险管理的发展；而被保险人危险管理的加强和完善，也会促进保险业的健康、稳定发展。

（四）可保人身危险的条件

人身保险是人身危险管理中转嫁危险的一种手段。但在人身保险发展过程中，如果保险人不加选择地满足各种人身危险转嫁的要求，就可能使自己陷入危险的境地。因此，保险人通常将危险划分为可保危险与不可保危险，其中可保危险才是保险客户可以转嫁和保险人可以接受承保的危险。具体来说，可保人身危险必须具备下述基本条件。

1. 人身危险的发生是偶然的、意外的

危险的发生是偶然的、意外的。危险的发生与损失程度是不可知的，具有随机性，这是因为可预知的风险往往带有必然性；危险的发生是由不可预料的事件所导致或由被保险人非故意引发的事件所导致，否则可导致道德风险。

2. 人身危险损失必须是明确的

对于大多数险种而言，可保损失在时间和金额上都要求是可以明确界定的，也就是说，保险人必须明确规定保险金额和保险金的给付时间。死亡、疾病、残疾和年老等状态通常是易于识别的，但由此所导致的经济损失却难以用金钱来衡量。

3. 大量标的均有遭受损失的可能

保险是以大数法则作为保险人建立保险基金的数理基础的，保险人通过收集大量资料，掌握特定人群以往的人身危险损失规律。只有单个或少量标的的危险，是不具备此基础的。因此，单个被保险人的危险发生是无法预测的，我们不可能知道某个人何时死亡、何时残疾或何时需要住院。但对于一组人数足够多的被保险人，保险人就可以在大量危险的基础上，通过大数法则较精确地预测死亡概率、伤残概率或住院概率、损失率，编制生命表、发病率表或伤残率表，在此基础上进行保险经营，确定保费。

4. 人身危险应有发生重大损失的可能性

对于保险承保的人身危险，通常存在给个人带来重大损失的可能性。如果可能的损失程度是轻微的，就不需要通过保险来获得保障，因为承保轻微损失危险的管理费用很高，从而使得保险成本与危险的潜在损失存在严重的不对称，不具备经济可行性。只有会导致个人或家庭、团体严重财务困难的人身危险才被认为是可保的。比如，家中有学龄期子女的双职工家庭，如果父母双方有一位因故致残、无法继续工作，就会导致家中收入急剧减少，为了防范这种潜在危险的损失可能，他们可以购买人身保险。

二、人身保险的特征

人身保险与财产保险相比具有一定的特殊性，主要表现在以下几个方面。

1. 保险金额的确定

人身保险的保险标的是人的生命和身体，而人的生命或身体不是商品，不能用货币衡量其实际价值，因此保险金额确定不能用财产保险方法衡量，主要采用“生命价值”确定方法和“人身保险设计”方法。一般情况下，保险金额由投保人和保险人共同约定，取决于投保人的设计需要和交费能力。

2. 保险金的给付

人身保险属于定额给付性保险（个别险种除外，如医疗保险，可以是补偿性保险），保险事故发生时，被保险人既可以有经济上的损失，也可以没有经济上的损失，即使有经济上的损失，也不一定能用货币来衡量。因此，人身保险不适用补偿原则，也不存在财产保险中比例分摊和代位求偿原则的问题。被保险人可同时持有若干份相同的有效保单，保险事故发生后，即可从若干保单同时获得保险金。如果保险事故由第三方造成，并依法应由第三方承担赔偿责任，那么被保险人可以同时获得保险人支付的保险金和第三方支付的赔偿金，保险人不能向第三方代位求偿。

3. 保险利益的确定

人身保险的保险利益不同于财产保险，主要表现在：

（1）在财产保险中，保险利益具有量的规定性；而在人身保险中，人的生命或身体是无价的，保险利益也不能用货币估算。因此，人身保险没有金额上的限制。

（2）在财产保险中，保险利益不仅是订立合同的前提条件，而且是维持合同效力、保险人支付赔款的条件。而在人身保险中，保险利益只是订立合同的前提条件，并不是维持合同效力、保险人给付保险金的条件。

4. 保险期限的长期性

财产保险如火险等保险期间大多为 1 年，而人身保险大都为长期性保单，长则十几年、几十年或人的一生。

5. 人身保险的储蓄性

财产保险的保险期间一般较短，根据大数法则，在保期间内（有些情况例外，如保险期间内无法确定损失程度等），保险人向同一保单的所有投保人收取的纯保费等于保险人的赔付总额。因此，保险人无法将纯保费用于长期投资，财产保险不具有储蓄性。人身保险，尤其是人寿保险，具有明显的储蓄性。一般而言，人寿保险期间较长，采取了不同于自然保费的均衡保费的交费方法，这使得在投保后的一定时期内，投保人交付的纯保费大于自然纯保费，对于投保人早期交付的纯保费大于自然纯保费的部分，保险人可以充分利用，并且获得投资收益。被保险人或投保人在保单生效的一定时间后，就可以对其保单享有一定的储蓄利益，如保单贷款、领取退保金或其他选择。

三、人身保险的种类

人们需求的多样性及变动性，决定了人身保险险种的多样性。对于众多的人身保险险种，如何进行科学的归类，世界上还没有形成一个固定的原则和统一的标准。实际上人身保险险种的归类，在不同的场合，根据不同的要求，从各个角度，可以有不同的分法。目前主要有下列几种分类方法。

（一）按保险责任分类

按照保险责任的不同，人身保险可以分为人寿保险、人身意外伤害保险和健康保险。

1. 人寿保险

人寿即人的寿命，人寿保险是以被保险人的生命为保险标的，以被保险人的生存或死亡为保险事故的人身保险。在实务中，人们习惯把人寿保险分为定期寿险、终身寿险、两全保险和年金保险。人寿保险是人身保险中最重要的部分。

2. 人身意外伤害保险

人身意外伤害保险简称意外伤害保险。意外伤害是指在人们没有预见到或违背被保险人意愿的情况下，突然发生的外来致害物对被保险人的身体明显、剧烈地侵害的客观事实。意外伤害保险是以被保险人因遭受意外事故造成的死亡或伤残为保险事故的人身保险。在全部人身保险业务中，只需支付少量保费就可获得高保障，投保简便，无须体检，所以承保人次较多，如旅行意外伤害保险、航空意外伤害保险等。

3. 健康保险

健康保险是以被保险人的身体为保险标的，保证被保险人在疾病或意外事故所致伤害时的费用或损失获得补偿的一种人身保险，包括重大疾病保险、住院医疗保险、手术保险、意外伤害医疗保险、收入损失保险等。

（二）按保险期间分类

按照保险期间分类，人身保险可分为保险期间一年以上的长期业务和保险期间一年以下（含一年）的短期业务。人寿保险中大多数业务为长期业务，如终身保险、年金保险等，其保险期间长达十几年、几十年，甚至终身，同时，这类保险储蓄性也较强。人身保险中的意外伤害保险和健康保险及人寿保险中的定期保险大多为短期业务，其保险期间为一年或几个月，同时，这类业务储蓄性较低，保单的现金价值较小。

（三）按承保方式分类

按照承保方式分类，人身保险可分为团体保险和个人保险。团体保险是指一张保单为某一单位的所有员工或其中的大多数员工（银保监会规定至少75%以上的员工，且绝对人数不少于8人）提供保险保障的保险。团体保险又可分为团体人寿保险、团体年金保险、团体健康保险等。个人保险是指一张保单只为一个人或为一个家庭提供保障的保险。

（四）按是否分红分类

按是否分红分类，人寿保险可以分为分红保险和不分红保险。分红保险是指保险公司将其实际经营成果优于保守定价假设的盈余按一定比例向保单持有人分配的人寿保险。这种保单最初仅限于相互保险公司签发，但现在股份制保险公司也可采用。一般来说，在分红保险保费计算中，预定利率、预定死亡率及预定费用率的假设较为保守，均附加了较大的安全系数，因而保费相对较高，公司理应将其实际经济成果优于保守假设的盈余以红利的方式返还一部分给保单持有人。而在不分红保单中，所附安全系数较小，因为这种保单的成本结余，不能事后退还保单持有人，同时为业务竞争的需要，保费的计收必须反映提供保险的实际成本。因此，不分红保险的正常利润，仅以红利分配给股东或提存准备金。

除上述分类外，人身保险还可按设计类型分为万能保险和投资连结保险等。

课堂讨论1

假如你参加旅行社组团旅游，出发前旅行社为你买了旅客保险，请你根据以上各种分类法，说说你买的是什么类型的人身保险？

任务二　人寿保险

学习重点

» 定期寿险和终身寿险的概念、特点

» 定期寿险和终身寿险产品的种类

学习难点

» 人寿保险的条款

一、人寿保险的定义与特征

（一）人寿保险的定义

人寿保险简称寿险，是以被保险人的生命为保险标的，以生存和死亡为给付保险金条件的人身保险。人寿保险是人身保险的主要组成部分，其基本内容是：投保人向保险人缴纳一定数量的保险费，当被保险人在保险期限内死亡或生存到保险合同约定的年龄、期限时，保险人按照合同约定向被保险人或其受益人给付死亡保险金或期满生存保险金。人寿保险是人身保险最基本、最主要的种类。

（二）人寿保险的特征

1. 人寿保险的不可估价性

人寿保险的保险标的是人的寿命，不具有商品的性质，不能用货币来衡量其实际性质的高低，即不可估价性。从另一个角度讲，人的寿命所反映的两个层面，即死亡或生存期，都无法与货币进行等价交换。

2. 人寿保险金的定额给付性

这一点与人身保险的特征相同。

3. 生命风险的特殊性

人寿保险的保险风险具有双重性，即风险的稳定性和风险的变动性。

（1）风险的稳定性。人寿保险承保的风险是人的死亡或生存。人寿保险保费收缴的主要依据是被保险人在一定时期内死亡或生存的概率。在实际工作中，保险人依据生命表提供的死亡率或生存率作为计算保险费的重要依据。保险人使用的生命表，是根据专业统计部门运用科学的统计手段和有关人的完整、有效的生命资料编制的，其结果可以有效排除各种偶然因素，揭示生命运动的规律，符合大数法则的要求，呈现相当大的稳定性。

（2）风险的变动性。在财产保险中，每一保险标的因自然灾害或意外事故遭受损失的概率，在不同时期不完全相同，不存在逐年增大或减少的规律性。而在人寿保险中，每个人一生中，在不同年龄阶段死亡概率或生存概率是不同的。统计资料表明，死亡的概率随着年龄的增长逐年增大，这种规律非常明显。

4. 保险期限的长期性

这一点也与人身保险的特征相同。

5. 人寿险保单的储蓄性

储蓄的主要特征是返还性和收益性。人寿保险的返还性在于投保人缴纳保险费以后，保险人几乎必然要给付保险金。人寿保险，除定期死亡保险、生存保险，保险人有不给付保险金的可能性以外，其他险种均必然存在保险人的保险金的给付行为，只是在给付的时间和金额存在不同而已。人寿保险的收益性，即其保险费的增值性。保险人通过开办人寿保险，将建立规模较大、期限较长和较稳定的人寿保险基金，通过对这笔资金的有效运用，可使其不断增值，并使保险人的保障能力不断增强，同时被保险人或其受益人也会从这部分收益中获得额外的利益。

二、人寿保险的种类

（一）普通型人寿保险

普通人寿保险是保险人为适应社会任何阶层或任何个人开办的，包括定期保险、终身寿险、两全保险和它们之间相互组合的一般形式。一般地，普通人寿保险约定的保险金额较高，保险人在承保时，需要对被保险人进行较严格的体检。

1. 死亡保险

死亡保险是指以被保险人的死亡为给付保险金条件的人寿保险。死亡保险又分为定期寿险（即定期死亡保险）和终身寿险（即不定期死亡保险）。

（1）定期寿险。定期寿险是指以死亡为给付保险金条件，且保险期限为固定年限的人寿保险。具体地讲，在定期寿险合同中规定一定时期为保险有效期，若被保险人在约定期限内死亡，保险人即给付受益人约定的保险金；如果被保险人在保险期限届满时仍然生存，保险合同即行终止，保险人无给付保险金的义务，亦不退还已收取的保险费。对于被保险人而言，定期寿险最大的优点是可以用极为低廉的保险费获得一定期限内较大的保险保障；其不足之处在于若被保险人在保险期限届满仍然生存，则不能得到保险金的给付，而且已缴纳的保险费不再退还。

（2）终身寿险。终身寿险是指以死亡为给付保险金条件，且保险期限为终身的人寿保险。终身寿险是一种不定期的死亡保险，即保险合同中并不规定期限，自合同生效之日起，至被保险人死亡为止。也就是保险人对被保险人要终身承担保险责任，无论被保险人何时死亡，保险人都有给付保险金的义务。终身寿险的最大优点是被保险人可以得到永久保障。如果投保人中途退保，可以得到一定数额的现金价值（或称“退保金”）。终身寿险按照交费方式可分为普通终身寿险、限期交费终身寿险和趸交终身寿险。

①普通终身寿险。普通终身寿险是指终身分期交付保险费的终身寿险。

②限期交费终身寿险。限期交费终身寿险是指保险费在规定期限内分期交付，期满后不再交付保险费，但仍享有保险保障的终身寿险。限期交费终身寿险的缴纳期限可以是一定年限，也可以规定交费到某一特定年龄。

③趸交终身寿险。趸交终身寿险是指在投保时一次全部交清保险费的终身寿险。趸交终身寿险也可以认为是限期交费保险的一种特殊形态。

2. 生存保险

生存保险是指以被保险人的生存为给付保险金条件的人寿保险。即当被保险人于保险期满或达到合同约定的年龄时仍然生存，保险人负责给付保险金。生存保险主要是为老年人提供养老保障或者为子女提供教育金等。年金保险是一种有规则、定期向被保险人给付保险金的生存保险。

3. 两全保险

两全保险（也称“生死合险”）是指被保险人在保险期限内死亡或保险期满时生存，

保险人均给付保险金的人寿保险。两全保险将定期死亡保险和生存保险两种保险形式结合起来，当被保险人在保险合同规定的年限内死亡或合同期满仍然生存时，保险人均按照合同给付保险金。两全保险的储蓄性极强，其纯保费由危险保费和储蓄保费组成。危险保费用于保险期限内死亡给付；储蓄保费则逐年积累形成责任准备金，它既可用于中途退保时支付退保金，也可用于生存给付。由于两全保险既有死亡保障，又有生存保障，因此，两全保险不仅使受益人得到保障，同时也使被保险人本身享受其利益。

（二）新型人寿保险

1. 分红保险

从本质上看，分红保险应属于传统保险业务。

（1）分红保险的定义。分红保险是指保险公司将其实际经营成果优于定价假设的盈余，按一定比例向保单持有人进行分配的人寿保险产品。这里的保单持有人是指按照合同约定，享有保险合同利益及红利请求权的人。分红保险、非分红保险及分红保险产品与其附加的非分红保险产品必须分设账户，独立核算。分红保险采用固定费用率的，其相应的附加保费收入、佣金、管理费用支出等不列入分红保险账户；采用固定死亡率的，其相应的死亡保费收入和风险保额给付等不列入分红保险账户。

（2）分红保险产品的主要特征。分红保险产品的特征主要体现在以下几个方面：

①保单持有人享受经营成果。分红保险不仅提供合同规定的各种保障，而且保险公司每年要将经营分红险种产生的部分盈余以红利的形式分配给保单持有人。目前，中国保监会规定保险公司应至少将分红保险业务当年度可分配盈余的70%分配给客户。这样投保人就可以与保险公司共享经营成果，与不分红保险相比，增加了投保人的获利机会。

②客户承担一定的投资风险。由于每年保险公司的经营状况不一样，客户所能得到的红利也会不一样。在保险公司经营状况良好的年份，客户会分到较多的红利；如果保险公司的经营状况不佳，客户能分到的红利就会比较少，甚至没有。因此，分红保险使保险公司和客户在一定程度上共同承担了投资风险。

③定价的精算假设比较保守。寿险产品在定价时主要以预定死亡率、预定利率和预定费用率三个因素为依据，这三个预定因素与实际情况的差距直接影响到寿险公司的经营成果。对于分红保险，由于寿险公司要将部分盈余以红利的形式分配给客户，所以在定价时对精算假设估计较为保守，即保单价格较高，以便在实际经营过程中产生更多的可分配盈余。

④保险给付、退保金中含有红利。分红保险的被保险人身故后，受益人在获得投保时约定保额的保险金的同时，还可以得到未领取的累积红利和利息。在满期给付时，被保险人在获得保险金额的同时，也可以得到未领取的累积红利和利息。分红保险的保单持有人在退保时得到的退保金也包括保单红利及其利息。

（3）分红保险保单的红利。分红保险产品从本质上说是一种保户享有保单盈余分配权的产品，即将寿险公司的盈余，如死差益、利差益、费差益等，按一定比例分配给保单持有人。分配给保户的保单盈余，就是通常所说的保单红利。

①利源。分红保险的红利，实质上是保险公司的盈余。盈余就是保单资产份额高于

未来负债的那部分价值。保险公司的精算等相关部门每年都要计算盈余中可作为红利分配的数额，并由公司基于商业判断予以决定分配的数额，此决定分配的数额称为可分配盈余。盈余（或红利）的产生是由诸多因素决定的，但最为主要的因素是利差益（损）、死差益（损）和费差益（损）。对于以死亡作为保险责任的寿险，死差益（损）是由于实际死亡率小于（大于）预定死亡率而产生的利益（损失）；当保险公司实际投资收益率高于（低于）预定利率时，则产生利差益（损）；当公司的实际营业费用少于（多于）预计营业费用所产生的利益（损失）时，则产生费差益（损）。

②红利分配。中国保监会《个人分红保险精算规定》中关于红利分配的具体内容包括：第一，红利分配原则。红利的分配应当满足公平性原则和可持续性原则。第二，红利分配比例。保险公司每一会计年度向保单持有人实际分配盈余的比例不低于当年可分配盈余的 70%。第三，红利分配方式。红利分配方式有现金红利分配和增额红利分配两类。现金红利分配是指直接以现金的形式将盈余分配给保单持有人的方式。保险公司可以提供多种红利领取方式，比如现金、抵交保费、累积生息及购买交清保额等。增额红利分配是指在整个保险期限内每年以增加保额的方式分配红利。增加的保额作为红利一旦公布，则不得取消。采用增额红利分配方式的保险公司可在合同终止时以现金方式给付终了红利。

2. 投资连结保险

投资连结保险是一种寿险与投资相结合的新型寿险产品。

（1）投资连结保险的定义。根据中国保险监管机构的规定，投资连结保险是指包含保险保障功能并至少在一个投资账户拥有一定资产价值的人身保险产品。投资连结保险的投资账户必须是资产单独管理的资金账户。投资账户划分为等额单位，单位价值由单位数量及投资账户中资产或资产组合的市场价值决定。投保人可以选择其投资账户，投资风险完全由投保人承担。除有特殊规定外，保险公司投资连结保险的投资账户与其管理的其他资产或其他投资账户之间不得存在债权、债务关系，也不承担连带责任。

投资连结保险产品的保单现金价值与单独投资账户资产相匹配，现金价值直接与独立账户资产投资业绩相连，一般没有最低保证。大体而言，投资账户的资产免受保险公司其余负债的影响，资本利得或损失一旦发生，无论其是否实现，都会直接反映到保单的现金价值上。不同的投资账户，可以投资在不同的投资工具上，比如股票、债券等。投资账户可以是外部现有的，也可以是公司自己设立的。除了各种专类基金供投保人选择外，由寿险公司确立原则，组合投资的平衡式或管理式基金也非常流行。在约定条件下，保单持有人可以在不同的基金间自由转换，而无须支付额外的费用。

（2）投资连结保险产品的主要特征。根据国际保险市场经验及中国保监会关于投资连结保险产品的有关规定，投资连结保险产品的主要特征体现在以下几个方面：

①投资账户设置。投资连结保险均设置单独的投资账户。保险公司收到保险费后，按照事先的约定将保费的部分或全部分配进入投资账户，并转换为投资单位。投资单位是为了方便计算投资账户的价值而设计的计量单位。投资单位有一定的价格，保险公司根据保单项下的投资单位数和相应的投资单位价格计算其账户价值。

②保险责任和保险金额。投资连结保险作为保险产品，其保险责任与传统产品类似，

不仅有死亡、残疾给付、生存保险领取等基本保险责任，一些产品还加人了豁免保险费、失能保险金、重大疾病等保险责任。中国保监会规定，投资连结保险产品必须包含一项或多项保险责任。

投资连结保险的死亡保险金额设计有两种方法：一种是给付保险金额和投资账户价值两者较大者（方法A）；另一种是给付保险金额和投资账户价值之和（方法B）。方法A的死亡保险金额在保单年度前期不变，当投资账户价值超过保险金额后，随投资账户价值波动。方法B的死亡保险金额随投资账户价值波动而不断变化，但净风险保额（死亡保险金额与投资账户价值之差）保持不变。中国保监会《个人投资连结保险精算规定》中规定，投资连结保险产品“在保险合同有效期内，风险保额应大于零”。

③保险费。投资连结保险的交费机制具有一定的灵活性。在设计方式上，投资连结保险的交费机制有两种：一种方式是在固定交费基础上增加保险费假期，即允许投保人不必按约定的日期交费，而保单照样有效，从而避免了因为超过60天宽限期而导致保险合同的失效。另外，还允许投保人除缴纳约定的保险费外，可以随时再支付额外的保险费，增加了产品的灵活性。另一种方式是取消了交费期间、交费频率、交费数额的概念，投保人可随时支付任意数额（有最低数额的限制）的保险费，并按约定的计算方法进入投资账户。这种方式对客户的灵活性最高，但降低了保险公司对保费支付的可控性和可预测性，同时提高了对内部操作系统的要求。

④费用收取。与传统非分红保险及分红保险相比，投资连结保险在费用收取上相当透明。保险公司详细列明了扣除费用的性质和使用方法，投保人在任何时候都可以通过电脑终端查询。在我国，投资连结保险产品可以收取的费用包括：初始费用，即保险费进入个人投资账户之前所扣除的费用；买入卖出差价，即投保人买入和卖出投资单位的价格之间的差价；风险保险费，即保单风险保额的保障成本；保单管理费，即为维持保险合同有效向投保人收取的服务管理费用；资产管理费，即按账户资产净值的一定比例收取的费用；手续费，即保险公司在提供部分领取和账户转换等服务时收取的费用；退保费用，即在保单中途退保或部分领取时收取的用以弥补尚未摊销的保单成本费用。

（3）我国投资连结保险产品的特点。我国投资连结保险产品具备以下特点：

①该产品必须包含一项或多项保险责任；

②该产品至少连接到一个投资账户上；

③保险保障风险和费用风险由保险公司承担；

④投资账户的资产单独管理；

⑤保单价值应当根据该保单在每一投资账户中占有的单位数及其单位价值确定；

⑥投资账户中对应某张保单的资产产生的所有投资净收益（损失），都应当划归该保单；

⑦每年至少应当确定一次保单的保险保障；

⑧每月至少应当确定一次保单价值。

3. 万能保险

万能保险是一种交费灵活、保额可调整、非约束性的寿险。

（1）万能保险的定义。万能保险保单持有人在缴纳一定量的首期保费后，可以按照自己的意愿选择任何时候缴纳任何数量的保费。只要保单的现金价值足以支付保单的相关费用，有时甚至可以不再交费。而且，保单持有人可以在具备可保性的前提下，提高保额，也可以根据自己的需要降低保额。

万能保险的经营透明度高。保单持有人可以了解到该保单的内部经营情况，可以得到保单的相关因素，如保费、死亡给付、利率、死亡率、费用率、现金价值之间相互作用的各种预期结果的说明。然而，保单经营的透明度并不意味着保单持有人能对保单价值作出精确估计，只是可以了解保单基金的支配情况。万能保险具有透明度的一个重要因素是其保单的现金价值与净风险保额是分别计算的，即具有非约束性。保单现金价值每年随保费缴纳情况、费用估计、死亡率及利率的变化而变化。净风险保额与现金价值之和就是全部的死亡给付额。

从万能保险经营的流程上看，保单持有人首先缴纳一笔首期保费。首期保费有一个最低限额，且首期的各种费用支出首先要从保费中扣除。其次，根据被保险人的年龄、按保险金额计算的死亡给付分摊额及一些附加优惠条件（如可变保费）等费用，都要从保费中扣除。死亡给付分摊是不确定的，而且常常低于保单预计的最高水平。进行了这些扣除后，剩余部分就是保单最初的现金价值。这部分价值通常是按新投资利率计息累积到期末，成为期末现金价值。许多万能保险收取较高的首年退保费用以避免保单过早终止。在保单的第二个周期（通常 1 个月为 1 周期），期初的保单现金价值为上一周期期末的现金价值额。在这一周期，保单持有人可以根据自己的情况缴纳保费。如果首期保费足以支付第二个周期的费用及死亡给付分摊额，在第二周期内保单持有人就可以不缴纳保费。如果前期的现金价值不足，保单就会由于保费缴纳不足而失效。本期的死亡给付分摊及费用分摊也要从上期期末现金价值余额及本期保费中扣除，余额就是第二期期初的现金价值余额。这部分余额按照新投资利率累积至期末，成为第二周期的期末现金价值余额。这一过程不断重复，一旦现金价值不足以支付死亡给付分摊额及费用，又没有新的保费缴纳，该保单就失效了。

（2）万能保险产品的主要特征。万能保险产品的特征主要体现在以下几个方面：

①死亡给付模式。万能保险主要提供两种死亡给付方式，投保人可以任选其一。这两种方式习惯上称为 A 方式和 B 方式。A 方式是一种均衡给付的方式；B 方式是直接随保单现金价值的变化而改变的方式。在 A 方式中，死亡给付额固定，净风险保额每期都进行调整，使得净风险保额与现金价值之和成为均衡的死亡给付额。这样，如果现金价值增加了，则净风险保额就会等额减少；反之，若现金价值减少了，则净风险保额会等额增加。这种方式与其他传统的具有现金价值给付的保单较为类似。在 B 方式中，规定了死亡给付额为均衡的净风险保额与现金价值之和。这样，如果现金价值增加了，则死亡给付额会等额增加。

在 A 方式中，为避免由于现金价值太大而超过规定的保额，一些保险公司规定了最低净风险保额，从而使总的死亡给付额增加。中国保监会《个人万能保险精算规定》中规定，在万能保险合同有效期内，若被保险人身故，保险公司可按照身故时该保险年度的保险金额给予保险金，也可以以保险金额与当时个人账户价值之和作为身故给付。在保险合同有效期内，其风险保额应大于零。

②保费缴纳。万能保险的投保人可以用灵活的方法来缴纳保费。保险公司一般会对

每次交费的最高和最低限额作出规定，只要符合保单规定，投保人可以在任何时间不定额地缴纳保费。大多数保险公司仅规定第一次保费必须足以涵盖第一个月的费用和死亡成本，但实际上大多数投保人支付的首次保费会远远高于规定的最低金额。这种灵活的交费方式也带来了万能保险容易失效的缺点，这是由于万能保险保单无法强迫投保人缴纳固定保费。为了解决这一问题，保险公司的一般做法是根据保单计划所选择的目标保费，向投保人寄送保费催交通知书，以提醒其交费。另外，投保人一般也会同意签发其银行账户每月预先授权提款单据。另一种做法是保险公司按投保人规划的保费金额向投保人寄送保费账单，投保人按账单金额缴纳保费。

③ 结算利率。保险公司为万能保险设立单独账户。首先，万能保险的保单可以提供一个最低保证利率。万能保险的结算利率不得高于单独账户的实际投资收益率，并且两者之差不得高于20%。其次，当单独账户的实际收益率低于最低保证利率时，万能保险的结算利率应当是最低保证利率。第三，保险公司可以自行决定结算利率的频率。

④ 费用收取。万能保险保单可以收取的费用包括：初始费用，即保费进入个人账户之前所扣除的费用；风险保险费，即保单风险保额的保障成本；保单管理费，即为了维持保险合同有效向投保人收取的服务管理费；手续费，即保险公司在提供部分领取等服务时收取的相关管理费用；退保费用，即在保单中途退保或部分领取时保险公司收取的用于弥补尚未摊销的保单成本费用。

（三）年金保险

年金保险是指以被保险人生存为给付保险金条件，并按约定的时间间隔分期给付生存保险金的人身保险。其中，养老年金保险是指以养老保障为目的的年金保险，保险合同约定给付被保险人生存保险金的年龄不得小于国家规定的退休年龄，相邻两次给付的时间间隔不得超过一年。按约定分期给付生存保险金，且分期给付生存保险金的间隔不超过一年（含一年）的人寿保险称为年金保险。按照不同的标准，年金保险可划分为不同的种类。

1. 按照交费方式分类

按照交费方式分类，年金可分为趸交年金和期交年金。

（1）趸交年金。趸交年金是指一次交清保费的年金保险，即年金保险费由投保人一次全部交清后，于约定时间开始，按期由年金受领人领取年金。

（2）期交年金。期交年金是指在给付日开始之前，分期交付保险费的年金保险，即保险费由投保人采用分期交付的方式，然后于约定年金给付开始日期起按期由年金受领人领取年金。

2. 按照被保险人数分类

按照被保险人数分类，年金可分为个人年金、联合年金、最后生存者年金和联合及生存者年金。

（1）个人年金。个人年金是指以一个被保险人的生存作为年金给付条件的年金保险。

（2）联合年金。联合年金是指以两个或两个以上被保险人的生存作为年金给付条件的年金保险。这种年金的给付持续到最先发生的死亡时为止。

（3）最后生存者年金。最后生存者年金是指以两个或两个以上被保险人中至少尚有一个生存作为年金给付条件，且给付金额不发生变化的年金保险。这种年金的给付持续到最后一个生存者死亡为止。

（4）联合及生存者年金。联合及生存者年金是指以两个或两个以上被保险人中至少尚有一个人生存作为年金给付条件，但给付金额随着被保险人人数的减少而进行调整的年金保险。这种年金的给付持续到最后一个生存者死亡为止，但给付金额根据仍生存的被保险人人数进行相应的调整。

3. 按照给付额是否变动分类

按照给付额是否变动分类，年金可分为定额年金和变额年金。

（1）定额年金。定额年金是指每次按固定数额给付年金的年金保险。这种年金的给付额是固定的，不随投资收益水平的变动而变动。

（2）变额年金。变额年金是指年金给付额按资金账户的投资收益水平进行调整的年金保险。这种年金是针对定额年金在通货膨胀下保障水平降低的缺点而设计的。

4. 按照给付开始日期分类

按照给付开始日期分类，年金可分为即期年金和延期年金。

（1）即期年金。即期年金是指保险合同成立后，保险人按期给付年金的年金保险。

（2）延期年金。延期年金是指保险合同成立后，经过一定时期或被保险人达到一定年龄后保险人才开始给付年金的年金保险。

5. 按照给付方式（或给付期间）分类

按照给付方式（或给付期间）分类，年金可分为终身年金、最低保证年金和定期生存年金。

（1）终身年金。终身年金是指年金受领人在一生中可以一直领取约定的年金，直到死亡为止的年金保险。

（2）最低保证年金。最低保证年金是为了防止年金受领人过早死亡、丧失领取年金权利而产生的一种年金保险。最低保证年金又分为确定给付年金和退还年金。确定给付年金规定了一个领取年金的最低保证确定年数，在规定期间内无论被保险人生存与否均可得到年金给付。退还年金是指当年金受领人死亡而其年金领取总额低于年金购买价格时，保险人以现金方式一次或分期退还其差额的年金保险。

（3）定期生存年金。定期生存年金是一种以被保险人在规定期间内生存为给付条件的年金保险。这种年金的给付以一定的年数为限，若被保险人一直生存，则年金给付到期满；若被保险人在规定的期限内死亡，则年金给付立即停止。

（四）简易人寿保险

简易人寿保险是指用简易的方法所经营的人寿保险。它是一种低保额、免体检、适应一般低工资收入人群需要的人寿保险。简易人寿保险的交费期较短，通常为月、半月、周。凡参加简易人寿保险的人，保险金额都有一定的限制，且不用经过身体检查。

为了防止逆选择，简易人寿保险大多采用等待期或削减给付制度，即被保险人加入保险后必须经过一定时期，保险单才能生效；若被保险人在此期间死亡，保险人不负给付保险金责任或减少给付金额。简易人寿保险的保险费率略高于普通人寿保险的保险费率，其主要原因包括：免体检造成死亡率偏高；业务琐碎使附加管理费增加；失效率较高，使保险成本提高。

（五）团体人寿保险

1. 团体人寿保险的定义

团体人寿保险是用一张总的保险单对一个团体的成员及其生活依赖者提供人寿保险保障的保险。在团体人寿保险中，投保人是团体组织，被保险人是团体中的在职人员。一般来讲，“团体组织”作为投保人，组织在职人员集体投保，团体应为社会团体、企事业单位等独立核算的单位组织；“在职人员”是指在投保单位领取工资的正常工作人员，已退休、退职的人员不应参加团体保险；临时工、合同工虽然不是投保单位的正式职工，若单位要求投保，保险人也可以接受。

2. 团体人寿保险的特征。

团体人寿保险的特征主要体现在以下几个方面。

（1）风险选择的对象是团体，而不是个人。在保险实务中，投保团体人寿保险一般不需体检或提供其他可保证明。这并不是说团体人寿保险承保可以不进行任何风险选择与控制，只是其方法与个人投保的风险选择与控制方法不同。为了保证团体人寿保险的承保质量及保险公司的财务稳定性，团体人寿保险对风险选择与控制的主要手段如下：

①投保团体必须是合格的团体，有其特定的业务活动，独立核算。

②投保团体的被保险人员必须是能够参加正常工作的在职人员。退休人员、长期因病全休及半休人员，不能成为团体保险的被保险人。在坚持正常工作的在职人员中，采用团体保险的方法承保，可以消除逆选择因素的影响，保证承保对象总体上达到平均的健康水平。由于新老职工的自然更替，使得大多数团体的员工平均年龄趋于稳定，从而也保证了死亡率、疾病率等的稳定。

③对投保人数的限制。团体人寿保险对团体投保人数的规定有两个方面的要求。一是对投保团体人数绝对数的要求。一般来说，投保团体人寿保险的团体人数不得少于保险监管机构规定的最低人数。早期在经营团体保险时，对人数的要求较高，但近年来的发展趋势是对投保人数的要求逐渐降低，对 10 人甚至少于 10 人的团体也可承保，但通常需要这些人数较少的团体对其中的被保险人提供某些可以承保的证明。二是对投保团体人寿保险参保比例的要求。例如，某保险公司为排除逆选择作出如下规定：若保费是双方承担的，则全部合格职工中至少要有 75% 的人参加；若保费是全部由雇主负担，则全部职工都必须参加保险。

④保额的限制。一般来说，团体人寿保险对每个被保险人的保险金额按照统一的规定确定，其具体做法有两种：一是整个团体的所有被保险人的保险金额相同；二是按照被保险人的工资水平、职位、服务年限等标准，分别制定每类被保险人的保险金额。这

种做法是依据统一的标准制定每个人的保险金额，雇主或雇员均无权自己增减保险金额，其目的主要在于消除逆选择的行为。

（2）使用团体保险单。团体人寿保险用一张总的保险单为成百上千甚至更多的人提供保险保障。在这份保险单中详细规定了保险条款的内容（包括每一被保险人的姓名、年龄、性别、保险金额、受益人的姓名等）。投保团体是保单的持有人，而每个被保险人则仅持有一张保险证。保险证上并不包括全部保险条款，仅包括被保险人姓名、受益人姓名、保险费、保险金额、生日、领取保险金的开始日期等内容。

（3）成本低。团体人寿保险由于采取集体投保的方式，具有规模经营效益的特点，使团体可以以较低的保费获得较高的保险保障。团体保险费率低的原因主要有：团体保险用一张总的保险单承保成百上千的人，简化了承保、收费、会计等手续；减少了代理人的佣金支出，节约了保险公司的业务管理费用；团体保险免体检，节约了体检费；采用团体投保的方法，减少了逆选择因素的消极影响，使平均死亡率、疾病率相对稳定。

（4）保险计划灵活。与普通个人保险的保单相比，团体人寿保险单并非必须是事先印好且一字不可更改的。较大规模的团体投保团体人寿保险，投保单位可以就保单条款的设计和保险条款内容与保险公司进行协商。当然，团体人寿保险单也应遵循一定的格式和包括一些特定的标准条款。团体人寿保险计划作为整个雇员福利项目的一部分，在绝大多数情况下，保险合同应充分体现投保团体的要求。对于这些要求，只要不导致管理手续复杂化，不引起严重的逆选择行为，不违反法律，保险人都会给予充分的考虑并在合同中加以体现。

（5）采用经验费率的方法。在普通个人人寿保险中，由于不同年龄、性别的被保险人的死亡率不同，所以保险费率的制定是以死亡率表为依据的。团体人寿保险的投保人是一个团体，同个人投保一样，每个投保团体的风险程度也是不同的。因此，团体人寿保险也应按风险程度的不同，分别制定费率。

团体保险费率的制定，主要考虑的是投保团体的业务性质、职业特点、以往的理赔记录等，其中理赔记录是决定费率的主要因素。在团体人寿保险中，一般参考上年度团体的理赔记录（或经验）决定下年度的保险费率，这就是所谓的经验费率的方法。这是一种非确定性的计算保费的方法，每隔一定时期，由保险双方参考实际的理赔情况，对费率加以修订，以使之更好地与实际情况相一致。

三、人身保险的常用条款

人身保险合同具有许多不同于财产合同的自身特点，所以，人身保险合同也存在许多不同于财产保险合同的特定条款。人身保险的常用条款有如下几种。

（一）不可争条款

不可争条款（又称“不可抗辩条款”），是指自人寿保险合同订立时起，超过法定时限（通常规定为两年）后，保险人将不得以投保人和被保险人在投保时违反如实告知义务（如误告、漏告、隐瞒某些事实）为理由，而主张保险合同无效或拒绝给付保险金。

保险合同是最大诚信合同，在人寿保险中，对于足以影响保险人决定是否同意承保的因素，如被保险人的年龄、健康状况、职业等，投保人或被保险人应履行如实告知义务，不得有任何隐瞒或欺骗。如果在投保时，投保人故意隐匿或因为过失遗漏而作不实申报，足以影响保险人对于风险的评估，保险人有权解除合同。但由于涉及此条款的合同为长期合同，如果不加以限制，保险人有可能滥用这一权利，而使被保险人的利益无法得到保障；同时，经过较长一段时间后，要查明投保人投保时是否履行了如实告知义务非常困难，往往容易引起纠纷。因此，法律规定一个期间，要求保险人在此期间内进行审查，并有权解除合同。一旦超过该期限，保险人不得再主张合同解除或不承担给付保险金责任的权利，从而保护被保险人和受益人的利益。

（二）年龄误告条款

年龄误告条款规定了投保人在投保时误报被保险人年龄的情况下的处理方法。一般分为两种情况：一是年龄不实影响合同效力的情况。被保险人的真实年龄不符合合同约定的年龄限制的，保险合同为无效合同，保险人可解除保险合同，但须向投保人退还保费。二是年龄不实影响保费及保险金额的情况。投保人申报的被保险人年龄不真实，致使投保人支付的保费少于应付保费或多于应付保费，保险金额应根据真实年龄进行调整。调整的原因在于年龄是寿险估计风险与计算保险费率的主要因素。调整的方法是：误报年龄导致实缴保费少于应缴保费的，投保人可以补缴过去少缴保费的本利，或按已缴的保费核减保险金额；误报年龄导致实缴的保费大于应缴保费的，无息退还多收的保费。

（三）宽限期条款

宽限期条款的基本内容是：合同约定分期支付保险费，投保人支付首期保险费后，未按时交付续期保险费的，法律规定或合同中约定给予投保人一定的宽限时间（通常是一个月或两个月）。在宽限期内，保险合同效力正常。

一般情况下，分期支付保险费的合同，投保人应于合同成立时支付首期保险费，并应当按期缴纳其他各期保险费。然而，由于人身保险合同的保险期限较长，一时疏忽或者经济困难等其他客观原因使投保人没能在约定的期限按时交付保险费的情况时有发生。如果保险人据此解除保险合同，将使保险人、投保人、被保险人的利益均受到损害。为了保护被保险人的利益，给投保人缴纳续期保险费规定一定的宽限期。在宽限期内，即使投保人没有及时交付保险费，合同仍然有效。如果发生保险事故，保险人仍承担给付保险金的责任。

（四）中止、复效条款

人寿保险合同履行过程中，在一定的期间内，由于失去某些合同要求的必要条件，致使合同失去效力，称为合同中止。一旦在法定或约定的时间内所需条件得到满足，合同就恢复原来的效力，称为合同复效。

为了保护被保险人和受益人的利益，给投保人缴纳保险费一定的宽限期，在宽限期结束后仍未缴纳应付保险费的，保险合同的效力中止。一旦投保人重新具备缴纳保险费的能力并且愿意补交合同效力停止期间的保险费及其利息，保险合同效力将恢复。如果这一中止期限届满，投保人仍未能就复效问题与保险人达成一致意见并补交保险费，那么保险人就有权解除保险合同。我国法律规定，中止期限为两年。

（五）自杀条款

所谓自杀，在法律上是指故意剥夺自己生命的行为。若没有主观上的故意，则不能称为自杀。在人寿保险合同中，一般都将自杀作为责任免除条款来规定，这主要是为了避免蓄意自杀者通过保险方式谋取保险金，防止道德风险的发生。但自杀毕竟是死亡的一种，有时被保险人遭受意外事件的打击或心态失常亦会做出结束自己生命的行为，并非是在有意图谋保险金。为了保障投保人、被保险人、受益人的利益，在很多人寿保险合同中都将自杀列入保险责任范围，但规定保险合同生效一定期限后（通常是两年）发生被保险人的自杀行为，保险人才承担给付保险金责任。根据心理学的调查，一个人在一两年以前即开始自杀计划，这一自杀意图能够持续二年期限并最终实施的可能性很小。因此，自杀条款的规定既可避免道德风险的发生，也可最大限度地保障被保险人和受益人的利益。

（六）不丧失现金价值条款

现金价值是指带有储蓄性的人寿保险单所具有的价值。在长期人寿保险中，保险费率组成中含有储蓄因素，特别是长期性带有生存给付的纯保险费往往含有很大比重的储蓄保险费。于是保险单交费达到一定时间后，逐年积存相当数额的责任准备金并随着时间的延伸而不断增加，这就形成了保险单的现金价值。因此，大部分的长期保险单在一段时间后，都包含有一定的现金价值。现金价值不因保险合同效力的变化而丧失。虽然现金价值由保险人运用并保管，但实际上仍为投保人、被保险人所有。投保人解除合同时，保险人应当退还保险单现金价值。即使投保人或被保险人、受益人违反合同规定的某些义务而致使保险合同解除，保险单的现金价值也不会丧失。

保险人一般将现金价值列在保险单上，当投保人不愿意继续缴纳保险费时，投保人有权选择有利于自己的方式来处理这笔现金价值。处理方式有如下几种：

（1）申请退保。在申请退保时，现金价值往往体现为退保金。

（2）把原保险单改为交清保险单，即原保险单的保险责任、保险期限均不变，只是依据现金价值的数额，相应降低保险金额，此后投保人不必再缴纳保险费。这种处理方法实际上是以现金价值作为趸交保险费，投保与原保险单责任相同的人寿保险，保险期限自停交保险费起至原保单满期时止，保险金额则由趸交保险费的数额而定。

（3）将原保险单改为展期保险单，即将原保险单改为与原保险单保险金额相同的死亡保险，保险期限相应缩短，此后投保人不必再缴纳保险费。这种处理方法实际上是以现金价值作为趸交保险费，投保死亡保险，保险金额与原保险单相同，保险期限则由趸交保险费的数额而定。定期死亡保险、两全保险改为展期保险单以后，保险期限不能超过原保险单的保险期限。如果责任准备金仍有剩余，则作为满期生存保险责任的趸交保险费或以现金返还投保人。

（4）投保人可以在投保时或保险费宽限期期满前书面声明，在超过宽限期仍未交付续期保险费时，将保险单当时的现金价值作为续期保险费进行垫交。此项垫交的保险费，投保人要在一定时期内予以补交。在垫交保险费期间，保险合同持续有效，保险人承担保险责任；当现金价值垫交不足，而投保人也未补交时，保险合同效力中止。

以上（2）、（3）、（4）项所涉及的情况，必须在保险合同中有该类条款的基础上才可选择，否则不适用于人寿保险合同。

（七）保单贷款条款

投保人可以具有现金价值的长期性人身保险合同的保险单作为质押，在现金价值数额内，向保险人申请贷款。

从一定意义上说，人寿保险单是一种有价值的单证，也是投保人拥有保险单现金价值的权利凭证。在进行质押贷款时，投保人应将保险单移交给债权人占有；如果债权人不是其投保的保险人，应通知该保险人。出质后，投保人也不得将保险单转让或解除。

保单贷款通常是投保人以保险单作质押向保险人贷款，贷款数额按有关法律或合同约定，一般不超过保单现金价值的一定比例。因贷款会影响保险人的资金运用，有可能使保险人减少资金收益，因此投保人需承担合同约定的贷款利息。合同约定的贷款期届满时，投保人应返还所借款项本息；逾期不能归还借款，投保人可申请延期；但贷款本息累计已达到其保险单的现金价值时，投保人又未按期归还借款，保险人有权终止保险合同效力。若贷款本息清偿之前，保险合同已发生保险事故，保险人从应给付的保险金中扣除投保人所借贷款本息，其余部分作为保险金支付。

（八）自动垫交保险费条款

自动垫交保险费条款的基本内容是：保险合同生效满一定期限之后（一般是一年或两年之后），如果投保人不按期缴纳保险费，保险人则自动以保单项下积存的现金价值垫交保险费。对于此项垫交保险费，投保人要偿还并支付利息。在垫交保险费期间，如果发生保险事故，保险人要从应给付的保险金中扣除已垫交的保险费及利息；当垫交的保险费及利息达到保单现金价值的数额时，保险合同即行终止。自动垫交保险费条款适用于分期交费的寿险合同。该条款的目的在于维持保险合同的效力，在保险费垫交期间保险合同仍然有效，但减少了保单的现金价值。因此，自动垫交保险费条款必须经保单持有人同意，否则该条款不能生效。

课堂讨论 2

如何根据人寿保险的条款，用自己的话进行产品介绍。

任务三　人身意外伤害保险

学习重点

» 人身意外险的概念与特征

» 人身意外险的种类

学习难点

» 能用人身意外险的知识进行案例分析

一、人身意外伤害保险的含义

人身意外伤害保险是被保险人在保险有效期内，因遭受非本意的、外来的、突然发生的意外事故，致使身体蒙受伤害而残废或死亡时，保险人按照保险合同的规定给付保险金的一种人身保险。

意外伤害保险中所称的“意外伤害”是指在被保险人没有预见到或违背被保险人意愿的情况下，突然发生的外来致害物对被保险人的身体明显、剧烈地侵害的客观事实。

人身意外伤害保险的理解，可以从伤害、意外、保险三个方面来理解。

（一）伤害

伤害是指被保险人的身体受到侵害的客观事实。伤害由致害物、侵害对象、侵害事实三个要素构成，三者缺一不可。

1. 致害物

致害物是直接造成伤害的物体或物质。没有致害物，就不可能构成伤害。在意外伤害保险中，只有致害物是外来的时，才被认为是伤害。

2. 侵害对象

侵害对象是致害物侵害的客体。在意外伤害保险中，只有致害物侵害的对象是被保险人的身体时，才能构成伤害。

3. 侵害事实

侵害事实是致害物以一定的方式破坏性地接触、作用于被保险人身体的客观事实。如果致害物没有接触或作用于被保险人的身体，就不能构成伤害。

（二）意外

意外是就被保险人的主观状态而言，指伤害的发生是被保险人事先没有预见到的，或伤害的发生违背了被保险人的主观意愿。

1. 被保险人事先没有预见到伤害的发生

这可理解为伤害的发生是被保险人事先所不能预见或无法预见的，或者伤害的发生是被保险人事先能够预见到的，但由于被保险人的疏忽而没有预见到。

2. 伤害的发生违背被保险人的主观意愿

主要表现为：被保险人预见到伤害即将发生时，在技术上已不能采取措施避免；或者被保险人已预见到，伤害即将发生，在技术上也可以采取措施避免，但由于法律或职责上的规定，不能躲避。应该指出的是，凡是被保险人的故意行为使自己身体所受的伤害，均不属意外伤害。被保险人故意使自己遭受伤害，与被保险人已经预见到伤害即将发生，但由于法律或责任上的规定不能躲避，两者性质是完全不同的。

案例分析

某年情人节，几家保险公司卖“恋爱保险”，其中一个是：自购买之日24时起，3年后10年以内的任意一天，购买人与指定心上人领取结婚证后，即可获得一万朵玫瑰送达婚礼现场。保险价格为299元，大学生和军人购买价为199元。投保后不允许退保。

请问：这种保险是三年期意外保险吗？

（三）保险

人身意外伤害保险是指以意外伤害而致身故或残疾为给付保险金条件的人身保险。投保人向保险人缴纳一定的保险费，如果被保险人在保险期限内遭受意外伤害，并在自遭受意外伤害之日起的一定时期内死亡、残疾时，保险人应该按照合同约定给付被保险人或其受益人保险金。人身意外伤害保险的含义至少包含三层意思：

（1）必须有客观的意外事故发生，且事故原因是意外的、偶然的、不可预见的。

（2）被保险人必须有因客观事故造成死亡或残疾的结果。

（3）意外事故的发生和被保险人遭受人身伤亡的结果之间存在着内在的、必然的联系，即意外事故的发生是被保险人遭受伤害的原因，而被保险人遭受伤害是意外事故的后果。

二、人身意外伤害保险的特征

（一）人身意外伤害保险的保险责任

意外死亡给付和意外伤残给付是人身意外伤害保险的基本保险责任。疾病导致被保险人的死亡和残疾不属于人身意外伤害保险的保险责任。

（二）人身意外伤害保险的保险费率厘定

人身意外伤害保险的纯保险费率是根据保险金额损失率计算的。与人寿保险的被保险人的死亡概率取决于年龄不同，人身意外伤害保险的被保险人遭受意外伤害的概率取决于其职业、工种或所从事的活动，一般与被保险人的年龄、性别、健康状况无必然的内在联系。在其他条件都相同的情况下，被保险人的职业、工种、所从事活动的危险程度越高，应交的保险费就越多。因此，人身意外伤害保险的费率厘定不以被保险人的年龄为依据，而被保险人的职业、工种是人身意外伤害保险费率厘定的重要因素。

另外，人身意外伤害保险属于短期保险，保险期限一般不超过一年，因此，意外伤害保险的保险费计算一般也不考虑预定利率的因素。基于这一特点，人身意外伤害保险保险费的计算原理近似于非寿险，即在计算意外伤害保险费率时，应根据意外事故发生频率及其对被保险人造成的伤害程度，对被保险人的危险程度进行分类，对不同类别的被保险人分别厘定保险费率。

（三）人身意外伤害保险的承保条件

人身意外伤害保险的承保条件较宽。相对于其他业务，人身意外伤害保险的承保条件一般较宽，高龄者可以投保，而且对被保险人不必进行体格检查。

（四）人身意外伤害保险的保险期限

人身意外伤害保险的保险期较短，一般不超过一年，最多三年或五年。但是，有些意外伤害造成的后果却需要一定时期以后才能确定，因此，人身意外伤害保险有一个关于责任期限的规定，即只要被保险人遭受意外伤害的事件发生在保险期限内，自遭受意外伤害之日起的一定时期内即责任期限内（通常为 90 天、180 天或一年）造成死亡或残疾的后果，保险人就要承担给付保险金的责任。即使在死亡或者被确定为残疾时保险期限已经结束，只要未超过责任期限，保险人就要承担给付保险金的责任。

（五）人身意外伤害保险金的给付

人身意外伤害保险属于定额给付保险。在人身意外伤害保险中，死亡保险金的数额是保险合同中约定的，当被保险人死亡时如数给付；残疾保险金的数额多按保险金额的一定百分比给付，一般由保险金额和残疾程度两个因素确定。

（六）人身意外伤害责任准备金的计算

人身意外伤害保险在责任准备金的提存和核算方面，与寿险业务有着很大的不同，往往采取非寿险责任准备金的计提原理，即按当年保险费收入的一定百分比（如 40%、50%）计算。

三、人身意外伤害保险的可保风险

按照是否可保划分，可将人身意外保险分为不可保意外伤害、特约保意外伤害和一般可保意外伤害。

（一）不可保意外伤害

不可保意外伤害，也可理解为意外伤害保险的除外责任，即从保险原理上讲，保险人不应该承保的意外伤害。如果承保，则违反法律的规定或违反社会公共利益。不可保意外伤害一般包括以下几点。

1. 被保险人在犯罪活动中所受的意外伤害

意外伤害保险不承保被保险人在犯罪活动中受到的意外伤害的原因有两点：第一，保险只能为合法的行为提供经济保障，只有这样，保险合同才是合法的，才具有法律效力。一切犯罪行为都是违法行为，所以，对被保险人在犯罪活动中所受的意外伤害不予承保。第二，犯罪活动具有社会危害性，如果承保被保险人在犯罪活动中所受的意外伤害，即使该意外伤害不是由犯罪行为直接造成的，也违反社会公共利益。

2. 被保险人在寻衅殴斗中所受的意外伤害

寻衅殴斗是指被保险人故意制造事端挑起的殴斗。寻衅殴斗不一定构成犯罪，但具有社会危害性，属于违法行为，因而不能承保，其道理与不承保被保险人在犯罪活动中所受意外伤害相同。

3. 被保险人酒醉、吸毒后所受的意外伤害

被保险人在酒醉、吸食（或注射）毒品（如海洛因、鸦片、大麻、吗啡等麻醉剂、兴奋剂、致幻剂）后发生的意外伤害。酒醉或吸食毒品对被保险人身体的损害，是被保险人的故意行为所致，当然不属意外伤害。

4. 被保险人自杀

由于被保险人的自杀行为造成的伤害属于不可保风险。对于不可保意外伤害，在意外伤害保险条款中应明确列为除外责任。

（二）特约保意外伤害

特约保意外伤害，即从保险原理上讲可以承保，但保险人考虑到保险责任不易区分或限于承保能力，只有经过投保人与保险人特别约定，有时还要另外加收保险费后才予承保的意外伤害。特约保意外伤害包括以下几点。

1. 战争使被保险人遭受的意外伤害

由于战争使被保险人遭受意外伤害的风险过大，保险公司一般没有能力承保。战争是否爆发、何时爆发、会造成多大范围的人身伤害，往往难以预计，保险公司一般难以拟定保险费率。所以，对于战争使被保险人遭受的意外伤害，保险公司一般不予承保，只有经过特别约定并另外加收保险费以后才能承保。

2. 剧烈体育活动

被保险人从事登山、跳伞、滑雪、江河漂流、赛车、拳击、摔跤等剧烈的体育活动或比赛时，会使其遭受意外伤害的概率大大增加，因而保险公司一般不予承保，只有经过特别约定并另外加收保险费以后才能承保。

3. 核辐射造成的意外伤害

核辐射造成人身意外伤害的后果，往往在短期内不能确定，而且如果发生大的核爆炸时，往往造成较大范围内的人身伤害。从技术上、承保能力上考虑，保险公司一般不承保核辐射造成的意外伤害。

4. 医疗事故

医疗事故造成的意外伤害（如医生误诊、药剂师发错药品、检查时造成的损伤、手术切错部位等）不属于伤害的范畴。意外伤害保险的保险费率是根据大多数被保险人的情况制定的，而大多数被保险人身体是健康的，只有少数患有疾病的被保险人才存在医疗事故遭受意外伤害的危险。为了使保险费的负担公平合理，所以保险公司一般不承保医疗事故造成的意外伤害。

对于上述特约保意外伤害，在保险条款中一般列为除外责任，经投保人与保险人特别约定承保后，由保险人在保险单上签注特别约定或出具批单，对该项除外责任予以剔除。

（三）一般可保意外伤害

一般可保意外伤害，即在一般情况下可承保的意外伤害。除不可保意外伤害、特约保意外伤害以外的人身意外保险，均属一般可保意外伤害。

四、人身意外伤害保险的主要内容

（一）人身意外伤害保险的保险责任

人身意外伤害保险的保险责任是被保险人因意外伤害所致的死亡和残疾。死亡保险的保险责任是被保险人因疾病或意外伤害所致的死亡，而意外伤害所致的残疾保险人不负责。两全保险的保险责任是被保险人因疾病或意外伤害所致的死亡及被保险人保险期满时继续生存。

人身意外伤害保险的保险责任由三个必要条件构成。

1. 被保险人遭受了意外伤害

被保险人在保险期限内遭受意外伤害是构成意外伤害保险的保险责任的首要条件。这一首要条件包括两方面的要求：

（1）被保险人遭受意外伤害必须是客观发生的事实，而不是臆想的或推测的。

（2）被保险人遭受意外伤害的客观事实必须发生在保险期限之内。如果被保险人在保险期限开始以前曾遭受意外伤害，而在保险期限内死亡或残疾，不构成保险责任。

2. 被保险人死亡或残疾

被保险人在责任期限内死亡或残疾是构成意外伤害保险的保险责任的必要条件之一。这一必要条件包括以下两方面的要求：

（1）被保险人死亡或残疾。死亡即机体生命活动和新陈代谢的终止。在法律上发生效力的死亡包括两种情况：一是生理死亡，即已被证实的死亡；二是宣告死亡，即按照法律程序推定的死亡。残疾也包括两种情况：一是人体组织的永久性残缺（或称“缺损”），如肢体断离等；二是人体器官正常机能的永久丧失，如丧失视觉、听觉、嗅觉、语言机能、运动障碍等。

（2）被保险人的死亡或残疾发生在责任期限之内。责任期限是人身意外伤害保险和健康保险特有的概念。如果被保险人在保险期限内遭受意外伤害，在责任期限内生理死亡，则显然已构成保险责任。对于被保险人在保险期限内因意外事故下落不明，自事故发生之日起满两年，法院宣告被保险人死亡后责任期限已经超过的情况，可以在人身意外伤害保险条款中订明失踪条款或在保险单上签注关于失踪的特别约定，规定被保险人确因意外伤害事故下落不明超过一定期限（如3个月、6个月等）时，视同被保险人死亡，保险人给付死亡保险金；如果被保险人以后生还，受领保险金的人应把保险金返还给保险人。

责任期限对于意外伤害造成的残疾实际上是确定残疾程度的期限。如果被保险人在保险期限内遭受意外伤害，治疗结束后被确定为残疾时责任期限尚未结束，当然可以根据确定的残疾程度给付残疾保险金。但是，如果被保险人在保险期限内遭受意外伤害，责任期限结束时治疗仍未结束，尚不能确定最终是否造成残疾及造成何种程度的残疾时，应该推定在责任期限结束的这一时点上，被保险人的组织残缺或器官正常机能的丧失是否为永久性的，即以这一时点的情况确定残疾程度，并按照这一残疾程度给付残疾保险金。即使以后被保险人经过治疗痊愈或残疾程度减轻，保险人也不能追回全部或部分残疾保险金。同理，如果以后被保险人残疾程度加重或死亡，保险人也不追加给付保险金。

3. 意外伤害是死亡或残疾的直接原因或近因

在人身意外伤害保险中，被保险人在保险期限内遭受了意外伤害，并且在责任期限内死亡或残疾，并不意味着必然构成保险责任。只有当意外伤害与死亡、残疾之间存在因果关系，即意外伤害是死亡或残疾的直接原因或近因时，才构成保险责任。意外伤害与死亡、残疾之间的因果关系包括以下三种情况：

（1）意外伤害是死亡或残疾的直接原因。当意外伤害是被保险人死亡、残疾的直接原因时，构成保险责任，保险人应该按照保险金额给付死亡保险金或按照保险金额和残疾程度两个因素确定给付残疾保险金。

（2）意外伤害是死亡或残疾的近因。当意外伤害是直接引起被保险人死亡、残疾事件或一连串事件的最初原因时，构成保险责任，保险人应该按照保险金额给付死亡保险金或按照保险金额和残疾程度两个因素确定给付残疾保险金。

（3）意外伤害是死亡或残疾的诱因。当意外伤害使被保险人原有的疾病发作，从而加重后果，造成被保险人死亡或残疾时，意外伤害就是被保险人死亡、残疾的诱因，构成保险责任。然而，保险人不是按照保险金额和被保险人的最终后果给付保险金，而是比照身体健康遭受这种意外伤害会造成何种后果给付保险金。

构成人身意外伤害保险的保险责任的三个必要条件必须同时具备，缺一不可。

（二）人身意外伤害保险的给付方式

当人身意外伤害保险责任构成时，保险人按保险合同中约定的保险金额给付死亡保险金或残疾保险金。

在人身意外伤害保险合同中，死亡保险金的数额是保险合同中规定的，当被保险人死亡时如数支付。残疾保险金的数额由保险金额和残疾程度两个因素确定。残疾程度一般以百分率表示，残疾保险金数额的计算公式是：

残疾保险金 = 保险金额 × 残疾程度百分率

在意外伤害保险合同中，应列举残疾程度百分率，列举得越详尽，给付残疾保险金时，保险人和被保险人就越不易发生争执。但是，列举不可能穷尽，无论残疾程度百分率列举得如何详尽，也不可能包括所有的情况。对于残疾程度百分比率中未列举的情况，只能由当事人之间按照公平合理的原则，参照列举的残疾程度百分率协商确定。协商不一致时可提请有关机关仲裁或由人民法院审判。

意外伤害保险的保险金额不仅是确定死亡保险金、残疾保险金数额的依据，而且是保险人给付保险金的最高限额，即保险人给付每一被保险人的死亡保险金和残疾保险金，累计以不超过该被保险人的保险金额为限。当一次意外伤害造成被保险人身体若干部位残疾时，保险人按保险金额与被保险人身体各部位残疾程度百分率之和的乘积计算残疾保险金。若各部位残疾程度百分率之和超过 100%，则按保险金额给付残疾保险金。被保险人在保险期限内多次遭受意外伤害时，保险人对每次意外伤害造成的残疾或死亡均按保险合同中的规定给付保险金，但给付的保险金以累计不超过保险金额为限。

五、人身意外伤害保险的主要种类

按不同的分类标准，人身意外伤害保险可分为不同的种类。

（一）按实施方式分类

按实施方式可将人身意外伤害保险划分为自愿意外伤害保险和强制意外伤害保险。

1. 自愿意外伤害保险

自愿意外伤害保险是投保人和保险人在自愿基础上通过平等协商订立保险合同的人身意外伤害保险。投保人可以选择是否投保，以及向哪家保险公司投保，保险人也可以选择是否承保。只有双方取得一致时才订立保险合同，确立双方的权利和义务。

2. 强制意外伤害保险

强制意外伤害保险（又称“法定意外伤害保险”）是政府通过颁布法律、行政法规、地方性法规强制施行的人身意外伤害保险。凡属法律、行政法规、地方性法规规定的强制施行范围内的人必须投保，没有选择的余地。有的强制意外伤害保险还规定必须向某家保险公司投保，在这种情况下，该保险公司也必须承保，没有选择的余地。

（二）按保险风险分类

按保险风险分类，可将人身意外伤害保险分为普通意外伤害保险和特定意外伤害保险。

1. 普通意外伤害保险

普通意外伤害保险所承保的危险是在保险期限内发生的各种意外伤害（不可保意外伤害除外，特约保意外伤害视有无特别约定）。目前，保险公司开办的团体人身意外伤害保险、学生团体平安保险等，均属普通意外伤害保险。

2. 特定意外伤害保险

特定意外伤害保险是以特定时间、特定地点或特定原因发生的意外伤害为保险风险的人身意外伤害保险，例如，保险风险仅限定于在矿井下发生的意外伤害、在建筑工地发生的意外伤害、在驾驶机动车辆时发生的意外伤害、煤气罐爆炸发生的意外伤害等的特定意外伤害保险。

（三）按保险期限分类

按保险期限分类，可将个人意外伤害保险分为一年期意外伤害保险、极短期意外伤害保险和多年期意外伤害保险。把人身意外伤害保险进行这种分类的意义在于，不同的保险期限，计算未到期责任准备金的方法不同。

1. 一年期意外伤害保险

一年期意外伤害保险是指保险期限为一年的人身意外伤害保险业务。在人身意外伤害保险中，一年期意外伤害保险占大部分。保险公司目前开办的个人人身意外伤害保险、附加意外伤害保险等均属一年期意外伤害保险。

2. 极短期意外伤害保险

极短期意外伤害保险是指保险期限不足一年，只有几天、几小时甚至更短时间的意外伤害保险。我国目前开办的公路旅客意外伤害保险、旅游保险、索道游客意外伤害保险、游泳池人身意外伤害保险、大型电动玩具游客意外伤害保险等，均属极短期意外伤害保险。

3. 多年期意外伤害保险

多年期意外伤害保险是指保险期限超过一年的意外伤害保险。

（四）按险种结构分类

按险种结构分类，可将人身意外伤害保险分为单纯意外伤害保险和附加意外伤害保险。

1. 单纯意外伤害保险

单纯意外伤害保险是指一张保险单所承保的保险责任仅限于意外伤害的人身意外伤害保险。保险公司目前开办的个人人身意外伤害保险、公路旅客意外伤害保险、驾驶员意外伤害保险等，均属单纯意外伤害保险。

2. 附加意外伤害保险

附加意外伤害保险包括两种情况：一种是其他保险附加意外伤害保险；另一种是意外伤害保险附加其他保险责任。

课堂讨论 3

如果一个老人在爬山的过程中不幸离世，老人去世是否属于意外事故？请问景区是否有责任？

任务四　健康保险

学习重点

» 健康保险的概念与特征

» 健康保险的种类

学习难点

» 能运用健康保险的知识进行案例分析

一、健康保险及其特征

（一）健康保险的概念

健康保险是指被保险人在患疾病时发生医疗费用支出，或因疾病所致残疾、死亡时，或因疾病、伤害不能工作而减少收入时，由保险人负责给付保险金的一种人身保险。

（二）健康保险的特征

1. 健康保险经营风险的特殊性

健康保险的保险责任是伤病风险，其影响因素十分复杂，逆选择和道德风险更为严重。为降低逆选择风险，健康保险的核保要比人寿和意外伤害保险严格得多。道德风险导致的索赔欺诈也给健康保险的理赔工作提出了更高的要求。精算人员在进行风险评估及计算保费时，除了要依据统计资料，还要获得医学知识方面的支持。此外，健康保险的风险还来源于医疗服务提供者。医疗服务的数量和价格在很大程度上由他们自行决定，作为支付方的保险公司很难加以控制。

2. 健康保险的精算技术

与其他人身保险业务特别是寿险业务相比，健康保险产品的定价基础和准备金的计算有其较大特殊之处。人寿保险在制定费率时主要考虑死亡率、费用率和利息率，而健康保险在制定费率时则主要考虑疾病率、伤残率和疾病（伤残）持续时间。健康保险费率的计算以保险金额损失率为基础，年末未到期责任准备金一般按当年保费收入的一定比例提存。此外，健康保险合同中规定的等待期、免责期、免赔额、共付比例、给付方式和给付限额也会影响最终的费率。

3. 健康保险的保险期限

除重大疾病等保险以外，绝大多数健康保险尤其是医疗费用保险通常为 1 年期的短期合同，原因在于医疗服务成本不断上涨，保险人很难计算出一个长期适用的保险费率，而一般的个人寿险合同则主要是长期合同，在整个交费期间可以采用均衡的保险费率。

4. 健康保险的保险金给付

关于“健康保险是否适用补偿原则”问题，不能一概而论。补偿原则是指“被保险人获得的补偿不能高于其实际损失”。费用型健康保险适用该原则；而定额给付型健康险则不适用，保险金的给付与实际损失无关。对于前者而言，强调对被保险人因伤病所致的医疗费用或收入损失提供补偿，与人寿和意外伤害保险在发生保险事故时给付事先约定的保险金不同。

因为健康保险的特殊性，一些国家把健康保险和意外伤害保险列为第三领域，允许财产保险公司承保。我国也遵从国际惯例，放开短期健康保险和意外伤害保险的经营限制，财产险公司也可提供短期健康保险和意外伤害保险。

5. 健康保险的成本分摊

健康保险的基本责任主要是指疾病（通常不包含分娩）医疗给付责任，即对被保险人的疾病医治所发生的医疗费用支出，保险人按规定给付相应的疾病医疗保险金。由于健康保险有风险大、不易控制和难以预测的特性，在健康保险中，保险人对所承担的疾病医疗保险金的给付责任往往制定很多限制或制约性条款。

6. 健康保险合同条款的特殊性

健康保险为被保险人提供医疗费用和残疾收入补偿，无须指定受益人。健康保险合同中，除适用寿险合同的不可抗辩条款、宽限期条款、不丧失价值条款等外，还采用一些特有的条款，如既存状况条款、转换条款、协调给付条款、体检条款、免赔额条款、等待期条款等。此外，健康保险合同中有较多的名词定义，有关保险责任部分的条款也显得比较复杂。

7. 健康保险的除外责任

除外责任一般包括战争或军事行动，故意自杀或企图自杀造成的疾病、死亡和残疾，堕胎导致的疾病、残疾、流产、死亡等。健康保险中将战争或军事行动除外，是因为战争所造成的损失程度一般来讲是较高的，而且难以预测。在制定正常的健康保险费率时，不可能将战争或军事行动的伤害因素考虑在内，因而把战争或军事行动列为除外责任。故意自杀或企图自杀均属于故意行为，与健康保险所承担的偶然事故相悖，故亦为除外责任。

二、健康保险的种类

（一）医疗保险

医疗保险是指以保险合同约定的医疗行为的发生为给付保险金条件，为被保险人接受诊疗期间的医疗费用支出提供保障的保险，它是健康保险的主要内容之一。医疗费用是病人为了治病而发生的各种费用，它不仅包括医生的医疗费和手术费用，还包括住院、护理、医院设备等的费用。医疗保险就是医疗费用保险的简称。

医疗保险的范围很广，医疗费用则一般依照其医疗服务的特性来区分，主要包含医生的门诊费用、药费、住院费用、护理费用、医院杂费、手术费用、各种检查费用等。各种不同的健康保险保单所保障的费用一般是其中的一项或若干项的组合。

1. 医疗保险的主要类型

常见的医疗保险主要有普通医疗保险、住院保险、手术保险和综合医疗保险。

（1）普通医疗保险。普通医疗保险主要承保被保险人治疗疾病的一般性医疗费用，主要包括门诊费用、医药费用、检查费用等。这种保险的保费成本较低，比较适用于一般社会公众。由于医药费用和检查费用的支出控制有一定的难度，这种保单一般也具有免赔额和比例给付规定，即保险人支付免赔额以上部分的一定百分比（如 80%），保险费用则每年更新一次。每次疾病所发生的费用累计超过保险金额时，保险人不再负保险责任。

（2）住院保险。由于住院所发生的费用是相当可观的，故将住院的费用作为一项单独的保险。住院保险的费用项目主要是每天住院房间的费用、住院期间医生治疗费用、利用医院设备的费用、手术费用、医药费等。住院时间长短将直接影响其费用的高低，因此，这种保险的保险金额应根据病人平均住院费用情况而定。为了控制不必要的长时间住院，这种保单一般规定保险人只负责所有费用的一定百分比（如 90%）。

（3）手术保险。手术保险提供因病人需做必要的手术而发生的费用。这种保单一般是负担所有手术费用。

（4）综合医疗保险。综合医疗保险是保险人为被保险人提供的一种全面的医疗费用保险，其费用范围包括医疗、住院、手术等的一切费用。这种保单的保险费较高，一般确定一个较低的免赔额和适当的分担比例（如 85%）。

2. 医疗保险的常用条款

医疗保险的常用条款主要有免赔额条款、比例给付条款和给付限额条款。

（1）免赔额条款。免赔额条款是医疗保险的主要特征之一。在健康保险中，一般均对一些金额较低的医疗费用采用免赔额的规定，即保险人只负责超过免赔额的部分。一方面，对金额较低的医疗费用，被保险人在经济上可以承受；同时，规定免赔额后，可以省去保险人因此而投入的大量工作。另一方面，免赔额的规定可以促使被保险人加强对医疗费用的自我控制，避免不必要的浪费。免赔额的设计一般有三种：一是单一赔款免赔额，即针对每次赔款确定一个免赔额；二是全年免赔额，即按全年赔款总计，超过一定数额后才赔付；三是集体免赔额，即针对团体投保而言，规定了免赔额之后，小额的医疗费由被保险人自负，大额的医疗费用由保险人承担。如果是一个家庭投保，免赔额可在整个家庭成员费用之和的基础上规定。

（2）比例给付条款。比例给付条款（又称“共保比例条款”）是对超过免赔额以上的医疗费用部分采用保险人和被保险人共同分摊的比例给付办法。此条款是在免赔额基础上经常采用的一个条款。在健康保险中，由于以人的身体为保险标的，不存在是否足额投保问题，同时由于健康保险的危险不易控制，因此，在大多数健康保险合同中，对于保险人医疗保险金的支出均有比例给付的规定。比例给付既可以按某一固定比例（例如保险人承担 70%，被保险人自负 30%）给付，也可按累计比例给付，即随着实际医疗费用支出的增大，保险人承担的比例累计递增，被保险人自负的比例累计递减。这一规定，既有利于保障被保险人的经济利益，解除其后顾之忧，也有利于保险人对医疗费用的控制。

（3）给付限额条款。由于危害人体健康的风险大小差异很大，医疗费用支出的高低也相差很大，为了加强对健康保险的管理，保障保险人和广大被保险人的利益，一般对保险人医疗保险金的最高给付均有限额规定，以控制总支出水平。当然，在以某些专门的大病为承保对象的健康保险中，也可以没有赔偿限额的规定，但这种合同的免赔额一般比较高，被保险人自负的比例一般也较高。

（二）疾病保险

疾病保险是指以保险合同约定的疾病的发生为给付保险金条件的保险。某些特殊的疾病往往给病人带来的是高额的费用支出，例如癌症、心脏疾病等。这些疾病一经确诊，必然会产生大额的医疗费用支出。因此，通常要求这种保单的保险金额比较大，以足够支付其产生的各种费用。疾病保险的给付方式一般是在确诊为特种疾病后，立即一次性支付保险金额。

1. 疾病保险的基本特点

疾病保险的基本特点主要体现在如下几个方面：

（1）个人可以选择投保疾病保险。作为一种独立的险种，它不必附加于其他某个险种之上。

（2）疾病保险条款一般都规定了一个观察期，一般为 180 天（不同的国家规定可能不同）。被保险人在观察期内因疾病而支出的医疗费用及收入损失，保险人概不负责，观察期结束后保险单才正式生效。

（3）疾病保险为被保险人提供切实的疾病保障，且保障程度较高。疾病保险保障的重大疾病，均是可能给被保险人的生命或生活带来重大影响的疾病项目，如急性心肌梗死、恶性肿瘤。

（4）保险期限较长。疾病保险一般都能使被保险人“一次投保，终身受益”。保费交付方式灵活多样，且通常设有宽限期条款。

2. 重大疾病保险

重大疾病保险是当被保险人在保险期间内发生保险合同约定的疾病、达到约定的疾病状态或实施了约定的手术时给付保险金的健康保险产品。重大疾病保险的根本目的是为病情严重、花费巨大的疾病治疗提供经济支持。

重大疾病保险在国内比较流行，保障的疾病一般有恶性肿瘤、急性心肌梗死、脑中风后遗症、重大器官移植术或造血干细胞移植术、冠状动脉搭桥术（或称冠状动脉旁路移植术）、急性或亚急性重症肝炎、严重的原发性心肌病等。

（1）按保险期间划分，可以将重大疾病保险分为定期和终身两类。

①定期重大疾病保险。定期重大疾病保险为被保险人在固定的期间内提供保障。固定期间可以按年数确定（如 10 年），也可以按被保险人年龄确定（如保障至 70 岁）。

②终身重大疾病保险。终身重大疾病保险为被保险人提供终身的保障。“终身保障”的形式有两种：一种是为被保险人终身提供重大疾病保障，直至被保险人身故；另一种是指一个“极限”年龄（如 100 周岁）。当被保险人健康生存至这个年龄时，保险人给付与重大疾病保险金额相等的保险金，保险合同终止。终身重大疾病保险产品一般都含有身故保险责任，费率相对比较高。

（2）按保险金的给付形态划分，重大疾病保险有提前给付型、附加给付型、独立主险型、按比例给付型、回购式选择型五种。

①提前给付型重大疾病保险。提前给付型重大疾病保险的保险责任包含重大疾病、死亡和（或）高度残疾；保险总金额为死亡保额，但包括重大疾病和死亡保额两部分。如果被保险人罹患保单所列重大疾病，保险人可以按照死亡保额一定比例提前给付重大疾病保险金，用于医疗或手术费用等开支，身故时由身故受益人领取剩余部分的死亡保险金。如果被保险人没有发生重大疾病，则全部保险金作为死亡保障，由受益人领取。

②附加给付型重大疾病保险。附加给付型重大疾病保险通常作为寿险的附约，保险责任包含重大疾病和死亡高残两类。不同于提前给付型的是该类产品有确定的生存期间。生存期间是指自被保险人身患保障范围内的重大疾病开始至保险人确定的某一时刻止的一段时间，通常为 30 天、60 天、90 天、120 天不等。如果被保险人死亡或高残，保险人给付死亡保险金；如果被保险人罹患重大疾病且在生存期内死亡，保险人给付死亡保险金；如果被保险人罹患重大疾病且存活超过生存期间，保险人给付重大疾病保险金，被保险人身故时再给付死亡保险金。此种产品的优势在于死亡保障始终存在，且不会因重大疾病保障的给付而减少死亡保障。

③独立主险型重大疾病保险。独立主险型重大疾病保险包含的死亡和重大疾病责任是完全独立的，各自的保额为单一保额。如果被保险人身患重大疾病，保险人给付重大疾病保险金，死亡保险金为零；如果被保险人未患重大疾病，则给付死亡保险金。此类保险产品较易定价，即单纯考虑重大疾病的发生率和死亡率，但对重大疾病的描述要求严格。

④按比例给付型重大疾病保险。按比例给付型重大疾病保险产品是针对重大疾病的种类而设计的，同时可应用于以上诸类产品中，主要考虑某一种重大疾病的发生率、死亡率、治疗费用等因素。被保险人罹患某一种重大疾病时按照重大疾病保险金额的一定比例给付，其死亡保障不变。

⑤回购式选择型重大疾病保险。回购式选择型重大疾病保险产品是针对提前给付型产品存在的因领取重大疾病保险金而导致死亡保障降低的不足而设计的。根据该产品的条款规定，保险人给付重大疾病保险金后，如果被保险人在某一特定时间后仍存活，可以按照某固定费率买回原保险总额的一定比例（如25%），使死亡保障有所增加；如果被保险人再经过一定的时间仍存活，可再次买回原保险总额的一定比例，最终使死亡保障可以达到购买之初的保额。此类保险产品最早出现在南非，在澳大利亚和英国非常普遍，目前在我国尚属空白。回购式选择带来的逆选择是显而易见的，因此对于“回购”的前提或条件的设定至关重要。

（三）失能收入损失保险

1. 失能收入损失保险的定义

失能收入损失保险是指以因保险合同约定的疾病或者意外伤害导致工作能力丧失为给付保险金条件，为被保险人在一定时期内收入减少或者中断提供保障的保险。当被保险人由于疾病或意外伤害导致残疾，丧失劳动能力不能工作以致失去收入或减少收入，保险人在一定期限内分期给付保险金。主要目的是为被保险人因丧失工作能力导致收入的丧失或减少提供经济上的保障，但不承担被保险人因疾病或意外伤害所发生的医疗费用。

2. 失能收入损失保险的特点

失能收入损失保险一般分为两种：一种是补偿因伤害而致残疾的收入损失；另一种是补偿因疾病造成残疾而致的收入损失。在实践中，因疾病而致残疾比因伤害而致残疾更为多见一些。失能收入损失保险的特点主要体现在以下几个方面：

（1）给付方式。失能收入损失保险一般按月或按周进行补偿，主要根据被保险人的选择而定，每月或每周可提供金额相一致的收入补偿。失能收入损失保险所提供的保险金不一定能完全补偿被保险人因伤残而招致的收入损失。失能收入损失保险的给付额一般都有一个最高限额，该限额低于被保险人在伤残以前的正常收入水平。这一限制的目的是为了促使残疾的被保险人尽早重返工作岗位。

失能收入损失保险除了在被保险人全残时给付保险金外，还可以提供其他利益，包括部分伤残保险金给付、未来增加保额给付、生活费用调整给付、残疾免交保费条款、移植手术保险给付、非失能性伤害给付、意外死亡给付等。这些补充利益作为特殊条款，通过缴纳附加保费的方式获得。

（2）给付期限。给付期限是指收入保障保单支付保险金的最长时间。给付期限可以是短期，也可以是长期。短期补偿是为了补偿被保险人在身体恢复前不能工作的收入损失；长期补偿是为了补偿被保险人全部残疾而不能恢复工作的收入损失。一般而言，失能保险期间，不论是生病致残、还是受伤致残均相同，从13周、26周、52周，到2年、5年或给付至65岁。如全残始于55岁、60岁或65岁，可提供终身给付。多数失能为短期失能，即失能者恢复期在12个月内。若恢复期超过12个月，恢复工作能力的概率也锐减，尤其是年老者，对此更宜于选择较长的保险给付期限。

（3）免责期间。免责期间是指在残疾失能开始后无保险金可领取的一段时间，即残疾后的前一段时间。免责期间类似于医疗费用保险中的免责期或自负额，在此期间保险人不给付任何补偿。免责期的设定目的在于排除一些不连续的疾病或受伤，因其所致丧失劳动能力可能只有几天，或者在短时间内，被保险人还可以维持一定生活。同时，设置免责期还可以通过取消对短期残疾的给付而减少保险成本。各保险公司的免责期不同，如 30 天、2 个月、3 个月、6 个月和 1 年等，越长的免责期，保费越便宜。此外，免责期间允许中断，如被保险人在短暂恢复后（一般限定为 6 个月以内）再度失能，可将两段失能期间合并计算免责期。

3. 失能收入损失保险中关于残疾的界定

残疾和全残是失能收入损失保险中两个非常重要的概念。残疾指由于伤病等原因在人体上遗留的固定症状，并影响正常生活和工作能力。导致残疾的原因通常有先天性的残障、后天疾病遗留、意外伤害遗留等。失能收入损失保险对先天性的残疾不给付保险金，并规定只有满足保单载明的全残定义时，才可以给付保险金。在失能收入损失保险保单中，关于残疾的定义有很多种，这里讨论完全残疾和部分残疾的定义。

（1）完全残疾。完全残疾一般指永久丧失全部劳动能力，不能参加工作（原来的工作或任何新工作）以获得工资收入。商业保险中常见的全残定义有以下几种：

①全残。目前多将残疾分成两个阶段：在致残初期，如被保险人不能完成其惯常职业的基本任务，则可认定为全残或完全丧失工作能力，被保险人就可按规定领取保险给付；在致残 2～5 年后，被保险人仍不能完成任何与之所受教育、训练或经验相当的职业任务，可认定为全残，并继续领取残疾收入给付直至保险期满。这种定义可能导致被保险人自愿重返任何一种有收入的职业后就不能再领取全残保险给付。

②绝对全残。失能保险单中将全残定义为绝对全残，即该残疾使得被保险人不能从事任何职业。现在大多数公司已经不再采用此种苛刻的定义。

③原职业全残。一些收入保障保险对从事某些特定职业者（如钢琴师、医师、牙医、律师或会计师等）签发的保单进一步放宽了对全残的限制，规定如被保险人因伤残不能完成原职业的基本任务时，就可认定为全残，也可以领取约定的保险金，而不论他是否从事其他有收入的职业。

④收入损失全残。被保险人由于残疾而遭受收入损失，就可被认定为全残。这种保险单提供的残疾收入保险金包括两种情况：一是被保险人因全残而丧失工作能力；二是被保险人尚能工作，但因伤残而致使其收入降低。

⑤推定全残。在某些情况下，被保险人患病或遭受意外伤害，最终是否残疾在短期内难以判定，为此，保险公司往往在保险条款中规定一个定残期限，如 180 天。如果被保险人发生的伤残在定残期限届满时尚无明显的好转征兆，将自动被认定为全残。

⑥列举式全残。有的保险公司还在保单中列举出被保险人可以被认定为“全残”的情况。这些情况通常包括：双目永久完全失明；两上肢腕关节以上或两下肢踝关节以上缺失；一上肢腕关节以上及一下肢踝关节以上缺失；一目永久完全失明及一上肢腕关节以上缺失；一目永久完全失明及一下肢踝关节以上缺失；四肢关节机能永久完全丧失；咀嚼、吞咽机能永久完全丧失；中枢神经系统机能或胸、腹腔部脏器机能极度障碍，终

身不能从事任何工作，为维持生命必要的日常生活活动，全需他人扶助等。

全部残疾给付金额一般比残疾前的收入少一些，通常是原收入的 75% ～ 80%。

（2）部分残疾。部分残疾是指部分丧失劳动能力。如果把全部残疾认为是收入全部损失，那么部分残疾则意味着被保险人还能从事一些有收入的其他职业（显然这种职业的收入比原来职业的收入少）。在这种情况下，保险人给付的将是全部残疾给付的一部分，其计算公式如下：

部分残疾给付 = 全部残疾给付 ×（残疾前的收入－残疾后的收入）/ 残疾前的收入

（四）护理保险

1. 护理保险的定义

护理保险是健康保险非常重要的组成部分，在国外比较流行。护理保险是指以因保险合同约定的日常生活能力障碍引发护理需要为给付保险金条件，为被保险人的护理支出提供保障的保险。一般的医疗保险或其他老年医疗保险不提供长期护理的保障。护理保险的保险范围分为医护人员看护、中级看护、照顾式看护和家中看护四个等级，但早期的护理保险产品不包括家中看护。

2. 护理保险的特点

护理保险的特点主要体现在以下几个方面：

（1）护理保险保险金的给付期限。护理保险保险金的给付期限有 1 年、数年和终身等几种不同的选择，同时也规定有 20 天、30 天、60 天、90 天、100 天等多种免责期，例如选择 20 天的免责期，即从被保险人开始接受承保范围内的护理服务之日起，在看护中心接受护理的前 20 天不属保障范围。免责期愈长，保费愈低。终身给付保单通常很昂贵。

（2）护理保险的保费。护理保险的保费通常为平准式；也有每年或每一期间固定上调保费者，其年交保费因投保年龄、等待期间、保险金额和其他条件的不同而有很大区别。护理保险一般都有豁免保费保障，即保险人开始履行保险金给付责任的 60 天、90 天或 180 天起免交保费。

（3）护理保险的保单。所有护理保险保单都是保证续保的，可保证对被保险人续保到一特定年龄如 79 岁，有的甚至保证对被保险人终身续保。保险人可以在保单更新时提高保险费率，但不得针对具体的某个人，必须一视同仁地对待同样风险情况下的所有被保险人。

（4）护理保险的特殊条款。护理保险有不没收价值条款，即当被保险人撤销其现存保单时，保险人会将保单积累的现金价值退还给投保人。

课堂讨论 4

学生吴某所在学校为全校学生投保了意外伤害险及附加医疗险，每人保额 5000 元。但是有一天吴某在上学途中被车撞了，被司机送到了医院抢救。司机为其支付了医疗费用和补助金。请问，保险公司是否还要为吴某履行支付义务？

课后练习

简答题

1. 请同学们通过互联网查找下面寿险公司的官方网址，并填写在空白处。

中国人寿

平安寿险

太平洋寿险

新华人寿

人保寿险

合众人寿

国泰人寿

2. 从上面的寿险公司中选出一家，叙述其所销售的人身保险。

项目六 保险展业

知识目标

- 了解保险展业的流程。
- 掌握保险理赔的流程。
- 掌握保险业务的流程。

能力目标

- 能够进行险种的展业。

任务一　认识保险展业

学习重点

- 保险展业的概念与特点
- 保险展业的原则

学习难点

- 保险展业的流程

一、保险展业概述

（一）保险展业的含义

保险展业，即保险推销，属于狭义保险营销，是保险展业人员引导保险潜在客户参加保险的行为，也是为投保人提供投保服务的行为，是保险经营的起点。保险展业由保险宣传和销售保险单两种行为构成。

（二）保险展业的特点

1. 具有服务性

保险营销把保险作为一种特殊商品，为客户提供的是一种保障承诺。当客户发生风险事故时，保险服务于客户，为客户提供风险保障。这种服务性活动应贯穿于为保户服务的始终，不仅表现为在客户购买保险之前，保险营销人员应根据其保险需求帮助设计保险方案，选择适当的保险险种，为客户提供最佳的险种和购买决策；还表现为在投保人投保之后，保险营销人员应根据保户保险需求的变化和新险种的出现，帮助保户调整保险方案，确保保户的财务稳定。

2. 特别注重推销技术

保险商品具有特殊性，即保险业经营的是看不见摸不着的风险，“生产”出来的商品仅仅是对保险消费者的一纸承诺。而且这种承诺只能在约定的事件发生或约定的期限届满时履行，而不像一般商品或服务可以立即实质性地感受其价值和使用价值。保险业流行一句老话：“保险必须靠推销。”正是由于保险商品过于抽象，保险单过于复杂，使得人们对保险商品了解甚少，需要通过推销人员的推销技巧去刺激和引导人们对保险的需求欲望，并促成消费者购买保险。

因此，加强保险推销的管理，就成为保险营销特殊性的要求。但是，保险营销不等于保险推销，保险推销只是保险营销的一个阶段。

3. 具有很强的挑战性

由于我国的保险业起步较晚，虽然发展很快，但还是处于初级阶段。人们对保险的隐 性需求很大，但保险意识淡薄。不仅如此，人们还对保险存有偏见，保险公司的产品和服务与人们需求之间还存在着较大差距，从而使得我国的保险营销环境不容乐观，保险营销更富挑战性，发挥保险营销人员的保险宣传者和保险顾问的双重作用非常必要。

4. 具有较强的专业性

保险学是一门范围非常广泛的学科，涉及经济、法律、医学、社会学、数学、心理学等。同时对被保险人而言，购买保险并不仅仅是一种消费行为，更重要的是一项风险管理计划、一项投资理财计划、一项财务保障计划。保险营销人员需要运用其丰富的知识（如金融、投资、理财、营销、法律、医学等方面），根据客户的保险需求及不同客户的心理特征，为客户设计合理的保险方案。

5. 具有很大的竞争性

我国保险市场已进入多元化的市场格局，各家保险公司营销工作的不断增强，营销攻势的猛烈冲击，使得我国保险市场的竞争日趋激烈。

（三）保险展业的基本原则

保险营销的基本原则是指在保险营销活动中应该遵守的行为规范与准则。

1. 遵纪守法原则

遵纪守法原则是指保险公司在组织和实施市场营销活动中，应该以社会及公众利益为重，自觉遵守国家有关法律和政策，依法进行经营管理。保险公司只有自觉按照国家法律法规和政策实施营销活动才能确保企业经营的长期稳定发展。

2. 遵守职业道德原则

保险营销人员与客户进行沟通活动，其品德和信誉的优劣不仅影响保险公司的整体形象，还关系到客户的切身利益。一般而言，保险营销人员严禁有下列不道德行为：

（1）保费折扣。这是保险营销人员对客户进行的一种经济诱惑，容易引起保单持有人之间的不平等，也会使保险公司和营销人员名誉受到影响。

（2）换约招揽。换约招揽是指劝说客户中断在另一家或同一家保险公司已经生效的保单，购买新保单，给客户带来不必要的经济损失。

（3）对保险条款等方面的错误陈述，最终导致保险公司与客户之间的纠纷，破坏保险公司形象。

3. 诚实信用原则

诚实信用原则是保险的基本原则之一，它对保险双方当事人都具有约束力。保险公司及保险推销员作为保险营销的主体，在实施保险营销的活动中应该做到以下几点：

（1）严守职业道德，严格按规章制度办事。

（2）自觉维护保险公司信誉，诚心诚意为顾客服务。

（3）应以诚相待，不欺骗顾客，不损害顾客利益。

4. 服务至上原则

保险营销活动是以顾客及其需求为核心的，保险公司在组织实施保险营销活动中，必须牢固树立“顾客第一，服务至上”的理念。保险公司只有提供优质的服务才能占领较大的市场份额。因此，保险服务应贯穿于保险营销的全过程，包括与保户签约、为保户提供续保、制订新的保险计划、协助保户索赔等一系列服务。只有为客户提供优质服务，才能使其产生信任感和依赖感，并长期吸引客户。

5. 开拓保险市场原则

保险营销人员在推销保单的同时，还要创造性地开拓新的市场和保险服务领域。保险营销人员不仅要在众多保险需求不同的客户群中有针对性地开展营销活动，开拓自己的营销市场，还要利用获取的市场需求信息，分析客户群的心理活动和保险偏好，不断开拓新的保险服务领域，推出新险种，挖掘新客户，提高保险公司的市场占有率。

目前，我国的保险市场还不够规范，法律法规还不是十分完善，应在坚持行业的行为准则下规范保险营销活动。

二、保险展业流程

保险展业流程也称保险销售循环，是指保险业务员从客户定位、客户拜访一直到完成保险合同签订等所经历的工作环节，是保险销售工作各环节的规范化和指引。熟练掌握保险展业流程，可以协助保险业务员掌握销售节奏、提升工作效率、节约成本。保险业务员如果想要知道自己的目标客户是谁、如何接触目标客户、如何进行有效沟通，直至成功签订保险合同，就必须了解保险展业流程，理解和掌握流程中的要点，并以此指导自己的日常销售工作。

保险展业流程一般为客户定位—客户拜访—销售面谈—异议处理—促成—保单送递—客户服务等环节，而且构成一个循环（见图6-1）。各个公司可能有一些细微差别（见图6-2）。

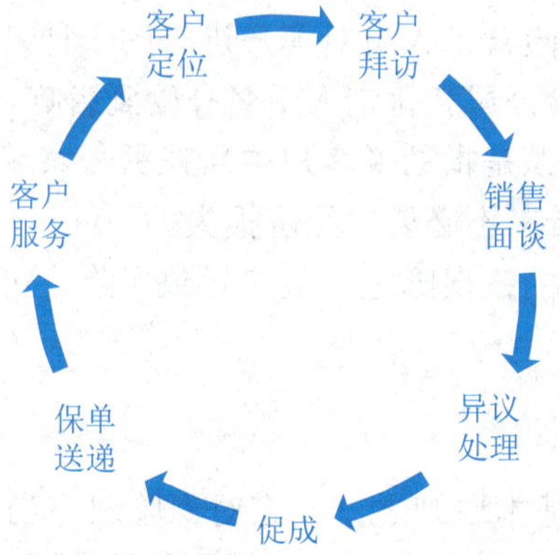

图6-1 保险展业一般流程图

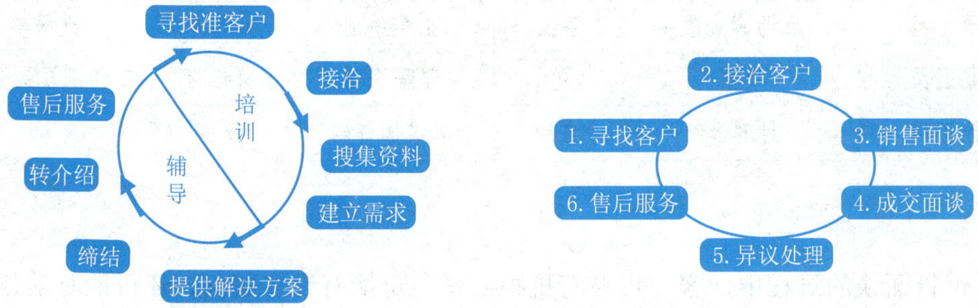

（a）A保险公司　　（b）B保险公司

6-2 A 保险公司和 B 保险公司的保险展业流程图

（一）客户定位

保险产品种类繁多，各有特色，要求保险业务员掌握的具体知识也不尽相同，而且，客户的行为特征千差万别，保险业务员不可能与所有的客户都有“共同语言”，也不可能熟知各行各业不同的风险特征，对财产保险而言如此，对人身保险而言也是如此。“物以类聚，人以群分”，展业人员应当综合考虑各种因素，包括自身的知识结构、工作和生活经历、个人偏好、所销售保险产品的特点、所在地区消费者的行为特征等，选定自己的主要展业客户对象，做到有的放矢，事半功倍。

（二）客户拜访

筛选客户之后，要着手准备接近客户。如果客户是企业，则要收集该企业的相关资料，了解该企业的生产经营状况，对该企业所面临的风险有较好的分析，并收集该企业相关负责人的个人信息，推测其可能具备的行为特征，做好各种面谈假设应对方案。以上论述有可能过于理想化，有人认为我国目前保险展业的特点是“展业基本靠关系，竞争基本靠价格”，这种观点有一定的代表性。但是随着市场经济的发展和升级，保险展业会日益规范，只有那些真正为企业利益着想、能为投保企业带来价值的保险业务员才会有施展的舞台。

如果客户是个人，那么要清楚客户所处行业的工资及福利水平，熟悉当地的社会保障，熟悉客户所处的群体消费观念及习惯，等等，再利用市场调查、陌生拜访或者缘故法等方式接近客户。

（三）销售面谈

与客户进行接触后，选择时机进行保险产品销售面谈。当然，在面谈之前各种“道具”必不可少（见表 6-1）。在销售面谈的过程中，要掌握尽量详细的客户信息，并据此初步拟定保险计划书。对于获取的客户信息要严格遵守职业道德规范，为客户保密。此外，对于客户所提供的信息要进行辨别和筛选，务必使信息真实，以便制订的保险计划能真正满足客户的需求。

表 6-1 保险展业必备工具

主要工具	市场调查表	条款	业务手册	宣传单	投保单
次要工具	收据	笔	理赔资料	身份证	工作证（展业证）
其他工具	计算器	名片	多媒体资料	便笺	

（四）异议处理

在销售面谈的过程中，客户可能有抗拒心理，可能有许多疑问，还可能有其他一些细节，进而阻碍认可保险业务员及其所制订的保险计划书。此时，保险业务员应当揣摩客户每一句话背后所隐含的深层次意图，事先进行话术演练，灵活而详尽地回答客户的每一个问题，打消客户的抗拒或者犹豫（见表 6-2）。当然，在整个展业过程中都必须站在客户的立场，一心维护客户的利益，不可以因保险业务员个人利益而误导、欺骗客户。

表 6-2 常见的四类真实异议

异议类别	常见的反馈	处理方法
不需要	·我自己有储蓄 ·我家人会有其他办法生活 ·我有公司的团体保险 / 社保	问题：显示他相信自己及家人有足够的保障 应对：找出他所关心的事，例如子女教育、退休金、供楼贷款等，指出他的其他重要的需要同样需要保险去解决
缺少资金	·我负担不起 ·我的日常开支很大 ·我暂时不愿意有额外负担	问题：并非真正表示他没有能力负担保费，只是他不愿意花钱买保险 应对：令他明白您所推荐的计划，不仅他能够负担，而且更值得购买；因为保险既可以提供家庭保障，又能起到稳定资产的作用
不用急	·我要多加考虑 ·下个月才可以答复您 ·我要和太太商量一下 ·我现在很忙，以后再说了	问题：显示他是希望延迟作出决定，而忽略了马上投保的重要性 应对：向客户指出拖延决定的后果——可能为家庭及自己带来危机；最好能准备一些例子及真实故事来说服他为何需要立即购买
没信心	·我朋友也是从事这一行业 ·我在原来的保险公司投保就可以了 ·我要与其他公司做个比较 ·我怕通货膨胀	问题：可能对您、您代表的公司或您所推销的产品缺乏信心，不愿意交易 应对：令对方深信您是专业人士，有足够的知识与经验，并曾接受严格训练；而您的公司则稳健可靠，服务超卓；展示公司产品的优势，让客户知道选择您、您公司的产品才是明智之举

（五）促成

在客户理解将要购买的保险计划、没有什么疑问之后，保险业务员应当及时进行促成，协助客户填写投保单证，准备各种资料。保险消费虽然对生产和生活的影响很大，但又不像对购买其他商品一样有明显的急迫性和主动性，如果不及时促成，客户原本不十分坚定的购买行为可能会中止，使保险业务员前功尽弃。更严重的是，如果因为保险业务员没有及时促成，而在此期间客户又不幸发生“保险事故”，会导致保险业务员产生出对客户不负责任的愧疚。

（六）保单送递

保险单制作完毕之后，保险业务员应当及时将保单亲自送达客户手中，不仅仅是为了获得保单送达回执，更重要的是，向客户表明一种优质的服务态度，让客户获得超过想象的满意，培养和提升客户的忠诚度。在保单送递的过程中，还可以进一步向客户讲解条款内容、客户的权利和义务，包括责任免除条款、犹豫期等，让客户明明白白消费，降低保单失效率。此外，还可以通过保单送递增加与客户的接触机会，增进联系，或许还可以获得客户的转介绍，也可以为将来进行二次展业埋下伏笔。在这里需要注意提醒客户有些保单是有犹豫期的。在这个犹豫期内可以退保，但错过了犹豫期，退保将会收取一定金额的保险手续费用。

（七）客户服务

客户服务贯穿于展业过程的始终。保险业本身就属于服务行业，尤其是保险产品是一纸法律合同，没有显著的实物形态，显得有点虚无缥缈，也很难进行比较。此时，客户对保险产品质量及保险消费的评价可能在很大程度上取决于服务的水平。好的服务就像无声的广告，流传久远。

在保险展业流程的多个环节中，是有“话术”存在的，新人应该在进行入司展业前学习相关险种的话术。

课堂讨论 1

保险展业的流程是什么？

任务二　保险业务流程

学习重点

» 保险承保的概念与内容

学习难点

» 保险承保的流程

一、保险承保的定义

承保指保险人在投保人提出要保请求后，经审核认为符合承保条件并同意接受投保人申请，承担保单合同规定的保险责任的行为。承保工作中最主要的环节为核保。核保是对标的进行风险评估、风险选择和选择产品的过程，是保险公司的经营策略。

保险承保是保险人对投保人所提出的投保申请进行审核，继而决定是否承保和如何承保的过程。承保环节是保险合同双方就保险条款进行实质性谈判的阶段；承保质量的高低直接影响到保险企业的生存与发展，是保险经营的一个重要环节；要约、承诺、核查、订费都属于承保业务环节。

二、保险承保的一般程序

（一）核保

保险核保是指保险公司在对投保标的的信息全面掌握、核实的基础上，对可保风险进行评判与分类，进而决定是否承保、以什么样的条件承保的过程。核保的主要目标在于辨别保险标的的危险程度，并据此对保险标的进行分类，按不同标准进行承保、制定费率，从而保证承保业务的质量。核保工作的好坏直接关系到保险合同能否顺利履行，关系到保险公司的承保盈亏和财务稳定。因此，严格规范的核保工作是衡量保险公司经营管理水平高低的重要标志。

保险核保信息的来源主要有三个途径：投保人填写的投保单，销售人员和投保人提供的情况，通过实际查勘获取的信息。首先，投保单是核保的第一手资料，也是最原始的保险记录。保险人可以从投保单的填写事项中获得信息，以对风险进行选择。其次，销售人员实际上是一线核保人员，其在销售过程中获取了大量有关保险标的的情况，其寻找准客户和进行销售活动的同时实际上就开始了核保过程，可以视为外勤核保。所以必要时核保人员会向销售人员直接了解情况。另外，对于投保单上未能反映的保险标的物和被保险人的情况，也可以进一步向投保人了解。第三，除了审核投保单及向销售人员和投保人直接了解情况外，保险人还要对保险标的、被保险人面临的风险情况进行查勘，这称为核保查勘。核保查勘可由保险人自己进行，有时也会委托专门机构和人员以适当方式进行。

（二）作出承保决策

保险承保人员对通过一定途径收集的核保信息资料加以整理，并对这些信息经过承保选择和承保控制之后，可作出以下承保决策：

（1）正常承保。对于属于标准风险类别的保险标的，保险公司按标准费率予以承保。

（2）优惠承保。对于属于优质风险类别的保险标的，保险公司按低于标准费率的优惠费率予以承保。

（3）有条件地承保。对于低于正常承保标准但又不构成拒保条件的保险标的，保险公司通过增加限制性条件或加收附加保费的方式予以承保。例如，在财产保险中，保险人要求投保人安装自动报警系统等安全设施才予以承保；如果保险标的低于承保标准，保险人采用减少保险金额，或者使用较高的免赔额或较高的保险费率的方式承保。

（4）拒保。如果投保人投保条件明显低于保险人的承保标准，保险人就会拒绝承保。对于拒绝承保的保险标的，要及时向投保人发出拒保通知。

（三）缮制单证

对于同意承保的投保申请，要求签单人员缮制保险单或保险凭证，并及时送达投保人手中。缮制单证是保险承保工作的重要环节，其质量的好坏，关系到保险合同双方当事人的权利能否实现和义务能否顺利履行。单证采用计算机统一打印，要求做到内容完整、数字准确、不错、不漏、无涂改。保单上注明缮制日期、保单号码，并在保单的正副本上加盖公、私章。如有附加条款，将其粘贴在保单的正本背面，加盖骑缝章。同时，要开具“缴纳保费通知书”，并将其与保单的正、副本一起送复核员复核。

（四）复核签章

任何保险单均应按承保权限规定由有关负责人复核签发。它是承保工作的一道重要程序，也是确保承保质量的关键环节。复核时会审查投保单、验险报告、保险单、批单及其他各种单证是否齐全，内容是否完整、符合要求，字迹是否清楚，保险费计算是否正确等，力求准确无误。保单经复核无误后必须加盖公章，并由负责人及复核员签章，然后交由内勤人员清分发送。

（五）收取保费

交付保险费是投保人的基本义务，向投保人及时足额收取保险费是保险承保中的重要环节。为了防止保险事故发生后的纠纷，在签订保险合同中要对保险费缴纳的相关事宜予以明确规定，其中包括保险费缴纳的金额及交付时间，以及未按时交费的责任。对于非寿险合同，合同中会特别约定并明确告知：如果投保人不能按时缴纳保险费，保险合同将不生效，发生事故后保险人不承担赔偿责任；如果不足额缴纳保险费，保险人将有限定地（如按照实交保费与应付保费的比例）承担保险责任。

由于寿险和非寿险的标的特征、业务性质不同，各自核保的要求各异，以下分别介绍。

三、财产保险的核保要素及风险单位划分

（一）核保要素

在财产保险核保过程中，需要对有些因素进行重点风险分析和评估，并实地查勘。其中，主要的核保要素有以下几点。

1. 保险标的物所处的环境

保险标的物所处的环境不同，直接影响其出险概率的高低及损失的程度。例如，对所投保的房屋，要检验其所处的环境是工业区、商业区还是居民区；附近有无诸如易燃、易爆的危险源；救火水源如何，以及与消防队的距离远近；房屋是否属于高层建筑，周围是否通畅，消防车能否靠近等。

2. 保险财产的占用性质

查明保险财产的占用性质，可以了解其可能存在的风险；同时要查明建筑物的主体结构及所使用的材料，以确定其危险等级。

3. 投保标的物的主要风险隐患和关键防护部位及防护措施状况

这是对投保财产自身风险的检验。具体包括三个方面的内容：

（1）认真检查投保财产可能发生风险损失的风险因素。例如，投保的财产是否属于易燃、易爆品或易受损物品；对温度和湿度的灵敏度如何；机器设备是否超负荷运转；使用的电压是否稳定；建筑物结构状况等。

（2）对投保财产的关键部位重点检查。例如，建筑物的承重墙体是否牢固，船舶、车辆的发动机的保养是否良好。

（3）严格检查投保财产的风险防范情况。例如有无防火设施、报警系统、排水排风设施；机器有无超载保护、降温保护措施；运输货物的包装是否符合标准；运载方式是否合乎标准等。

4. 是否有处于危险状态的财产

正处在危险状态的财产意味着该项财产必然或即将发生风险损失，这样的财产保险人不予承保。这是因为保险承保的风险应具有损失发生的不确定性。必然发生的损失，属于不可保风险。如果保险人予以承保，就会造成不合理的损失分布，这对于其他被保险人是不公平的。

5. 检查各种安全管理制度的制定和实施情况

健全的安全管理制度是预防、降低风险发生的保证，可减少承保标的损失，提高承保质量。因此，核保人员应核查投保方的各项安全管理制度，核查是否有专人负责该制度的执行和管理。如果发现问题，会建议投保人及时解决，并复核其整改效果。倘若保险人多次建议投保方实施安全计划方案，但投保方仍不执行，保险人可调高费率，增加特别条款，甚至拒保。

6. 查验被保险人以往的事故记录

这一核保要素主要包括被保险人发生事故的次数、时间、原因、损失及赔偿情况。一般从被保险人过去3～5年间的事故记录中可以看出被保险人对保险财产的管理情况，并通过分析以往损失原因找出风险所在，督促被保险人改善管理，采取有效措施，避免损失。

7. 调查被保险人的道德情况

特别是对经营状况较差的企业，弄清是否存在道德风险。一般可以通过政府有关部门或金融单位了解客户的资信情况，必要时可以建立客户资信档案，以备承保时使用。

（二）划分风险单位

风险单位是指一次风险事故可能造成保险标的损失的范围。一般来说，风险单位有四项构成条件：一是面临损失的价值；二是引发损失的风险事故；三是财务损失的影响程度；四是遭受损失的法律权益主体。在保险经营中，合理划分风险单位，不仅是必要的，而且对于保险公司评估风险、作出承保决策具有重要的意义。在保险实践中，风险单位的划分一般有三种形式。

1. 按地段划分风险单位

如果保险标的之间在地理位置上相毗连，具有不可分割性，当风险事故发生时，承受损失的机会是相同的，那么这一整片地段就被算成一个风险单位。

2. 按标的划分风险单位

与其他标的无相毗连关系，风险集中于一体的保险标的为一个风险单位，如一架飞机。

3. 按投保单位划分风险单位

为了简化手续，对于一个投保单位，不需区分险别，只要投保单位将其全部财产足额投保，该单位就为一个风险单位。

四、人寿保险的核保要素及风险类别划分

（一）核保要素

人寿保险的核保要素一般分为影响死亡率的要素和非影响死亡率的要素。非影响死亡率的要素包括保额、险种、交费方式、投保人财务状况、投保人与被保险人及受益人之间的关系；影响死亡率的要素包括年龄、性别、职业、健康状况、体格、习惯、嗜好、居住环境、种族、家族、病史等。在寿险核保中重点考虑影响死亡率的要素。

1. 年龄和性别

年龄是人寿保险核保所要考虑的最重要的因素之一。因为死亡概率一般随着年龄的增加而增加，各种死亡原因在不同年龄段的分布是不一样的，而且不同年龄组各种疾病的发病率也不相同。因此，保险金给付的频数与程度有很大的差异。另外，性别对死亡率和疾病种类也有很大影响。有关统计资料表明，女性平均寿命要长于男性 4 ～ 6 年，各国生命表中的死亡概率的计算也充分反映了这一点。因此，性别因素也关系着保险人承担给付义务的不同。

2. 体格及身体情况

体格是遗传所致的先天性体质与后天各种因素的综合表现，包括身高、体重等。经验表明，超重会引起生理失调，导致各种疾病的发生。所以，超重会使所有年龄的人都增加死亡率，对中年人和老年人尤甚。为此，保险公司可编制一张按照身高、年龄、性别计算的平均体重分布表。体重偏轻一般关系不大，但核保人员应注意对近期体重骤减者进行调查，以确定是否由疾病引起。除体格以外的身体情况也是核保的重要因素，如神经、消化、心血管、呼吸、泌尿、内分泌系统失常会引起较高的死亡概率。保险人应收集各种疾病引发死亡的统计资料，在不同时期引起死亡的疾病的排列顺序是不同的。目前，癌症和心血管疾病是引起死亡的最主要原因。

3. 个人病史和家族病史

如果被保险人曾患有某种急性或慢性疾病，往往会影响其寿命，所以，在核保中一般除要求提供自述的病史外，有时还需要医师或医院出具的病情报告。了解家族病史主要是了解家庭成员中有无可能影响后代的遗传性或传染性疾病，如糖尿病、高血压、精神病、血液病、结核、癌症等。

4. 职业、习惯嗜好及生存环境

首先，疾病、意外伤害和丧失工作能力的概率在很大程度上受所从事的职业的影响。一些职业具有特殊风险，虽不会影响被保险人死亡概率，但却会严重损害被保险人的健康而导致大量医疗费用的支出，如某些职业病。另外，有些职业会增加死亡概率或意外伤害概率，如高空作业工人、井下作业的矿工及接触有毒物质的工作人员等。其次，如果被保险人有吸烟、酗酒等不良嗜好或从事赛车、跳伞、登山、冲浪等业余爱好，核保人可以提高费率承保或列为除外责任，甚至拒绝承保。第三，被保险人的生活环境和工作环境的好坏，对其身体健康和寿命长短也有重要影响。如被保险人居住在某种传染性疾病高发的地区，他感染这种传染病的可能性就比其他人大得多；如果被保险人的工作地点与居住地点距离很远，那么其遭受交通事故伤害的可能性也就大许多。

（二）风险类别划分

核保人员在审核了投保方所有有关的资料并进行体检以后，要根据被保险人的身体状况进行分类。在人寿保险中，由专门人员或指定的医疗机构对被保险人进行体检，实际测定被保险人的身体健康状况。体检后由医生提供的体检报告就是一种核保查勘结果。被保险人是否需要体检，一般是由其年龄和投保金额决定的，投保年龄越大、投保金额越高，体检的必要性就越大。根据体检结果，决定是否承保，以及按照什么条件或采用不同费率承保。

1. 标准风险

属于标准风险类别的人有正常的预期寿命，对他们可以使用标准费率承保。大多数被保险人面临的风险属于这类风险。

2. 优质风险

属于优质风险类别的人，不仅身体健康，且有良好的家族健康史，无吸烟、酗酒等不良嗜好。对该类被保险人，在基本条件与标准相同的情况下，保险人在承保时可适当给予费率的优惠，即按照低于标准的费率予以承保。

3. 弱体风险

属于弱体风险类别的人在健康和其他方面存在缺陷，致使他们的预期寿命低于正常人。对他们应按照高于标准的费率予以承保。

4. 不可保风险

属于不可保风险的人有极高的死亡概率，以致承保人无法按照正常的大数法则分散风险，只能拒保。

课堂讨论 2

用自己的话概括人寿保险类别划分。

任务三 保险理赔的流程

学习重点

» 保险理赔的概念、原则

» 保险理赔的制度

学习难点

» 保险理赔的流程

一、保险理赔的概述

（一）保险理赔的定义

保险理赔，是指在保险标的发生保险事故而使被保险人财产受到损失或人身生命受到损害，或保单约定的其他保险事故出险而需要给付保险金时，保险公司根据合同规定，履行赔偿或给付责任的行为，是直接体现保险职能和履行保险责任的工作。

简单地说，保险理赔是保险人在保险标的发生风险事故后，对被保险人提出的索赔请求进行处理的行为。在保险经营中，保险理赔是保险补偿职能的具体体现。

（二）保险理赔的原则

保险理赔是一项政策性极强的工作，为了提高理赔质量，杜绝错赔、乱赔、滥赔的现象，保险理赔应该遵循以下原则。

1. 重合同、守信用的原则

保险理赔是保险公司对保险合同履行义务的具体体现，保险公司在处理各种赔案时，应严格按照保险合同的条款规定，受理赔案，确定损失。理算赔偿金额时，应提供充足的证据，拒赔时更应如此。

2. 主动、迅速、准确、合理的原则

这一原则的宗旨在于提高保险服务水平，争取更多客户。保险公司应当在法律规定和合同约定的期限内及时履行赔偿或者给付保险金的义务。主动、迅速，是指保险公司在处理赔案时应积极主动，不拖延并及时深入事故现场进行查勘，及时理算损失，对属于保险责任范围内的灾害事故所造成的损失，应迅速赔付；准确、合理，是要求保险公司在审理赔案时，分清责任，合理定损，准确履行赔偿义务。拒赔案件应及时发出拒赔通知书，并说明不予赔付的理由。

3. 授权经营原则

理赔业务实行授权经营，各级公司在上级公司授予的权限内开展理赔业务，超出权限范围的理赔业务按规定上报、审批，不得越权。

4. 严肃纪律原则

理赔工作中应严格执行各项工作纪律和制度，做到公正廉洁，不得弄虚作假、徇私舞弊，严禁制作假赔案，严禁在赔款中列支规定以外的其他费用。

5. 实事求是原则

被保险公司提出的索赔案件形形色色，案发原因也是错综复杂。因此，对于一些损失原因甚为复杂的索赔，保险公司除了按照条款规定处理赔案外，还必须遵循实事求是的原则，灵活运用保险损失补偿原则。

二、保险理赔制度

（一）查勘制度

保险人在接到出险通知后，应当立即派人进行现场查勘，了解损失情况及原因，查对保险单，登记立案。目前几大保险公司实行的是“查勘、定损、报价、核赔相互分离、平衡制约”的查勘制度。

（二）核赔制度

保险核赔是指保险公司专业理赔人员对保险赔案进行审核，确认赔案是否应该赔、应该怎样赔或应该怎样拒赔的业务行为。核赔是通过理赔过程中的定责、定损、理算等环节的审核和监控实现的。核赔管理是对上述过程中可能出现的偏差和风险，通过一定

制度加以控制和防范，以便主动、迅速、准确、合理地处理赔案，充分发挥保险的补偿职能。

核赔制度要实行核赔业务垂直领导，各级核赔人员按权限核赔，逐级核赔的核赔制度，非经核赔人员同意，严禁支付赔款。

（三）责任人制度

各级核赔人员为处理赔案的第一责任人，出现问题由核赔人员承担首要责任，有关领导负相关责任。

根据这些制度，保险公司设置了保险业务员、出单员、核保员、理赔人员、核赔员和财务专员岗位。

其中，业务员主要负责保险计划制作与管理；出单员负责投保、批改、退保、缴费及打印；核保员负责保单、批单、注退单核保；理赔人员负责接报案、查勘、立案、定损业务；核赔员负责案件的核赔；财务人员负责保费收取及赔款给付。

三、保险理赔流程

（一）接受报案

保险公司接受报案时，应将被保险公司名称、险别、保单号码、出险原因、出险时间、地点及损失情况等有关资料输入电脑或作文字记录，并要求被保险公司保护现场，积极施救，以避免标的损失的进一步扩大。某些事故发生时，由于条件有限，被保险公司发出损失通知的方式可能是口头的，随后应及时补发书面通知。

报损金额或估损金额超过分公司理赔权限的赔案，分公司必须在接到报案后一个工作日以内书面上报省公司理赔管理部 / 法律部。

涉及分保（包括合同分保和临分）的超权限赔案，须同时上报省公司再保险部。

（二）查抄底单

理赔中心根据报案情况，查阅电脑资料（保单、批单），报核赔人员核查保单是否在保险期限内，受损设备或财产是否在承保范围内，初步审核事故是否属于保险责任。对属于保险责任的，应予立案处理。

（三）立案处理

初步确定属于保险责任后，内勤应及时编号立案，建立专卷或案袋，并开始收集该案的各项记录、单证、报告等资料，汇归卷内。

（四）现场查勘

现场查勘是理赔的必要工作，是及时掌握第一手材料，核定损失的重要步骤。查勘工作质量的高低，对及时、准确、合理地处理赔案起着关键的作用。

接到报案后，应立即派员或联系代理人进行现场查勘。现场查勘工作要坚持双人查勘，持证上岗。在查勘前应首先根据承保情况和出险通知书，及时了解保险标的的有关情况，做到心中有底；查勘时，应携带必要的查勘工具或用具，并及时与被保险公司联系。对于估损金额超过单位核赔权限的赔案，应通知上级公司派员协助查勘。查勘工作应做到有的放矢。

以车险现场查勘工作为例分以下步骤进行：

（1）理赔人员到达现场后，如果事故尚未得到控制，应立即与被保险公司及有关部门共同研究抢险方案及措施，积极展开施救，把损失降到最低。

（2）了解出险的时间、地点、原因，了解事故是否发生在保险有效期内，是否属于保险责任范围，是否存在第三者责任，并做好查勘记录。

（3）查勘人员应严格按照保险合同的条款规定，记录受损现场的受损情况，车辆或设备的具体受损情况，物品或财产的受损情况等；如实记录相关的受损程度，如受损面积、数量、深度、高度等。现场拍照要显示出出险地点现场概貌、标的受损的具体情况。

（4）清点受损财产。涉及财产（或第三方财产损失时）应一边仔细拍照，一边认真清点，对受损的项目、受损程度、受损数量作逐项登记；清点后由事故当事人或单位确认，并签字或盖公章，以免结案时发生不必要的争议。

（5）估计损失金额。在清点标的受损情况后，可对受损项目进行估损，对赔案的总损失做到心中有数。

（五）责任分析

根据现场查勘情况、事故证明及有关材料，对照保险单条款的规定分析责任范围和除外责任，具体工作如下。

1. 对照保险单条款，核实保险财产出险日期和地点

核实受损标的及其所在地点是否在保险单明细表中载明，出险日期是否在保险期限以内，从而确认受损标的是否已在保险单项下承保。

2. 初步审定损失责任

首先核实受损标的是否属于保险单规定的责任范围，其次分析损失是否由于保险单承保的风险所致。如果对损失原因难于确定，应及时向保险公司报告。

（六）核定损失和损余物资（残件）处理

由保险公司根据受损维修厂上报的维修意向清单，实地进行损失程度鉴定，与维修厂商定维修方案后，根据双方确定的损失项目和维修工时，确定修理的总价。

定损后的损余物资处理办法如下：应严格坚持“物尽其用”的原则，对受损财产的残余部分应根据可利用的程度，实事求是合情合理地作价折归被保险公司，从赔款中扣除。对于确要回收的损余物资，应认真详细做好登记，交由有关单位定价、销售、拍卖，回收款项冲减赔款。

（七）赔款计算

保险公司按照条款规定，报据损失金额及必要、合理的施救、保护和整理费用，免赔额，责任划分，赔偿处理方式计算赔款。

（八）预付赔款管理

（1）对于重要客户保险公司在保险责任明确，对损失金额不能确定的应以可以确定的最低损失金额报请省公司批准后预付赔款。

（2）申请预付赔款时，须提供如下材料：保单、查勘报告、有关损失的证明和材料、核赔意见和预付赔款申请审批表。

（九）赔付结案

保险公司在对赔案的单证、材料的缮制和收集整理工作完成之后，进行详细计算，审核无误后签署经办人意见，送主管业务负责人进行审报。

四、理赔过程中资料的准备

在保险的理赔过程中，准备充足的相关材料不仅能帮客户缩短理赔的时间，同时也能提高核赔人员和业务人员的工作效率。

（一）以机动车辆保险索赔为例，作为保险公司业务人员，应当让客户出具的材料

1. 一般交通事故（包括单方肇事事故）

（1）被保险人身份证复印件；

（2）肇事车行驶证正、副证复印件，肇事司机驾驶证、副证复印件（副证需复印最后年审日期）；

（3）营业性客车需提供驾驶员从业资格证；

（4）车损修车发票（原件）；

（5）保险理赔授权书（填写完整、加盖公章）；

（6）出险报案表（现场查勘人员提供）；

（7）除经我司查勘人员现场查勘责任清楚的事故无须交警证明外，其余事故均应提供交管部门和派出所等职能部门的事故证明。

2. 伤亡交通事故（除提供一般交通事故所需七项外，还需提供以下单证）

（1）交警部门出具的事故责任认定书及交通事故赔偿调解书；

（2）伤者户籍证明；

（3）医院住院收费明细清单（用药清单）；

（4）门诊、住院收费收据（原件）；

（5）住院病历档案复印件（或病历本、120 病历记录单）、疾病证明书、出院证明书、护理证明；

（6）误工证明（受伤前三个月工资表及出险后的工资表复印件、停发工资证明（单位盖章）、如果伤者无工作单位则按照当地普通生活标准计算；

（7）经济赔偿凭证（交警部门出具）；

（8）伤残及无劳动能力证明：法医鉴定书（司法机关专业部门出具鉴定）及伤者户籍证明；

（9）死亡：死亡证明书或尸体检验报告书（公安部门出具）、死者户口注销证明及户籍证明、死者的兄弟姐妹证明、供养证明、被抚养人户籍证明（以上四项均需户口所在派出所出具盖章）。

3. 交强险垫付赔款（除提供一般交通事故所需七项外，还需提供以下单证）

（1）交警事故责任认定书或责任证明书；

（2）抢救费用支付或垫付书面通知书（交警部门出具）；

（3）疾病诊断证明书；

（4）门诊及前期住院医疗费收据原件；

（5）医院住院收费明细清单用药清单。

4. 失窃车事故（除提供一般交通事故所需七项外，还需提供以下单证）

（1）机动车来历凭证（购车发票原件）；

（2）全套车钥匙；

（3）保险单正本（发票）；

（4）机动车行驶证正、副件原件；

（5）车辆购置附加费缴费收据、凭证或车辆购置税完税证明、代征车辆购置税收据及免税证明（原件）；

（6）出险地县级以上公安刑侦部门出具的盗抢案件立案证明、受理案件回执单及未侦破证明原件各一份；

（7）机动车登记证书；

（8）交通部门出具的《车辆停驶证明》、车辆管理部门出具的《车辆档案封存凭证》；

（9）在省级报纸上刊登的“寻车启事”原件、《机动车辆保险权益转让书》及《机动车辆保险索赔申请书》；

（10）营业性或收费停车场出具的失窃证明、车辆出入停车场的有关记录及停车费收据。

注：如果被保险人为单位，索赔申请书与授权书需单位盖章。

（二）以机动车辆保险索赔为例，作为客户，应当出具的材料

（1）交强险保险单；

（2）索赔申请书；

（3）被保险人和受害人的有效身份证明，被保险机动车行驶证和驾驶人的驾驶证；

（4）公安机关交通管理部门出具的事故证明，或者人民法院等机构出具的有关法律文书及其他证明；

（5）如果根据有关法律规定选择自行协商方式处理交通事故的，应当提供依照《交通事故处理程序规定》规定的记录交通事故情况的协议书；

（6）受害人财产损失程度证明，人身伤残程度证明、相关医疗证明，以及有关损失清单和费用单据；

（7）其他与确认保险事故的性质、原因、损失程度等有关的证明和资料。

课堂讨论 3

对于保险业务人员来说，机动车辆保险索赔需要准备什么？

课后练习

一、保险展业练习

拜访 4 个关系最好的缘故客户，通过演练的方式，让他们认可你的工作。具体要求如下：

（1）演练方式：3 人一组，每人分别扮演客户、业务员、观察员（可以每个业务结束后角色互换）。

（2）观察员要求：观察员要填写《演练检查表》（见表 6-3）。

表 6-3 演练检查表

检查项目	达标	不达标
①礼仪是否到位		
②面谈过程中寒暄、赞美是否合理、适当		
③导入保险的内容是否自然顺畅		
④是否能引起客户的购买兴趣		
⑤是否能促成交易		
⑥售后服务是否达标		
优点： 存在的问题：		

（3）时间：40 分钟（每组 10 分钟）。

（4）演练展示：挑选两组上台展示；

时间：20 分钟；

邀请学员点评。

（5）教师点评：优、缺点。

（6）举例示范。

业务员：×× 你好，我在保险公司接受了训练，也通过了国家考试，目前在 ×× 人寿保险公司上班。在这次训练当中，我学会了一套非常好的家庭风险管理计划，很想与你分享。因为在我们众多的亲朋好友当中，就数你最有远见，最能接受新的观念。不过表哥你千万不要以为我在给你推销保险，这样你会觉得浪费钱财，而我也会有很大压力，因为这是人情保单，我也没有什么成就感。我希望你听一听，顺便可以多了解一些常识，而我讲一讲，也可以多长一些本事，因为我多讲一次，就会更加熟练一些，如果有不对的地方，你也可以指点我一下。听完之后，你觉得不错，可以投资，我会给你最满意的服务；如果你不满意，那也没关系，我会把你的意见带回公司研究，直到你满意为止。

不论你买或不买，我都非常感谢你，因为陌生人绝不会给我这个机会。我最多请你想一想，在你的朋友当中有谁适合这份保险计划的，也能让我去跟他分享。当然我会顾及你的情面，善待你的朋友，绝不会勉强他购买，这样你能接受吗？

客户：坦白来讲，你根本不适合做保险，保险这个行业鱼龙混杂，你不该做这项工作。你以前在 ×× 公司上班多好啊，你不该丢掉原来的工作。

观察员：记录并填写《演练检查表》。

项目七 保险市场监管及其相关法律

知识目标

» 了解我国保险市场监管机构。
» 熟悉我国保险业相关法律、法规。

能力目标

» 理解我国保险业监管体系的作用。

情景导入

保险市场监管的基本目的是维护保险市场的有效运行，促进保险市场的健康发展。因此，保险市场监管对保险人和保险中介人的监督管理应以预防为主，即防止各种可能严重危及保险市场健康发展的行为发生，而不仅仅是对各种不法行为发生后的行政处罚。

保险所涉及的范围广，具有社会性和公共性，保证市场长期的稳定是保险市场稳步发展的基础和前提，而政府宏观调控对保险市场的影响是极其重要的。

一、保险业监管机构

2018 年之前，我国保险业的监督管理机构是 1998 年成立的中国保险监督管理委员会，在 2018 年与中国银监会合并，称为中国银行保险监督管理委员会（英文名称：China Banking and Insurance Regulatory Commission，简称：中国银保监会或银保监会）。在保险业监管方面，中国银保监会的主要职责包括：

（1）依法依规对全国银行业和保险业实行统一监督管理，维护银行业和保险业合法、稳健运行，对派出机构实行垂直领导。

（2）对银行业和保险业改革开放和监管有效性开展系统性研究。参与拟订金融业改革发展战略规划，参与起草银行业和保险业重要法律法规草案及审慎监管和金融消费者保护基本制度；起草银行业和保险业其他法律法规草案，提出制定和修改建议。

（3）依据审慎监管和金融消费者保护基本制度，制定银行业和保险业审慎监管与行为监管规则；制定小额贷款公司、融资性担保公司、典当行、融资租赁公司、商业保理公司、地方资产管理公司等其他类型机构的经营规则和监管规则；制定网络借贷信息中介机构业务活动的监管制度。

（4）依法依规对银行业和保险业机构及其业务范围实行准入管理，审查高级管理人员任职资格；制定银行业和保险业从业人员行为管理规范。

（5）对银行业和保险业机构的公司治理、风险管理、内部控制、资本充足状况、偿付能力、经营行为和信息披露等实施监管。

（6）对银行业和保险业机构实行现场检查与非现场监管，开展风险与合规评估，保护金融消费者合法权益，依法查处违法违规行为。

（7）负责统一编制全国银行业和保险业监管数据报表，按照国家有关规定予以发布，履行金融业综合统计相关工作职责。

（8）建立银行业和保险业风险监控、评价和预警体系，跟踪分析、监测、预测银行业和保险业运行状况。

（9）会同有关部门提出存款类金融机构和保险业机构紧急风险处置的意见和建议并组织实施。

（10）依法依规打击非法金融活动，负责非法集资的认定、查处和取缔及相关组织协调工作。

（11）根据职责分工，负责指导和监督地方金融监管部门相关业务工作。

（12）参加银行业和保险业国际组织与国际监管规则制定，开展银行业和保险业的对外交流与国际合作事务。

（13）负责国有重点银行业金融机构监事会的日常管理工作。

（14）完成党中央、国务院交办的其他任务。

（15）职能转变。围绕国家金融工作的指导方针和任务，进一步明确职能定位，强化监管职责，加强微观审慎监管、行为监管与金融消费者保护，守住不发生系统性金融风险的底线。按照简政放权要求，逐步减少并依法规范事前审批，加强事中事后监管，优化金融服务，向派出机构适当转移监管和服务职能，推动银行业和保险业机构业务和服务下沉，更好地发挥金融服务实体经济功能。

依照法律法规统一监督管理银行业和保险业，维护银行业和保险业合法、稳健运行，防范和化解金融风险，保护金融消费者合法权益，维护金融稳定。

在银保监会内部，与保险业监管相关的部门有：

（1）财产保险监管部（再保险监管部）。承担财产保险、再保险机构的准入管理；开展非现场监测、风险分析和监管评级，并根据风险监管需要开展现场调查；提出个案风险监控处置和市场退出措施并承担组织实施具体工作。

（2）人身保险监管部。承担人身保险机构的准入管理；开展非现场监测、风险分析和监管评级，并根据风险监管需要开展现场调查；提出个案风险监控处置和市场退出措施并承担组织实施具体工作。

（3）保险中介监管部。承担保险中介机构的准入管理；制定保险中介从业人员行为规范和从业要求；检查规范保险中介机构的市场行为，查处违法违规行为。

（4）保险资金运用监管部。承担建立保险资金运用风险评价、预警和监控体系的具体工作；承担保险资金运用机构的准入管理；开展非现场监测、风险分析和监管评级，根据风险监管需要开展现场调查；提出个案风险监控处置和市场退出措施并承担组织实施具体工作。

中国银保监会对保险业的监管权包括：发展规划权；监督立法权；机构审批权；条款监管权；资金监管权；任职监管权；市场监控权。对于保险业的监管，分为结构监管、行为监管、绩效监管三个部分。

二、保险业监管相关法律

在我国现行法律制度中，对保险业的监管主要依据《中华人民共和国保险法》（以下简称《保险法》）。《保险法》的立法目的包括：规范保险活动，保护保险活动当事人的合法权益，加强对保险业的监督管理，维护社会经济秩序和社会公共利益，促进保险事业的健康发展。

《保险法》对保险合同、保险经营规则、保险公司、保险代理人和保险经纪人、保险业监督管理及相对应的法律责任作出了规定，是保险业开展和监管的根本性法律。

我国现行的保险法具体可分为以下四种。

（一）保险业法

保险业法又称保险业监督法，是调整国家和保险机构的关系的法律规范。凡规范保险机构设立、经营、管理和解散等的有关法律均属于保险业法。中华人民共和国国务院于 1985 年 3 月 3 日发布的《保险企业管理暂行条例》对保险企业的设立等事项作了具体规定。本法即属于保险业法。

（二）保险合同法

保险合同法又称保险契约法，是调整保险合同双方当事人关系的法律规范。保险方与投保方的保险关系是通过保险合同确定的，凡有关保险合同的签订、变更、终止及当事人权利义务的法律，均属保险合同法。《中华人民共和国经济合同法》关于保险合同的规定，1983 年 9 月 1 日国务院发布的《中华人民共和国财产保险合同条例》等均属于保险合同法。

（三）保险特别法

保险特别法，是专门规范特定的保险种类的保险关系的法律规范。对某些有特别要求或对国计民生具有特别意义的保险，国家专门为之制定法律实施。如《海商法》中的海上保险就属于特别保险法范畴。在这种保险特别法中，往往既调整该险种的保险合同关系，也调整国家对该险种的管理监督关系。

（四）社会保险法

社会保险法是国家就社会保障所颁发的法令总称。例如 2010 年 10 月 28 日颁布的《中华人民共和国社会保险法》，2018 年 12 月 29 日第十三届全国人民代表大会常务委员会第七次会议对其进行修正。

除了以上列举的法律之外，还有一系列相关法律法规陆续出台，为保险业的健康发展提供了法律保障。例如：2018 年 1 月 10 日，中国保险监督管理委员会审议通过的《保险资金运用管理办法》，自 2018 年 4 月 1 日起实施；2018 年 1 月 17 日，中国保险监督管理委员会审议通过的《保险经纪人监管规定》，自 2018 年 5 月 1 日起实施；2018 年 1 月 17 日中国保险监督管理委员会审议通过的《保险公估人监管规定》，自 2018 年 5 月 1 日起实施；2018 年 2 月 11 日颁布的《反保险欺诈指引》；《保险公司董事、监事和高级管理人员任职资格管理规定》等。

课后练习

在熟悉《中华人民共和国保险法》的基础上，分析人寿保险法律监管的主要措施。

参考文献

[1] 肖举萍，黄素．保险实务 [M]. 北京：高等教育出版社，2014.
[2] 高莹，苑莹．金融保险实务 [M]. 北京：清华大学出版社，2011.
[3] 袁建华．海上保险原理与实务 [M]. 成都：西南财经大学出版社，2014.
[4] 林秀清．保险理论与实务 [M]. 北京：北京理工大学出版社，2010.
[5] 张建军．保险理论与实务 [M]. 西安：西安电子科技大学出版社，2013.
[6] 胡少勇．保险理论与实务精讲精练 [M]. 北京：机械工业出版社，2016.
[7] 卓志．保险理论与案例分析 [M]. 成都：西南财经大学出版社，2014.
[8] 梁景禹．财产保险理论与业务实训 [M]. 北京：经济科学出版社，2014.
[9] 张旭升，周灿．人身保险理论与实务 [M]. 北京：电子工业出版社，2017.

附录　保险术语索引

A

案件撤销：由于发生的保险事故不符合合同约定的事项而由被保险人或保险公司按照相关规定将其撤销的行为。

B

被保险人：财产或者人身受保险合同保障，享有保险金请求权的人。投保人可以为被保险人。

保单现金价值净额：保单现金价值扣除欠缴保费及其他欠款本息的净额。

保单选择权：在保险合同失效前，投保人享有的处置保单的权利。

保险合同中止：由于投保人在保险合同约定的宽限期内未足额缴纳续期保费，造成的保险合同效力的丧失。

保险合同复效：保险合同中止后一定时间内，由投保人申请，经保险公司同意，投保人补缴保险费及利息后，保险合同效力的恢复。

保险责任：保险合同中约定的，保险事故发生后应由保险人承担的赔偿或给付保险金的责任。

保险人：与投保人订立保险合同，并承担赔偿或者给付保险金责任的保险公司。

保单持有人：享有保险合同所有权的个人或者单位。

保险标的：作为保险对象的财产及其有关利益或者人的寿命和身体。

保险单：简称保单，是保险人与被保险人订立保险合同的正式书面证明。

保险责任：保险公司承担赔偿或者给付保险金责任的项目。实际上是保险人承担经济补偿责任的依据和范围，同时也是被保险人要求赔偿的依据和范围。

保险期间：保险人和投保人约定的保险责任的有效期限，又称保险期限。

保险事故：保险人按照保险合同的约定需承担保险责任的各种事故或者事件。

保险：投保人根据合同约定，向保险人支付保险费，保险人对于合同约定的可能发生的事故因其发生所造成的财产损失承担赔偿保险金责任，或者当被保险人死亡、伤残、疾病或者达到合同约定的年龄、期限时承担给付保险金责任的商业行为。

保证保险：被保证人（债务人）根据权利人（债权人）的要求，请求保险人担保自己信用的保险。如果由于被保证人不履行合同义务或者有犯罪行为，致使权利人受到经济损失，那么由保险人负赔偿责任。

变额年金：年金的给付值随着分立账户投资业绩的变化而变化，保险公司不保证年金领取人的定期给付金额的一种年金形式。

保险利益：投保人对保险标的具有的法律上承认的利益。

保险利益原则：投保人对保险标的应当具有保险利益，否则导致保险合同无效。

保证：保险人要求投保人或被保险人对某一事项的作为或不作为，某种事态的存在或不存在作出的许诺。

保额：保险人承担赔偿或者给付保险金责任的最高限额。

保单贷款：人身保险合同在保费缴纳一定时间后，投保人可凭借保单向保险公司申请贷款，其贷款的额度连同利息一般不得超过该保单的现金价值的一定比例。如果贷款本息达到保单上现金价值净额，则合同终止。

保险合同转换：投保人可于合同生效满一定时间后，经保险公司审核同意，将原保险合同转换成该保险公司的其他保险合同，但通常对被保险人在转换时的年龄都有限制。

保单红利：在分红保险有效期间内，保险公司根据分红保险业务的实际经营状况，按照保险监管机关的有关规定返还给保单持有人的金额。

保险事故：保险人按照保险合同的约定需承担保险责任的各种事故或者事件。

保险金：保险合同约定对于发生保险事故后保险公司根据标的的损失和损伤程度按照保险责任计算审核后给付的金额。

保险金分配：保单持有人向保险人授权，以使保险人直接向家庭主力给付保险金。

比例赔偿方式：在不足额投保的情况下，对于保险标的的实际损失，保险人按保险金额与保险价值的比例给予赔偿。

保费缴付 / 保费支付：投保人按照保险合同的约定，向保险人支付保险费的行为。

保费退还：保险人将投保人实际缴纳的保费与按照保险合同约定应缴纳的保费之间的差额退还给投保人的行为。

保费自动垫缴：期缴保单的付款人在宽限期末仍未缴纳保费，保险公司根据客户申请用保单现金价值垫付保费，日后保费付款人偿还垫缴的保费和利息。

保费支付人：向保险人实际缴纳保险费的个人或组织。

保险代理人：根据保险人的委托，向保险人收取代理手续费，并在保险人授权的范围内代为办理保险业务的单位或者个人。

保险公估机构：受保险当事人的委托，专门从事保险标的的评估、勘验、鉴定、估损、理算等业务，并据此向保险当事人合理收取费用的单位。

保险专业代理机构：根据保险人的委托，专门从事保险代理业务的单位。

保险兼业代理机构：根据保险人的委托，在从事自身业务的同时，指定专人为保险人代办保险业务的单位。

保险营销员：取得中国保险监督管理委员会颁发的资格证书，为保险公司销售保险产品及提供相关服务，并收取手续费或者佣金的个人。

保险公司：经保险监督管理机构批准设立，并依法登记注册的商业保险公司。

保险公司分支机构：保险公司依法设立的营业性机构和营销服务机构，包括分公司、中心支公司、支公司、营业部和营销服务部。

保险机构：保险公司总公司及其分支机构。

保险资产管理公司：经中国保监会会同有关部门批准，依法登记注册、受托管理保险资金的金融机构。

保险标志：保险人向投保人核发的、证明投保人已经投保某个保险产品的标志。

保单账户：保险人为投保人开立并与保险合同关联的，用于投保人缴费、分红和保单资产管理等保单管理功能的账户。

标准保单：通常由权威机构制定，经过一定审查程序或备案认定的，由保险人事先印就的、具有统一格式的保险单。

报告期：事故发生制的责任保险单中约定的从保险期限终止日期往后延续的一段时间。（注：若保险事故是发生在追溯期或保险期限内，而受害人在报告期内首次提出索赔，保险人也负责赔偿。）

保单期满：保单规定的合同期限届满，保险合同不再为被保险人期满后发生的事故或事故提供保险保障。

保险中介：介于保险机构之间或保险机构与投保人之间，专门从事保险中介服务，并从中依法获取佣金和手续费的单位和个人。

保费豁免：在保险合同约定的保险事故发生后，保险人不再向投保人收取以后的保险费，而保险合同继续有效的行为。

保险价值：经投保人或被保险人与保险人约定并记载于保险单中的保险标的的价值或保险事故发生时按保单载明的估价方法确定的保险标的的实际价值。

不定值保险：在保险合同中未载明保险标的的价值金额，而列明保险金额的保险。（注：通常不定值保险合同中含有约定保险价值确定方法的内容。）

不足额保险：保险金额低于保险价值的保险。

不定额保险：财产保险中，合同当事人事先没有协议一定数目的保险金额，风险事故发生时，保险人根据被保险人所遭受的实际损失程度而给予补偿的保险。

保险金最长给付期：被保险人单次住院补贴医疗保险金给付的最高天数，或每一保单年度的最高给付天数。

不可抗辩期间：保险合同生效且经过一定期限后的期间，在这期间以外保险公司不得仅以违反告知义务为理由解除合同。

报案：将可能导致保险人承担某张保单赔付责任的事件通知保险人的行为。

报案延误 / 报案延迟：保险事故的发生与保险公司接到报案的时间差。实务中的概念应该是实际报案时间对正常报案时间的延后，或保险事故发生后向保险公司报案过程时间的滞后性。

保险欺诈：被保险人或受益人故意制造保险事故或故意夸大保险标的损失后向保险人提出索赔请求的行为。

比例责任分摊：在重复保险中，各保险公司按其保险金额在总保险金额中的比例来分摊损失的方式。

部分损失 / 分损：保险标的遭受损害，但其受损程度未达到全损的情况。

部分失能给付 / 半残给付：在健康保险中，当被保险人因疾病或伤害导致不能从事部分或大部分工作，但非完全丧失工作能力时，保险公司所提供的部分残废给付。

部分伤残：被保险人由于疾病或意外事故导致维持生命活动的器官功能部分衰竭或缺失，将永久丧失部分生理功能的状态。

C

财务核保：保险人根据被保险人及投保人的收入水平和既有的财产状况考察投保人是否有过度投保，是否有保费缴纳能力，从而防范道德风险和逆选择发生的过程。

出险：在保险责任有效期间内，因发生保险事故导致保险标的出现经济损失的过程。

车辆损失 / 车损：车辆因碰撞原因（两车相撞或与其他物体相撞）或非碰撞原因（自然灾害、火灾和爆炸等意外事故）引起的损失。

财产损失赔偿限额：被保险机动车发生交通事故，保险人对每次保险事故所有受害人的财产损失承担的最高赔偿金额。

财产保险：保险人按保险合同的约定对所承保的财产及其有关利益因自然灾害或意外事故造成的损失承担赔偿责任的保险。

船舶保险：以各种船舶、水上装置及其碰撞责任为保险标的的运输工具保险。

产品责任保险：被保险人所生产、出售的产品或商品在承保区域内发生事故，造成使用、消费或操作该产品或商品的人或其他任何人的人身伤害、疾病、死亡或财产损失，依法应由被保险人负责时，保险人在约定的赔偿限额内负责赔偿、提供保障的一种保险。

长期健康保险：保险期限在一年以上的（不含一年）健康保险。

查抄底单 / 抄单：保险标的发生事故后，保险人核对保单以确认出险标的的保单是否在责任有效期内，以及事故是否属于保险责任等的核实行为。

财产保险公司：以财产保险为其主要经营业务的保险公司。

除外责任：保险合同中规定的在某些特定的灾害、事故及损失范围下，保险人不负的赔偿损失或给付保险金的责任。

重置成本保险：以重新购置保险标的的成本及费用作为保险金额的保险。

超额保险：保险金额超过保险价值的保险。

残值 / 损余物资：保险财产遭受损失后尚有经济价值和使用价值的残存物资。

财产物质损坏：易碎财产的物质损坏或灭失的状态，包括由此引起的价值减少，但不包括任何由于正常使用引起的损失。

船舶损失 / 船损：船舶因碰撞原因（两船相撞或与其他物体相撞）和非碰撞原因（自然灾害、意外事故等）引起的损失。

出险通知：保险事故发生后，被保险人或受益人及事故的知情人将事故发生的时间、地点、原因及其他有关情况，以最快的方式通知保险人的行为。

D

第一危险赔偿方式：当实际损失金额不高于保险金额时，不论是否足额投保，保险人均按照实际损失金额赔偿，而当实际损失金额高于保险金额时，超出部分由被保险人自担的保险方式。

代表处：保险公司在某些区域设立的、不能从事保险业务的联络机构。

代位/代位求偿/代位追偿：保险人对被保险人因保险事故造成的损失进行补偿后，依法或按保险合同约定取得对财产损失负有责任的第三者进行追偿的权利或对受损标的的所有权的行为。

单独海损：船舶或货物在运输过程中，因受海上风险和外来风险所造成的除共同海损之外的部分损失。

垫付：对于不属于保险合同约定的赔偿保险金的情形下，为了及时抢救道路交通事故受害人，保险人代致害人暂时支付应由其自行承担的抢救费用的情形，保险人对于此部分费用有权向致害人追偿。

定期寿险：以死亡为给付保险金条件，且保险期限为固定年限的人寿保险。

定额年金：根据保险合同的约定，每期领取的年金数额相同的年金。

短期健康保险：保险期限在一年以下的（包含一年）健康保险。

定损：确定保险标的实际损失的过程或行为。

代位追偿原则：在财产保险中，保险标的发生保险事故造成推定全损，或者保险标的由于第三者责任导致的损失，保险人按照合同约定履行赔偿责任后，依法取得对保险标的的所有权或对保险标的的损失负有责任的第三者的追偿权的原则。

代位追偿权：在财产保险中，保险人根据保险合同对被保险人的损失给予补偿后享有的、由被保险人转移而来的、向对被保险人负有民事赔偿责任的第三方请求赔偿的权利。

代位授权书：保险人从被保险人处取得的对某保险标的的代位求偿权的一种书面证明文件。

独立代理人：接受两家或两家以上保险人委托，从事保险代理业务的保险代理人。

等待期/观察期：在个人健康保险或伤残保险中，从保单生效日开始，到保险人具有保险金给付责任之日的一段时间。

定值保险：在保险合同中载明经保险合同双方同意的保险标的的价值金额的保险。

定额年金：根据保险合同的约定，每期领取的年金数额相同的年金。

F

分项给付限额：在总保额下又对每个项目设置了最高补偿限额，总保额实际上就是各个分项的最高补偿限额的总和。

附加险：不可单独投保而必须附加于主险或基本险，用来补充主险的保险范围的保险产品。

返还年金：根据保险合同的约定，保险人保证给付一定次数或者金额的年金，在被保险人死亡后要继续向其受益人给付剩余次数或金额的年金保险。

发病率：某一特定年龄的特定人群发生某种疾病的概率。

风险变更通知：投保人或被保险人由于工作场所、设备、业务种类或其他变更，导致风险有显著增加或减少时，投保人以书面形式向保险公司发出的通知。

飞机保险 / 航空保险：以飞机及其相关责任为保险对象的保险。

分红保险：保险公司将其实际经营成果优于定价假设的盈余，按一定比例向投保人进行分配的一种人寿保险。

附加险：投保人在投保特定的保险产品时可选的保险责任，且该保险责任必须附加于主险或基本险，用来补充主险的保险范围。

附加的被保险人：保单以背书形式确定的可为其提供一定程度的保险保障的被保险人。

风险事故 / 风险事件：可能引起经济损失或人员伤亡的不可预见的事件。

分期缴纳保费：投保人按照保险合同的约定，分多期向保险人支付保险费的行为。

复效保费：为复效已中止效力的保险合同应缴纳的保险费。

分公司：受总公司管辖的分支机构的一种组织形式，不具有法人资格。

分项给付限额：医疗费用按服务项目规定不同程度地给付限额，超出限额部分由被保险人自付。

非标准保单：保险公司根据业务需要和客户需求自行制订的保单。

分摊原则：在重复保险的情况下实行的赔偿原则，即当保险事故发生时，各家保险公司按一定的方法对赔款进行分摊，以使被保险人从各家保险公司得到的赔款总额不超过其实际发生的损失额。

附加月度给付：在丧失劳动能力收入保险中，被保险人发生保险事故提出索赔后的第一年内，在社会保障给付开始发放之前，由保险人根据保单条款规定按月给付。

附加险续保：在主险合同继续有效且其附加险责任期满终止的前提下，按双方约定，使原附加险责任继续有效或在一定条件下继续有效的业务操作。

非残疾性伤害：被保险人所受的伤害程度没有达到合同中规定领取全部或部分残疾给付的情况。

G

个人投资账户：根据投资连接保险或者万能保险合同条款的约定，保险人为了履行保险合同的保险责任，为明确投保人或被保险人的权益而为每份保险合同的投保人或被保险人设立的账户。

给付性保险合同：保险合同当事人约定在保险事故发生后或约定期限届满时，保险人按照合同约定的保险金额给付保险金的保险合同。

个人养老保险：由个人投保并按保险合同约定缴纳保险费，在被保险人生存至一定年龄后，保险人按照保险合同约定给付养老金的人寿保险。

告知：投保人在订立保险合同时，应将与保险标的有关的重要事实以口头或书面形式向保险人作真实陈述。

国民生命表：以全体国民或特定地区的人口的死亡统计资料编制的生命表。

工程保险：以工程项目中的财产损失和相关法律赔偿责任为保险标的的保险。

公众责任保险：承保被保险人在公共场所进行生产、经营或其他活动时，因发生意外事故而造成的公众人身伤亡或财产损失，依法应由被保险人承担的经济赔偿责任的保险。

雇主责任保险：被保险人所雇用的员工，在受雇过程中从事保险单所载明的与被保险人的业务有关的工作时，因遭受意外事故而伤亡、残废或因患有与业务有关的职业性疾病，所致伤残或死亡，被保险人根据法律或雇用合同，须负担医药费用及经济赔偿责任，包括应支出的诉讼费用，由保险人在规定的赔偿限额内负责赔偿的一种保险。

个人责任保险：承保自然人或家庭成员因作为或不作为而造成他人人身伤害或财产的直接损失，依法应由被保险人承担的经济赔偿责任的一种保险。

个人健康保险：用于个人的健康保险合同，可以为个人提供医疗费用支出的保障。被保险人通常是没有团体健康保险资格的人。保费通常依承保范围及被保险人个人状况而定，例如年龄、性别、居住省份或城市，以及被保险人的年免赔额。

给付：人身保险合同中，保险公司按照合同约定对发生保险事故的被保险人给予经济补偿的行为。

给付请求：发生保险合同约定的保险事故后，被保险人为获得给付而提出的口头或书面的要求。

给付方式：保险公司向被保险人或受益人提供的给付保险金的方式。

给付期间：保险公司对被保险人或受益人进行受益金给付的约定期间，在该约定期间内，保险公司将按一定的时间间隔提供给付。

股份有限保险公司：依据我国公司法和保险法的规定设立的、全部资本分为等额股份，股东以其所持股份为限对公司承担责任，公司以其全部资产对公司债务承担责任的保险公司。

国有独资保险公司：经国家保险监管机构批准，由国家授权投资的机构或者国家授权投资的部门单独投资设立的有限责任保险公司。

孤儿保单：与保险公司终止代理关系的代理人在离开公司之前所代理销售的有效保单。

共同海损：载货船舶在运输途中遭受海上风险或外来风险时危及船与货的共同安全，船长为挽救船舶及货物，采取合理措施而导致船、货等一部分财产的特殊牺牲和支付的特殊费用。这部分损失由船舶、货物、运费有关受益各方根据船舶及货物到达目的港时的价值按比例分摊。

H

货物运输保险：以运输途中的货物作为保险标的，保险人对由自然灾害和意外事故造成的货物损失负责赔偿的保险。

海上货物运输保险：以海上运输工具运输的货物作为保险标的，保险人承担整个运输过程，包括内河、内陆运输保险标的遭受自然灾害和意外事故的损失的保险。

航空货物运输保险：以航空运输的货物为保险标的的保险。

红利：保险公司根据实际经营成果优于定价假设的可分配盈余的一定比例向保单持有人分配的数额。

海事担保：为一切海事活动提供的担保的总称，既包括海事活动中带有合约性质的担保，也包括海事诉讼及海事仲裁活动中带有纠纷色彩的担保，还包括海事请求保全、海事强制令、海事证据保全等程序中所涉及的担保。担保的方式为提供现金或者保证、设置抵押或者质押。

核赔：保险人收到被保险人或受益人的索赔请求后，对被保险人或受益人提供的证明、资料进行审核、调查，作出给予赔付或拒绝赔付的过程。

后遗伤残：被保险人在一定时期的暂时性伤残状态之后虽可以继续工作，但工作能力受到影响的残疾。

J

疾病发生率表：按年龄、性别和病种等因素列明特定群体发病率的表。

绝对患病风险：对评价个体在当时的健康状况下，未来一定时间内发生特定疾病或症状的可能性。

健康风险评估：对某一个体未来发生特定疾病或因为某种特定疾病导致死亡的可能性的估计。

基本保险金额：保险合同载明的经保险公司核准的保险金额。

经验生命表：依据被保险人实际的死亡统计资料编制的生命表。

交通安全违法行为：违反道路交通安全法律、法规的行为。

交通事故记录：机动车在道路上因过错或者意外造成的人身伤亡或者财产损失事件的记录。

近因：发生事故造成损失的最直接、最有效并起主导作用或支配作用的原因，而不是时间或空间上与损失最接近的原因。

近因原则：保险事故发生后，保险人以最具支配影响或最有效原因作为损失起因的原则。

交通事故：车辆在道路上因过错、意外造成人身伤亡或者财产损失的事件。

绝对免赔额：保险人只承担超过规定的免赔额部分的损失。

家庭财产保险：以个人生活资料、农具、私住房屋等财产为保险标的的财产保险。

机器损坏保险：承保各类已安装完毕并投入运行的机器因人为、意外或物理性原因造成物质损失的保险。

机动车辆保险：以机动车辆本身及其相关经济利益为保险标的的运输工具保险。

健康保险：以被保险人的身体为保险标的，依据合同约定当被保险人在疾病或意外事故所致伤害时发生的医疗费用或财产损失获得补偿或给付的一种保险。

疾病保险：以约定疾病的发生为给付保险金条件的保险。

救助：抢救或者挽救损失标的以获得对象保留价值的活动。

救助担保人：被救助方发生事故后，为其提供担保以保证救助方提供施救后会得到应有的报酬的当事方。

拒赔：保险人对被保险人提出的索赔要求根据保险法或保险合同的约定经审核不属于保险赔偿范围并予以拒绝该索赔请求的行为。

简易索赔：保险合同约定的事故轻微且预计赔付金额在一定范围内，申请材料齐全且保险责任认定明确的小赔案，一般只审核索赔材料，无须进行理赔调查。

疾病身故：因疾病原因造成被保险人身故的情况。

疾病全残：因疾病原因造成被保险人全残的情况。

间隔期：在医疗、健康类保险中，如果两次事件发生的时间长度小于间隔期，那么在理赔时，将这两次事件视为一次事件处理。

缴费宽限期：在投保人未按时缴纳续期保险费的情况下，保险合同状态保持有效的期限。

加保：保险合同生效后每届满一定年期，投保人根据条款规定，申请增加保险金额而无须核保。投保人申请保额增加权益时，保险合同必须有效。注：此功能主要适用于条款中有保额增加权益的传统险种。

减保 / 部分退保：在保险合同有效期内，经投保人申请，保险公司在一定金额范围内降低保险合同原有的保险金额或保险费，降低部分保险金额或保险费视同部分解除合同。

缴清增额：保单持有人将每年的红利购买缴清保险，增加原保单的保险金额的情况。

缴费通知：保险人或保险代理人在期缴保单的缴费日之前向投保人发出的缴费提醒的通知。

绝对免赔额：保险人只承担超过规定的免赔额部分的损失。

K

开口保单 / 预约保险单：保险人与被保险人事先约定保险货物的范围、险别、保险费率或每批货物的最高金额，并在预约保单上载明，但不规定保险的总金额。凡属于预约保险范围的货物，一经启运，保险人即自动按保单所列的条件承保。

可续保定期人寿保险：保险合同中载明的，在保险期限届满时保单持有人不需要提供被保险人可保性证明即可继续投保的一种定期寿险。

可转换定期人寿保险：保险合同中载明的，在合同约定的期限内，保单持有人不需要提供被保险人可保性证明即可将原有的寿险合同转换成终身寿险合同的一种定期寿险。

L

累计最高给付天数：在保险合同中约定的，保险人对被保险人单次住院给付保险金的最多天数，或者每一保单年度的最多给付天数。

两全保险：在保险期限内，以被保险人死亡或生存为给付保险金条件的人寿保险。

利润损失保险：对财产遭受责任范围内的毁损后，被保险人在一段时间内因停产、停业或经营受影响而损失的预期利润及必要的费用支出提供补偿的保险。

陆上货物运输保险：以陆上运输工具，包括火车、汽车等运载的货物为保险标的的保险。

利率敏感型保险：利率对险种收益影响较大的险种，比如投资连接保险和万能保险。

理赔调查 / 理赔查勘 / 理赔勘查：对保险事故的时间、原因、可能的赔付额，保险责任的确定等方面进行的调查，包括对索赔材料的真实性审查、现场查勘等。

理赔延误／理赔延迟：保险公司接到报案与理赔终结之间的时间差。

理算：对保险损失进行调查，确定赔付金额大小和分摊比例的行为。

累计赔偿限额：保险合同中载明的保险人对保险责任范围内所有损失的最高赔偿金额。

M

免赔额：在保险合同中规定的损失在一定限度内保险人不负赔偿责任的额度。

每案赔付限额：保险人对被保险人的每次索赔的保险金给付上限。

每事故赔付限额：保险人对被保险人的每一次事故的保险金给付上限。

每损失赔付限额：保险人对被保险人的每一次损失的保险金给付上限。

每案免赔额：在每一次索赔中被保险人需自己支付的最低金额。

每事故免赔额：在每一事故中被保险人需自己支付的最低金额。

每损失免赔额：在每一次损失中被保险人需自己支付的最低金额。

免赔期：免赔期即免除期，在保险合同中约定的一个时期内，若被保险人住院天数在该时间段以内，则相关的费用支出或收入损失由被保险人自己承担；若住院天数超过该时间段，则保险公司承担超出该时间段部分的费用支出或收入损失。

免赔天数：在收入保障保险中，由被保险人自行承担损失的天数。

满期给付：保险合同约定保险人在保险责任期间届满时的给付，满期给付完成后，原保险合同终止。

默示保证：习惯上或社会公认的被保险人应在保险实践中遵守的规则，而不书面载明于保险合同中的保证。

明示保证：将保证的内容以文字或书面形式载明于保险合同中，成为保险合同条款的保证。

免体检限额：保险人根据被保险人的年龄分布确定的一个保险金额上限，如在投保申请过程中某个被保险人的保险金额不超过这个上限且无任何告知异常，保险人将无须对被保险人行进体检。

N

农业保险：农业生产者以支付保险费为代价把农业生产经营过程中由于灾害事故所造成的财产损失转嫁给保险人的一种制度安排。

年金保险：以生存为给付保险金条件，按约定分期给付生存保险金，且分期给付生存保险金的间隔通常不超过一年（含一年）的人寿保险。

P

平均余命：从被保险人当前年龄始，至预期死亡时间止的期间。

批单：由保险人出具的，证明保险合同双方当事人协商变更保险合同内容的文件。

赔款：按照保险合同的约定保险人对被保险人或受益人因保险事故造成的损失给予的经济补偿。

批改：在保险合同的有效期限内，保险合同当事人根据主客观情况的变化，依照法律规定的条件和程序，在协商一致的基础上，对保险合同的某些条款进行的修改或补充。

赔付：保险人对被保险人或受益人因保险事故造成的损失给予经济赔偿或给付保险金的行为。

赔偿限额：保险单中约定的，当保险人负有赔偿责任的损失发生时，保险人所承担的最高金额。

Q

确定年金：根据保险合同的约定，年金支付周期在合同中确定，且年金支付与被保险人的生死无关的年金保险。

企业年金：在依法参加基本养老保险的基础上，企业自愿发起设立并享受一定税收优惠的具有补充性质的养老保险。

确定收益型企业年金：即 DB 型企业年金，养老金计划发起人或管理人向计划参与者作出承诺，保证其养老金收益按事先的约定发放，也就是说，养老金计划参与者在退休后每月领取的养老金数量是事先确定好的。

确定缴费型企业年金：即 DC 型企业年金，养老金计划参与者到退休年龄为止，一共向养老金计划缴了多少费是确定的，但其退休后每月可领取多少养老金是不确定的。

全部损失／全损：保险标的实际上完全灭失或受损程度已使其丧失原有的价值和形态的损失状态。可以分为实际全损和推定全损。

抢救费用：被保险机动车发生交通事故导致受害人受伤时，医疗机构对生命体征不平稳和虽然生命体征平稳但如果不采取处理措施会产生生命危险，或者导致残疾、器官功能障碍，或者导致病程明显延长的受害人，参照国务院卫生主管部门组织制定的交通事故人员创伤临床诊疗指南和国家基本医疗保险标准，采取必要的处理措施所发生的医疗费用。

企业财产保险：以企业存放在固定地点的财产和物资作为保险标的的财产保险。

强制健康保险：法律规定的强制健康保险，缴费通常与收入相关。强制险通常由公共或准公共实体进行管理，但也可由私人保险业者管理。

期内索赔：以损害事故提出的时间为基础，计算责任事故的有效期。保险人不考虑责任事故发生的具体时间，只要首次正式提出索赔的时间在保险单有效期内，保险人就要承担赔偿责任。

期内发生：保险事故必须发生在保险期间内，保险人才依照保险合同承担赔偿责任。

权利代位：保险事故由第三者责任方所致，被保险人因保险标的受损而从保险人处获得赔偿以后，应将其向第三者责任方享有的赔偿请求权转让给保险人，由保险人在赔偿金额范围内代位行使被保险人向第三者请求赔偿的权利。

全残：双目永久完全失明的，两上肢腕关节以上或两下肢踝关节以上缺失的，一上肢腕关节以上及一下肢踝关节以上缺失的，一目永久完全失明及一上肢腕关节以上缺失的，一目永久完全失明及一下肢踝关节以上缺失的，四肢关节机能永久完全丧失的，咀嚼、吞咽机能永久完全丧失的，中枢神经系统机能或胸、腹部脏器机能极度障碍，终身不能从事任何工作，为维持生命必要的日常生活活动，全需他人扶助的状态。

R

人身保险合同：以人的寿命和身体为保险标的的保险合同。

人寿保险：以被保险人的生命为保险标的，以被保险人（在保险期限内）生存或死亡为给付保险金条件的人身保险。

人身风险：因事故发生造成人的死亡、伤残或疾病的风险。

人身保险：以人的寿命和身体为保险标的的保险。

S

死亡率：某一特定人群在各年龄发生死亡的概率。

损失：非故意的、非预期的、非计划的经济价值的灭失和人身的伤害。通常分为直接损失和间接损失。

死亡表：根据一定时期的特定区域人口或特定人口群体的有关死亡统计资料，编制成的描述每一类人口在各个不同年龄的死亡率的表。

受益人：人身保险合同中由被保险人或者投保人指定的享有保险金请求权的人。

损失事件：（有可能）引起受益人提出损失索赔的一次事故（包括死亡、偷窃、车祸和住院等）。

死亡伤残赔偿限额：被保险机动车发生交通事故，保险人对每次保险事故所有受害人的死亡伤残费用所承担的最高赔偿金额。死亡伤残费用包括丧葬费、死亡补偿费、受害人亲属办理丧葬事宜支出的交通费用、残疾赔偿金、残疾辅助器具费、护理费、康复费、交通费、被抚养人生活费、住宿费、误工费，被保险人依照法院判决或者调解承担的精神损害抚慰金。

伤残保险：出现由于事故导致的身体不同部分伤残的情况时进行保险给付。保单中的保险利益表列示了身体每一部分缺失的保险给付。

收入保障保险：以因意外伤害、疾病导致收入中断或减少为给付保险金条件的保险。

施救：保险标的在遭受保险责任范围内的灾害事故时，被保险人及其代理人为了避免或减少损失，而进行的抢救、保护、清理等工作。

施救费用：保险事故发生后，被保险人为防止或者减少保险标的的损失所支付的必要的、合理的费用。

失能给付 / 残疾给付 / 伤残给付：因保险事故造成被保险人永久丧失某些生理机能的利益给付。

损失补偿原则：在财产保险合同中，当被保险人具有保险利益的保险标的遭受了保险责任范围内的损失时，保险人要对被保险人的经济损失给予补偿，且补偿的数额以弥补被保险人因保险事故而造成的经济损失为限，被保险人不能获得额外利益的原则。

顺序责任分摊：在重复保险中，以保险合同的签订顺序为依据分摊损失，由先出单的保险人先赔偿，不足时再由后一保险人赔偿，依此类推，直至被保险人的损失得以足额补偿的分摊方式。

身故给付 / 死亡给付：被保险人发生保险合同约定的保险事故身故后，保险公司按照保险合同的约定给付的保险金。

生存给付：按照保险合同的约定被保险人生存到保单约定的时间或年龄时，所领取的保险金。

生存调查：保险人为了确认是否可以承保或以何种条件承保，而对被保险人或者潜在的被保险人进行的调查，也包括对领取年金或者养老金后的被保险人进行的调查。

实际全损：保险标的完全灭失或保险标的的所有权的丧失已无法挽回或保险标的在受损后已完全丧失使用价值或保险标的失踪达到一定的时间可视作完全灭失的情况。

索赔：被保险人或受益人在保险标的遭受损失后，按照保单有关条款的规定，向保险人请求赔偿损失的行为。

索赔时效：根据保险法或保险合同规定，保险事故发生后被保险人向保险人请求赔偿或给付保险金的有效期间。

生存期：在重大疾病保险中，从被保险人被确诊患重大疾病的当天开始，到其具有保险金给付请求权之日一段时间。

索赔人 / 索赔申请人：保险事故发生后向保险公司提出保险赔款要求的自然人或单位。

寿险核保：保险人对投保人和被保险人的身体状况、职业、经济能力和投保动机等因素进行危险程度评估的核保过程。

生活方式核保：保险人对被保险人的生活习惯、嗜好等进行评估，决定是否承保和以何种条件承保的过程。

T

团体核保：保险人对被保险人的职业风险情况进行评估，以决定是否承保和以何种条件承保的过程。

团体养老保险：以某个企业、事业单位、机关和社会团体等组织的成员（可包括成员配偶、子女和父母）为被保险人（不少于五人），保险人用一份保险合同承保，在被保险人生存至国家规定的退休年龄后，保险人按照保险合同约定给付养老金的人寿保险。

投保单：又称“投保书”，是投保人向保险人申请订立保险合同的书面要约。

特别约定：保险合同双方当事人在保险单的基本条款外所作的其他约定，其内容是保险人与投保人对于保险合同内容的特殊约定，其效力优于基本条款。

投资连结保险：包含保险保障功能并至少在一个投资账户拥有一定资产价值的人身保险。

投保：对财产、人身、责任及权益等具有保险利益的自然人或法人，通过购买保险与保险人建立保险合同关系的行为。

投保人：与保险人订立保险合同，并按照保险合同负有支付保险费义务的人。

退保金：投保人在退保时可取回的金额，包括退还的保险费或现金价值扣除保单贷款余额及利息。

退保费用：投保人由于各种原因可能在保险合同已经签订而尚未满期时，提前要求解除合同，保险人按照已承保的时间长短及相关的费率表向投保人收取的费用。

提前给付：允许在被保险人死亡前支取部分死亡给付金的一种寿险保单条款，已支取的部分将从死亡给付金中扣除。

推定全损：保险标的受损后，虽未达到完全灭失的程度，但其实际全损将是无法避免的，或是其修理费用、整理费用、续运费用、施救费用、赎回费用等都超过获救后保险标的的价值。

通融赔付：保险人根据保险条款本不应承担或完全承担赔付责任的，但权衡经营业务得失，有意放宽赔付责任而作出全部或部分赔偿保险金的行为。

退保：在保险合同履行过程中，保险合同双方当事人中的任何一方中途通知对方要求终止保险合同的行为。

体检：由与保险人签约或保险人认可的医疗从业人员对被保险人身体健康状况进行检查的行为。

团体健康保险：承保像特定行业的雇员、协会会员或雇主群体等自然群体的保险。该保险向每位雇员提供住院、膳食、外科和内科的检查费用，以及其他的医疗费用。通常有需要雇员自付部分费用的“免赔额”或“共保”条款。

W

危险程度增加：在保险合同有效期内，保险标的发生保险责任范围内的危险或灾害事故的可能性较保险合同订立时有所增加。例如，车辆被改装，使用频率较低的自用车辆改为经营性使用，运输普通物资的车辆改为运输危险物品的车辆等。

万能保险：一种缴费灵活、保额可调整、非约束性的人寿保险，相当于一个定额（或递减）的定期保险与一个递增的累积基金相结合而构成的保险。

委付：保险标的遭受损失但未达到全损的程度，被保险人要求按推定全损赔偿时，将保险标的的一切权利转移给保险人的行为。

物上代位：保险标的发生推定全损，保险人对被保险人赔偿经济损失后，取得对受损标的的所有权。

X

选择生命表：根据通过保险体检的被保险人在选择期内的死亡统计资料编制的生命表。

相对免赔额：保单项下的损失超过规定的免赔额时，保险人承担保额之内的全部损失。

信用保险：权利人向保险人投保债务人的信用风险的一种保险，当债务人不能履行其义务时，由保险人承担赔偿责任。

限额责任分摊：在重复保险中，以假设没有重复保险的情况下，各保险人按其承保的保险金额独自应负的赔偿限额与所有保险人应负的该赔偿限额的总和的比例承担损失赔偿责任的分摊方式。

小保单：不载明保险条款、并声明以保险单所载明的条款为准的简化的保险单。

现金价值：对于长期人身保险产品，根据保险合同的约定在客户退保时可领取的保单累积的价值。

信用保险公司：以信用保险为其主要经营业务的保险公司。

协议全损：保险标的所遭受的损失既不是实际全损也没有达到推定全损的要求，但基于维持保险人和被保险人之间良好关系的考虑，对保险标的按全部损失进行赔偿的情况。

续保：保险合同即将期满时，被保险人向保险人提出申请，要求延长该保险合同的期限或重新办理保险手续的行为。

询问告知：投保人在订立保险合同时，就保险人对保险标的或者被保险人的有关重要事实的询问，向保险人作的告知。

Y

医学核保：保险人获取被保险人身体健康状况的基本信息，从而评估被保险人是否达到保险合同所需的健康标准的过程。

延期年金：根据保险合同的约定，开始领取年金的日期与保单生效日期相隔超过一年的年金保险，又称递延年金。

养老保险：以约定责任时间被保险人死亡或被保险人达到一定年龄为保险金给付条件的人寿保险。

医疗费用赔偿限额：医疗费用赔偿限额是指被保险机动车发生交通事故，保险人对每次保险事故所有受害人的医疗费用所承担的最高赔偿金额。医疗费用包括医药费、诊疗费、住院费、住院伙食补助费，必要的、合理的后续治疗费、整容费、营养费。

运输工具保险：承保因遭受自然灾害和意外事故造成的运输工具的损失及第三者损害赔偿的责任的保险。

意外伤害保险：以意外伤害而致身故或残疾为给付保险金条件的人身保险。

意外死亡保险：以意外伤害而致死亡为给付保险金条件的人身保险。

意外伤害收入保障保险：被保险人在保险期间内因遭受意外伤害事故导致身故、残疾的，按合同规定给付身故、残疾保险金。

医疗保险：以约定的医疗费用为给付保险金条件的保险。

意外伤害：在被保险人没有预见到或违背被保险人意愿的情况下，突然发生的外来致害物对被保险人的身体的剧烈地、明显地侵害的事实。

意外身故：被保险人因遭受意外伤害而身亡的情况。

意外残疾：被保险人因遭受意外伤害而导致人体器官的缺损或机能丧失的情况。

营业部：由保险机构设立的持有《经营保险业务许可证》的营业部。

营销服务部：经中国保险监督管理委员会派出机构批准，在工商行政管理机关登记注册，由保险公司或者保险公司分支机构设立的对保险营销人员进行管理，为客户提供保险服务的机构。

意外给付：因意外事故引发的保险给付，包括死亡给付、残疾给付、永久失能给付等。在一些寿险保单条款中，因意外事故引发的给付有别于保单的基本保险金额，例如为基本保险金额的两倍。

意外死亡给付：因意外事故造成被保险人死亡的情况下，一次性支付的保险金。

医疗费用补偿原则：在医疗费用保险中，被保险人通过社保和商业保险（包括本保险）所获得的医疗费用补偿金额总和以被保险人实际支出的医疗费用金额为限。

预收保费：保险公司在保单责任生效前向投保人预收的保险费。

犹豫期 / 冷静期：投保人签收保单后的若干天，在此期间投保人可以提出解除合同的申请，保险公司将扣除工本费后退还全部保险费。

永久完全残疾 / 完全永久伤残 / 完全永久性伤残：被保险人由于疾病或意外事故导致维持人的生命活动的器官功能的严重衰竭或缺失的，经相关权威医疗机构或医疗鉴定机构认定，被保险人完全和永久性地不能从事获得收入的活动或工作的情况。

Z

展期保险：投保人不能按合同约定缴纳保费时，为保持原保险合同的保险金额不变，将当时保险合同保单现金价值作为趸交保费，计算新的保险期限的一种保单选择权。

主险：也称基本险，指的是可单独投保的保险产品。

终身年金：根据保险合同的约定，被保险人生存至特定年龄后按期领取生存保险金，直至被保险人死亡为止的年金保险。

增额年金：根据保险合同的约定，每期领取的年金数额随每年度增加的年金。

终身寿险：以被保险人死亡为给付保险金条件，且保险期限为终身的人寿保险。

终极生命表：根据选择期后的被保险人死亡统计资料编制的生命表。

综合生命表：不考虑投保经过的年数，根据所有被保险人的死亡统计资料编制的生命表。

终末疾病：经医院诊断确定为严重疾病末期，并经保险公司认定所患疾病无法治愈且根据医学及临床经验其平均存活期间在保险公司合同约定的期限以内的疾病。

职业病：由于在受雇期间长期暴露于不良的或有危险的工作环境下而引发的疾病。

中外合资保险公司：中国合营者与外国合营者依照中华人民共和国法律的规定，在中国境内共同投资、经保险监管机构批准设立的保险公司。

责任免除：又称除外责任，指根据法律规定或合同约定，保险人对某些风险造成的损失补偿不承担赔偿保险金的责任。

责任限额：责任限额是指在责任保险中，保险人承担赔偿保险金责任的最高限额。交强险条款中的责任限额是指被保险机动车发生交通事故，保险人对每次保险事故所有受害人的人身伤亡、医疗费用和财产损失所分别承担的最高赔偿金额。

追偿：保险人代致害人暂时支付其应当自行承担的抢救费用后，保险人按照法律法规的规定和保险合同的约定，要求致害人偿还垫付费用的行为。

责任保险：以被保险人对第三者依法应负的赔偿责任为保险标的的保险。

职业责任保险：以各种专业技术人员在从事职业技术工作时因疏忽或过失造成合同对方或他人的人身伤害或财产损失所导致的经济赔偿责任为承保风险的责任保险。

直接保险经纪：基于投保人的利益，为投保人与保险人订立保险合同提供中介服务，并依法收取佣金的单位。

专属代理人：仅接受一家保险人委托，从事保险代理业务的保险代理人。

总公司：管理全部公司组织的总机构，具有法人资格。

最大诚信：保险合同双方以完全的诚实，向对方告知所有相关重要事实。

最大诚信原则：保险双方在签订和履行保险合同时，必须以最大的诚意，履行自己应尽的义务，互不欺骗和隐瞒，恪守合同的约定与承诺，否则导致保险合同无效。

足额保险：保险金额等于保险价值的保险。

最高给付限额：对医疗费用设定的一个总的支付限额，限额以内的部分由保险公司支付，限额以外的部分由被保险人自付。

追溯期：赔款发生制的责任保险单中约定的从保险期限起始日期向前追溯的一段时间。注：对追溯期以前发生的保险事故，不论是否在保险单载明的有效期限提出索赔，保险人均不负责赔偿。

暂保单／临时保险单：保险人在签发正式保单之前发出的一种临时保险凭证。（注：暂保单与保险单一样具有证明保险合同的法律效力。待正式保单签发后，暂保单自动失效。）

再保险公司：经保险监督管理机构批准设立，依法登记注册专门经营再保险业务的公司。依据业务范围，可以分为人寿再保险公司、非人寿再保险公司和综合再保险公司。

支公司：受总公司管辖的分支机构的一种组织形式，不具有法人资格。

自我伤害／自伤：被保险人故意伤害自己身体的情况。

暂时性伤残：被保险人由于疾病或意外事故导致身体或精神受损而暂时失去工作能力的情况。

暂时性部分伤残：被保险人因身体遭受伤害或患疾病，导致工作能力减弱，但预计可完全恢复的状态。